BUAITEOIR, AN POST I...

Moladh do *Madame Lazare*:

Leabhar na bliana domsa.
Doireann Ní Ghríofa, *An Cúinne Dána*, Raidió na Gaeltachta

Leabhar atá dea-thógtha … scéal é seo a chuirfidh tú ag casadh gach leathanach le fonn.
Róisín Ní Ghairbhí, *Comhar*

Úrscéal cumhachtach.
Aonghus Ó hAlmhain, *Smaointe Fánacha Aonghusa*

Saothar bunúil tarraingteach … úrscéal Gaeilge na bliana é gan aon agó.
Katie Ní Loingsigh, *Comhar*

An t-úrscéal is fearr a léigh mé i nGaeilge le blianta fada.
Áine Ní Ghlinn, *Tús Áite*, Raidió na Gaeltachta

Úrscéal iontach … saothar spéisiúil, dea-scríofa, taitneamhach.
Máire Ní Fhinneadha, *Tuairisc.ie*

Scéal an-mhealltach … an-taitneamhach … carachtracht an-láidir. Tarlaíonn rudaí sa scéal! Molaim go mór é.
Eoin P. Ó Murchú, *Leabhar-mheas*

An t-údar

Bíonn Tadhg Mac Dhonnagáin ag plé le cineálacha éagsúla scríbhneoireachta, idir leabhair, scripteanna don scáileán agus amhráin. I measc na ngradam atá bainte ag a shaothar tá Gradam Uí Shúilleabháin, Gradam Réics Carló, Gradam Speisialta Children's Books Ireland agus an White Raven ón Internationale Jugendbibliothek sa Ghearmáin. Bronnadh gradam IFTA, trí bliana as a chéile, ar an tsraith theilifíse *Aifric*, a chruthaigh sé i gcomhar le Paul Mercier agus Telegael. Bhí *Madame Lazare* i measc na leabhar ar bronnadh An Post Irish Book Award orthu in 2021.

Madame Lazare

Foilsithe den chéad uair in 2021 ag Barzaz, inphrionta de chuid Futa Fata
In 2022 a foilsíodh an t-eagrán seo

Tá Barzaz buíoch den Chomhairle Ealaíon a thacaíonn
lenár gclár foilsitheoireachta

Gabhann Barzaz buíochas le Clár na Leabhar, Foras na Gaeilge,
faoina thacaíocht mhaoinithe

Foras na Gaeilge

Níl aithris sa leabhar seo ar aon duine beo nó marbh.

Clóchurtha in Sabon, 11pt
Dearadh an leabhair agus clóchuradóireacht: Anú Design, Teamhair na Rí

ISBN: 978-1-910945-96-4

Barzaz,
An Spidéal,
Co. na Gaillimhe,
Éire
barzaz.ie

Madame Lazare

Tadhg Mac Dhonnagáin

BARZAZ

An Spidéal

Leis an údar céanna:

Mise Raiftearaí an Fíodóir Focal
Aniar: Voices and Verse from the Edge of the World (eag.)

Rogha saothar don óige:

Fionn agus na Fianna (sraith leabhar)
Bliain na nAmhrán
Uinseann Donn

Bhain tú an ghealach is bhain tú an ghrian dhíom
Is is rímhór m'fhaitíos gur bhain tú Dia dhíom.

'Dónal Óg', amhrán traidisiúnta

Do mo chairde i gciorcal na n-amhrán agus an cheoil,

Tigh Pheadair Mhóir

Prológ

Cuan na Gaillimhe, 1944

Is cuma cén rith nó siúl a dhéanfas Muraed, ní fhágfaidh sí an oíche anocht ina diaidh go brách. Teithfidh sí agus teithfidh sí, ach éalú ar bith ní bheidh aici.

Gach gluaiseacht a thógann a colainn anois agus í ag tarraingt ar na maidí fada rámha seo, fanfaidh siad ina cuimhne. Gach uair a líonann sí a scamhóga le haer goirt an Atlantaigh; gach braon sáile a eitlíonn tríd an aer fuar le tuirlingt ar a leiceann; gach gíoscán a thagann ó chonablach an bháid chanbháis fúithi.

Lasta ag gealach ard a bheas an radharc seo a thiocfas ar ais chuici, arís agus arís eile, ar feadh a saoil fhada, le hí a bhaint as a codladh oíche: í féin agus a leathbhádóir ag treabhadh tríd an sáile, uisce Chuan na Gaillimhe fúthu ina ghloine. Iad ar a míle dícheall ag iarraidh talamh tirim a bhaint amach sula múchfaidh na réaltaí os a gcionn, sula n-éireoidh an ghrian go híseal sa spéir thoir thuaidh. Dhá cholainn ag gluaiseacht mar a bheadh colainn amháin ann, ag cromadh chun tosaigh go rithimiúil agus ag tarraingt siar go teann ar na maidí. Oileán Árann ar a gcúl; ar a n-aghaidh amach, oileán fada, leathan na hÉireann. Áit a bhfuil cuairt tugtha ag Muraed uirthi faoi dhó cheana.

Cé go dtuigeann sí go rímhaith an phráinn a bhaineann le héalú, ag an am céanna tá sí ag streachailt leis an bhfonn mire atá uirthi an churach a chasadh timpeall. Filleadh arís ar an teachín ceann tuí a bhfuil mórán chuile oíche dá saol caite aici ann. Ar ais chuig an nóiméad sula ndearna sí an rud a rinne. An nóiméad sular thit Páraic ina chnap ar leacracha an urláir.

13

Amach anseo, ní mar bhrionglóid oíche amháin a fhillfeas
an radharc seo aniar aduaidh uirthi. Sna blianta fada atá
roimpi, í ag taisteal ar thraein phlódaithe métro go domhain
faoi chathair Pháras, nó ina suí go ciúin i sionagóg sa gcathair
chéanna, aireoidh sí fuacht nimhneach na hoíche seo ag
bailiú ina timpeall arís, sula bpléascfaidh splanc chuimhne
ina hintinn a thabharfas siar í.

Siar chuig an nóiméad áirithe seo. Nuair a stopann sí
den churach a iomramh agus leagann lámh ar ghualainn a
leathbhádóra. Nuair a chasann seisean timpeall ina treo, é ag
breith ar chaon taobh den churach le hí a choinneáil díreach
san uisce.

Casann Muraed í féin go mall, le céim a thabhairt thar an
gcorp atá sínte i dtóin na curaí. Iompaíonn sí aniar arís le suí
i ndeireadh an bháid, agus cromann siad beirt síos le breith ar
ghuaillí agus ar chosa Pháraic.

Greanta ina hintinn go deo na ndeor a bheas an nóiméad
deiridh seo, corp Pháraic á shleamhnú isteach sa sáile, an
churach ag luascadh ar dalladh fúthu. A lámh dheas ag
bualadh an uisce ar dtús, ansin a chloigeann, an mothall catach
gruaige ar foluain sa sáile mar a bheadh slaod feamainne ann.
An leathlámh eile ag dul faoi, an dá ghéag ag síneadh amach
i dtreo an ghrinnill. An chabhail, na colpaí, agus ar deireadh
na cosa á slogadh isteach sa domhan dorcha fothoinn.

Seachas gné ar bith den radharc seo a fhillfeas arís agus
arís eile, an íomhá is mó a chuirfeas líonrith ar Mhuraed ná
an smearadh fola ar a bos. Nuair a thumann sí a lámh sa sáile
leis an bhfuil a ghlanadh, leathann néal dorcha amach i ngach
treo, é ag scaipeadh leis go rábach nó go mbíonn Cuan na

Gaillimhe ar fad ina loch dearg fola.

Ansin, suíonn sí féin agus an buachaill aniar sa gcurach, díríonn a ndroim, beireann an athuair ar na maidí rámha, crochann den uisce iad agus cromann ar an iomramh. Thíos fúthu, in uisce ársa an Atlantaigh, mar a mbíonn na bradáin is na muca mara, na péiste is na portáin, titeann an corp go mall i dtreo an ghrinnill; súile ar leathadh, géaga spréite, croí gan rithim.

Páraic, imithe anocht ar shlí na fírinne. A dheirfiúr, fágtha le fánaíocht léi ar shlí na mbréag.

Levana, An Bhruiséil, 2015

Bhí an buachaillín beag cúbtha faoi ina bhurla teann, a chloigeann catach fáiscthe anuas ar a dhá ghlúin aige, a dhá ghéag snaidhmthe thar a chéile. Bhí snagaireacht chaointeach ag teacht uaidh, corrfhocal múchta ag éalú tríd an olagón.

Bhí ag teip go hiomlán ar Levana é a shuaimhniú. Ar a dhá ghlúin os a chomhair a bhí sí, a héadan ar aon leibhéal leis, í ag labhairt leis i nglór foighneach. Bhí gach dalta eile sa rang imithe abhaile le fiche nóiméad, agus, mar a tharlaíodh go minic, bhí seanmháthair Saleh deireanach ag teacht faoina dhéin. Rug Levana go séimh ar dhá rosta an bhuachaillín, féachaint an bhféadfadh sí a aird a fháil. Chúb sé siar tuilleadh, d'ardaigh a cheann agus thug féachaint chráite uirthi.

"*C'est à moi!*"

"Labhróidh mé le Mamaí Jaleel maidin Dé Luain, a Saleh. Gheobhaimid ar ais do bhéirín."

"*Mais c'est à moi!*"

D'éirigh sí agus chuaigh chomh fada leis an tseilf, taobh le cúinne na leabharlainne. Bhain sí anuas béirín bán a bhí ina shuí ann. Nuair a shín sí chuig Saleh é, d'ardaigh sé a cheann arís le racht Araibise a chur uaidh.

Chuala sí coiscéimeanna ag teacht anuas an pasáiste agus ansin cruth ard dorcha i mbéal an dorais. Bhí seanmháthair an bhuachaillín ann faoi dheireadh, í gléasta ó bhaithis go sáil, mar a bhíodh i gcónaí, in *chador* dubh. Leath an dá shúil ar an mbean nuair a chonaic sí an bhail chráite a bhí ar a garmhac. Nuair a ghlaoigh sí a ainm, phreab an buachaillín ina sheasamh agus rith chuici, é á thumadh féin i gcadás dubh an *chador*, ag fuarchaoineachán leis ar feadh an ama.

Labhair an tseanmháthair leis in abairtí gonta. Níor ghá na focail a thuiscint leis an míshásamh ina glór a aithint. Chas sí chuig Levana, lasair throdach ina súile.

"*C'est à lui, l'ours, Madame. Où est-il?*"

Bheadh an bhean seo sásta raic a tharraingt faoin scéal seo. An béirín buí a bhí imithe abhaile le Jaleel, an leaidín giodamach. É siúd a cheap gur leis féin gach rud sa seomra. Cé nach raibh Levana féin i mbun an ranga seo ach le seachtain, bhí a fhios aici cheana féin gur ghá súil ghéar a choinneáil ar Jaleel. Ar a laghad bhí sí tar éis seiceáil leis an athair le cinntiú gur leis an bréagán. "*Oui*" an freagra grod a fuair sí uaidh siúd. É sin agus amharc géar a thug le fios nár thaitin sé leis go gceisteofaí é féin ná a mhac.

Bhí an tseanmháthair anois ag ransú trí mhála Saleh go mífhoighneach, an buachaillín beag ag breathnú síos ann, féachaint an aimseodh sise an béirín nuair nár éirigh le Levana teacht air. Ach níor éirigh.

"*Attendez, Madame*," a deir Levana, ar deireadh. "Gheobhaidh mé Fatima. Beidh tú in ann gach rud a mhíniú di siúd."

Bhí Fatima san oifig ar aghaidh an phríomhdhorais, í ag argóint go teasaí ar an bhfón le duine éigin. D'fhan Levana lena haird a fháil. Ní raibh an cineál seo cantail feicthe aici roimhe ón rúnaí. Í ag cur di faoin gcarn brocach a bhí bailithe taobh amuigh le seachtain. An boladh a bhí uaidh. Sláinte na bpáistí curtha i mbaol aige. Í cinnte nach dtarlódh a leithéid ar Avenue Leo Errera ná in Val du Bois de la Cambre. Chuir sí deireadh borb leis an gcomhrá agus leag síos an fón.

"A Fatima," a deir Levana go múinte, leathfhaitíos uirthi go ndíreodh an rúnaí racht feirge uirthi féin ar an gcéad rud eile. "*C'est la grand-mère de Saleh*. Ar chuma leat cuidiú liom labhairt léi? Tá faitíos orm an rud mícheart a rá."

D'éirigh Fatima dá cathaoir agus amach léi, an t-olc imithe go hiomlán dá héadan agus méin mhuinteartha uirthi mar a bhíodh go hiondúil. Mhínigh Levana scéal an bhéirín ar a mbealach chuig an seomra ranga.

"Tá an donas ar Jaleel," a deir Fatima. "An t-athair a bhailigh ón scoil é, cuirfidh mé geall."

Sméid Levana a ceann.

"Tá cleachtadh ag an máthair dul trína mhála sula bhfágann sí an seomra. Ach tá an t-athair ciotach go maith. Is fearr gan an iomarca a rá léi seo anois. Labhróimid leis an máthair Dé Luain. Duine uasal í siúd."

* * * * *

Shocraigh Levana strapaí an mhála droma thart ar a hucht, sheiceáil an t-am agus thosaigh ag rith. Amach geataí na scoile léi de shodar réchúiseach agus síos an tsráid. Ag an tráth seo den tráthnóna, ba mhinic bealaí an cheantair seo measartha ciúin, ionas nár ghá di a rithim reatha a bhriseadh an iomarca. Ag bun na sráide, chas sí i dtreo Parc Marie José. Bhí atmaisféar éagsúil ansiúd seachas mar a bhí ar na sráideanna thart ar an scoil. Ní fheiceadh sí oiread daoine ann agus róbaí fada an Mheánoirthir orthu. Ní fheiceadh sí mórán fear ann a thabharfadh drochshúil uirthi, bean óg gheal, a géaga nocht, a bróga reatha ag drumadóireacht ar an gcosán.

Rith sí tríd an bpáirc, thar sheanfhear a ghluais go mall, a bhean chéile á brú roimhe i gcathaoir rotha. Chuaigh sí thar ghrúpa cailíní scoile a bhí ag spochadh as a chéile go haerach, thar bhean ghioblach ina codladh ar bhinse, éadan dearg óil uirthi, fuil thriomaithe ar a clár éadain. Ar aghaidh le Levana de shodar, í ag iarraidh a hintinn a dhíriú ar rithim a cos. Cos chlé, cos dheas, cos chlé, cos dheas, arís agus arís eile, ar aghaidh agus ar aghaidh, go dtí go bhfaigheadh rithim a colainne an ceann is fearr ar oibriú a hintinne.

Nuair a tháinig sí chomh fada leis an ngeata ar an taobh thoir den pháirc, shocraigh sí dul timpeall uair nó dhó eile. Dá ndéanfadh, faoin am a mbainfeadh sí an t-árasán amach, b'fhéidir go mbeadh Armand faoi réir le suí síos léi, dinnéar a ithe agus cúrsaí an lae a chur trí chéile.

* * * * *

Nuair a d'fhill sí ar an árasán, bhí Armand san áit ar fhág sí ar maidin é: ina shuí ag bord na cistine, péire cluasán air, ríomhaire glúine os a chomhair, dhá challaire gach aon taobh den scáileán agus riar deiseanna leictreonacha eile leagtha amach ina thimpeall. Bhí méarchlár ceoil, amhail pianó beag, faoina lámh dheas, é ag bualadh nóta anois is arís air de réir mar a bhog graf tiubh fiaclach trasna an scáileáin os a chomhair.

Nuair chonaic sé Levana, gheit sé.

"*T'es déjà là?*"

"Rinne mé moill sa pháirc d'aon ghnó le seans a thabhairt duit."

Bhí doras na cistine taobh thiar de ar oscailt. Ní raibh pota ar bith ar an sorn.

"Is tusa a bhí leis an dinnéar a dhéanamh, nach tú?"

Sheas sé.

"Suigh anseo nóiméad go gcloisfidh tú," a deir sé. "Ba bhreá liom do thuairim a fháil."

D'aithin sí go maith an cur chuige seo uaidh. Bhí sé ag iarraidh í a mhealladh le suim a chur sa mhéid a bhí déanta ó mhaidin aige, le tathant uirthi ligean dó. An dinnéar a dhéanamh í féin, a fhad is a scuab seisean chun siúil arís ar an sruth cruthaitheachta a raibh sé gafa leis le cúpla lá. Ach bhí impí chomh maith sna súile donna aige, é ag santú tuairim duine eile le go mbeadh barúil aige an raibh sé ar an mbóthar ceart leis an obair nó an ag imeacht ar strae ar fad a bhí sé.

Shuigh Levana síos go drogallach. Phóg Armand barr a cinn agus shín isteach thar a gualainn leis an bhfuaimrian a chur siar chuig an tús.

"Tá muid i spás dubh dorcha," a deir sé, "gan inár dtimpeall ach fuaim."

Bhrúigh sé an cnaipe seinnte agus dhírigh aniar le seasamh

ar leataobh uaithi.

Líon an seomra leis an bhfuaimrian – an ceol taibhsiúil, teannasach a bhaineadh sé as na deiseanna leictreonacha sin a gcaitheadh sé gach pingin orthu. Dordán téaduirlisí a chuir tús leis an bpíosa, iad sníofa de réir a chéile le trup gunnaí ag scaoileadh rois piléar, feadaíl diúracán ag tuirlingt chun talaimh, pléascáin, bonnáin otharcharr, béiceach daoine. Anois is arís, stadadh gach rud seachas corda lom agus thagadh glór isteach le ruathar focal a scaoileadh. Fraincis na hAfraice a bhí ag formhór na nglórtha. Bhí Béarla ann chomh maith anois is arís, Araibis agus teanga nó dhó eile nár aithin Levana. Bhí na glórtha bog, suaimhneach in amanna, rithim *staccato* leo in amanna eile. An chuid a thuig sí, bhí siad ag cur síos ar shráideanna cathrach faoi luí na gréine, ar mhargaí bríomhara, ar fhéileacáin ag tuirlingt ar bhláthanna i lár gairdíní pléisiúir. Thrácht siad chomh maith ar ruathair drón agus diúracán, ar bhuamaí a phléasc gan foláireamh i lár plásóga bríomhara, ar thurais oíche ar bháid róphlódaithe. Ar choirp ag titim i bhfarraige.

Sheas Armand ar leataobh, a ghuaillí ag bogadh leis na rithimí, é ag breathnú anonn uirthi nuair a thagadh glór nó fuaim nó abairt shuntasach éigin chun cinn. Tar éis ceithre nó cúig nóiméad, shín sé isteach a lámh thar a gualainn agus mhúch an fhuaim.

"Bhuel?"

"Tá sé tagtha ar aghaidh go mór," a deir sí. "Tá sé an-chumhachtach."

Las a shúile go sásta.

"Meas tú?"

"Cinnte, tá."

"Tá sé garbh go maith i gcónaí. Níl an meascán glórtha i gceart."

"Níor thug mé é sin faoi deara."

"Níl. Tá a fhios agam nach bhfuil. Agus tá an rithim róchinnte in áiteanna. Níl sé ceaptha a bheith ina phíosa ceoil."

"Seas siar uaidh tamall," a deir sí, í ag éirí den chathaoir. "Déan rud éigin eile. An dinnéar, cuir i gcás."

Stop sí le póg a leagan go leathmhagúil ar a bhéal.

Lig sé gnúsacht as agus phóg ar ais í.

"Deich nóiméad eile," a deir sé, é ag tarraingt chuige na cluasáin arís.

* * * * *

Bhí sí í i lár rang corpoideachais, Jaleel ag cur as don cheacht leis an ngaisce a bhí aige os comhair na gcailíní, nuair a bhuail a fón póca. Rith Levana lena mála a phiocadh suas agus an fón a mhúchadh. Nuair a d'fhéach sí ar an scáileán, chonaic sí gur uimhir i bPáras a bhí ag glaoch, uimhir nár aithin sí. Bhuail taom eagla í.

Dúirt sí leis an rang dul a chodladh ar an urlár, mar a dhéanfadh síol a thit de chrann fómhair. Amach sa phasáiste léi. Dochtúir a bhí ar an líne, é ag glaoch ó ospidéal i bPáras. Bhí Mémé tar éis titim as a seasamh san ollmhargadh. Bhí sí á coinneáil san ospidéal ar feadh cúpla lá, ach ní raibh aon bhaol práinneach uirthi.

Nuair a dúirt Levana leis an rang go gcaithfidís dul ar ais chuig an seomra ranga ar an bpointe, bhí gach olagón astu. Níor thug sí aird ar bith orthu ach iad a scuabadh síos an pasáiste. Sheas sí ag oifig an rúnaí agus d'iarr ar Fatima fanacht leo nó go labhródh sí léis an bpríomhoide, í ag míniú an scéil go hachomair di.

Nuair a d'iarr sí cead ar Monsieur Beauchene cúpla lá saoire pearsanta a thógáil, shlíoc sé siar a raibh fágtha de ghruaig a chinn agus d'fhéach ar scáileán an ríomhaire os a chomhair. Chroith sé a cheann. "*C'est impossible,*" a dúirt sé. "Nach bhfuil éinne eile ann i bPáras?"

"Is mise an t-aon duine atá fágtha aici."

"Níl do thuismitheoirí ann?"

"Cailleadh mo mháthair fiche bliain ó shin," a deir sí. Scrúdaigh sí an dath ar a cuid ingne sular ardaigh sí a ceann le féachaint arís air. "Níl aon aithne agam ar m'athair."

Chrom sé a cheann le leathanach dá dhialann a chasadh siar agus aniar, féachaint an mbeadh réiteach na faidhbe ar fáil ansiúd. Lig sé don tost an seomra a líonadh. D'éirigh Levana ina seasamh.

"*Écoutez* – b'fhéidir gur cheart dom éirí as an bpost."

Bhreathnaigh sé uirthi, a bhéal ar oscailt.

"Ach níl tú anseo ach le cúpla seachtain."

Stán sí ar ais air, í ag fanacht lena chinneadh. Rinne sé gnúsacht fheargach, d'éirigh ina sheasamh agus shiúil chuig an bhfuinneog. "Bí ar ais anseo Dé Luain seo chugainn," a deir sé. "Gan teip."

* * * * *

Bhí teorainn na Fraince trasnaithe ag an traein, an fear sa suíochán ar a haghaidh amach ag srannadh go bog. Thriail

Levana obair a réiteach dá rang ar an ríomhaire os a comhair, ach ní fhéadfadh sí éadan Mémé a ruaigeadh as a haigne.

An lá sin trí mhí roimhe nuair a tharraing sí anuas an plean maidir le Páras a fhágáil. Ní hé go raibh sí ag iarraidh Mémé a fhágáil, a mhínigh sí. Is é Armand a bhí ag caint ar imeacht.

"*À Bruxelles?* Agus ba mhaith leat dul in éineacht leis?" a deir sí.

"Bhuel," arsa Levana, "nílim cinnte. Ach níl ag éirí chomh maith sin le Armand anseo i bPáras. Braitheann sé go mbeadh sé níos éasca aige a bhealach a dhéanamh ina thír féin. Tá cairde leis, ealaíontóirí eile, tar éis bogadh ann. Tá ag éirí leo."

"Is duine maith é Armand," a deir Mémé. "Agus tá an bheirt agaibh mór lena chéile."

"Tá."

"Imigh, mar sin. Beidh mise go breá."

"Ach …"

"Beidh mise go breá," arsa Mémé, an dreach daingean sin ar a héadan a thugadh le fios i gcónaí go raibh deireadh leis an bplé. "Imigh."

* * * *

"Madame Lazare?" arsa an t-altra ag an deasc. "Hana Lazare? An ceathrú doras ar dheis. *Par là.*" Dhírigh sí a lámh i dtreo an phasáiste ar a haghaidh amach.

Bhí Mémé ina suí suas sa leaba, í gléasta i róba gorm ospidéil, a géaga cnámhacha sínte ar na braillíní bána, cuma chraptha uirthi. Ach má bhí a colainn ag breathnú ábhairín cniogtha, d'aithin Levana an lasair mhíshásta a lonraigh ina súile.

Ní raibh ann ach sciorradh coise, an méid a bhain di. D'fhéadfadh sé tarlú do dhuine ar bith. Iad á cur ar chróchar agus á hiompar amach os comhair an tsaoil, gach duine san áit ag stánadh uirthi. Agus iad a rá le Levana teacht de thintreach an bealach ar fad ón mBruiséil. Bhí i bhfad an iomarca fústrála ag lucht leighis faoi rudaí fánacha gan tábhacht.

Labhair Levana go réidh léi, féachaint lena suaimhniú, ach bhí sí oibrithe, léi féin go mór mór.

Uair an chloig ina dhiaidh sin, chuir sí an ruaig ar Levana nuair a d'ofráil sise fanacht agus codladh i gcathaoir ar feadh na hoíche. Shín Mémé chuici eochracha an árasáin, amharc trodach ina súile.

"Ná bac le bheith ag cur eagair ar an áit ná a bheith ag póirseáil i measc rudaí nach mbaineann leat. An dtuigeann tú anois mé?"

D'éirigh le Levana m2ongháire foighneach a dhéanamh agus a rá le Mémé gan a bheith buartha. Ní chuirfeadh sí as do rud ar bith.

Agus í ina seasamh san ardaitheoir ar a bealach amach, dochtúir óg Áiseach lena taobh, bhris na deora uirthi. Chas sí a droim leis agus dhírigh ar uimhreacha na n-urlár a chomhaireamh in éineacht leis na digití a bhí ag athrú os a cionn.

Ar an turas *métro* chuig an árasán, shuaimhnigh sí í féin. Bhí strus ar an tseanbhean. Baineadh geit mhór aisti, cé nach raibh bealach ar bith ann go n-admhódh sí a leithéid. Bhí sí aisti féin, i ndeireadh a saoil.

San árasán, bhí lán ciseáin d'éadaí nite fágtha ar bhord na cistine. Ar a bharr, bhí gúna oíche de chuid Mémé. Ball éadaigh de stíl shimplí a bhí ann, dath air a chaitheadh Mémé go minic, dath gorm na spéire. Phioc Levana suas é agus d'fhéach air, í ag machnamh di féin. B'fhéidir go mbraithfeadh Mémé níos suaimhní inti féin dá mbeadh a gúna oíche féin aici le caitheamh. Chuardaigh sí thart nó gur aimsigh sí mála plaisteach. Amach an doras arís léi agus fuadar fúithi.

Stop sí í féin ag bun an staighre. Shamhlaigh sí an tsúil ghéar a bheadh ag Mémé uirthi nuair a shiúlfadh sí isteach. *Cá bhfuair tú é sin?* a bheadh aici. *Cé a dúirt leat a bheith ag ransú i measc mo chuid éadaí?*

Chas sí thart, shiúil ar ais suas an staighre agus bhain an glas an athuair de dhoras an árasáin. Isteach léi.

Sheas sí sa halla, í ag éisteacht le drumadóireacht a croí féin. Thuirling a súile ar ghrianghraf ar an mballa. Pépé a bhí ann, portráid fhoirmiúil de a tógadh mar chuid de chomóradh éigin a bhain leis an tsionagóg. Bhraith sí suaimhneas áirithe ag teacht uirthi, den chéad uair ó bhuail a fón an mhaidin sin. Thart ar a sé nó a seacht de bhlianta sular cailleadh Pépé a tógadh an grianghraf, an chulaith ab ansa leis á chaitheamh aige, *tallit* na paidreoireachta thart ar a ghuaillí, *kippah* ar bharr a chinn, féachaint thuisceanach ina shúile.

Taobh leis an bportráid, bhí bailiúchán íomhánna beaga eile ó shaol Pépé le feiceáil: é ina leaidín beag ina sheasamh le taobh a sheanathar féin, monarcha an tseanathar ar a gcúl; é bliain nó dhó níos sine agus a lámh caite timpeall aige ar mhuineál a dhearthár Paul; é ina fhear óg i Londain, smionagar an Blitz ina thimpeall, cuma cineál uaigneach ar a éadan; é ina shaighdiúir slachtmhar, ina sheasamh go mórtasach ar an Champs Elysée, an cogadh ag druidim chun deiridh.

Ba gheall le músaem an t-árasán seo, músaem de thréimhse i saol Levana a bhí ag druidim chun deiridh. Mhúch sí na soilse agus thug aghaidh ar a seomra codlata.

Taispeántas dá saol déagóra a bhí roimpi ansiúd: grianghraf di ina seasamh ar an Pont Neuf in éineacht le Rebecca agus triúr eile de na cailíní a rinne an *Bac* léi. Í féin agus Rebecca ag ithe *pizza* oíche sa Marais; an fhoireann eitpheile, an bhliain ar bhuaigh siad an corn. Agus an pictiúr a raibh cóip eile ag Levana de san árasán sa Bhruiséil: í féin agus Maman ag déanamh bolg le gréin lá samhraidh ar thrá Arcachon ar an gcósta thiar. Levana thart ar shé bliana d'aois, meangadh gáire ar a haghaidh, na fiacla tosaigh ar iarraidh. Maman ina suí lena taobh, í sona go maith ag breathnú. Gan barúil ag an gcailín beag go mbeadh a máthair imithe den saol taobh istigh de bhliain.

Bhreathnaigh sí timpeall arís ar na grianghraif, a súile ag díriú ar deireadh ar phictiúr a tógadh taobh amuigh den tsionagóg ar lá a *Bat Mitzvah*. Pépé ag gáire go bródúil lena taobh, Mémé agus cuma mhíshuaimhneach uirthi. Rith sé le Levana, den chéad uair, gurbh in an t-aon ghrianghraf amháin ar bhallaí an árasáin a raibh a seanmháthair le feiceáil ann.

* * * * *

Bhí an ciseán éadaí fós ina shuí ar bhord na cistine nuair a tháinig Mémé ar ais isteach san árasán trí lá ina dhiaidh sin, é fágtha ann d'aon turas ag Levana. Shiúil an tseanbhean thart, í ag oscailt dhoras gach seomra, ag féachaint thart go mall go dtí go raibh sí sásta go raibh gach rud fágtha mar a bhí. Isteach sa seomra suite léi ar deireadh agus shuigh síos ina cathaoir uillinn, cathaoir Pépé ar a haghaidh amach.

Dea-scéala a bhí faighte acu ón dochtúir san ospidéal: ní raibh cnámh ar bith briste ag Madame Lazare nuair a thit sí agus ní raibh aon údar buartha in aon chuid de na torthaí a tháinig ar ais ó na trialacha éagsúla a cuireadh uirthi. Bhí a croí go breá agus bhí cuma shásúil ar chúrsaí brú fola.

Ach má thit sí uair amháin, bhí seans ann go bhféadfadh sí titim arís. An rud ba lú a d'fhéadfadh Levana a dhéanamh, a bhraith sí, ná teacht agus fanacht lena seanmháthair gach deireadh seachtaine feasta. Ach ar leor é sin? An bhféadfadh Mémé maireachtáil go neamhspleách ó Luan go hAoine, gan duine muinteartha sa chathair ar fáil di i gcás éigeandála?

Chaith Levana an chuid eile den tseachtain ag rith thart ar Pháras, féachaint le socruithe a dhéanamh. Faoin am a raibh tráthnóna Dé Domhnaigh tagtha bhí córas pearsanta aláraim eagraithe aici, rabhadh leictreonach a d'fhéadfadh Mémé a úsáid dá dtitfeadh sí agus í aisti féin san árasán. Chuidigh Erzsi, seanchara le máthair Levana, cúnamh baile a eagrú: Svetlana, bean ón mBealarúis, a bhí molta go hard ag cara dá cuid. Nuair a tharraing Levana anuas an plean, ní róthógtha leis a bhí Mémé. Ach an uair seo, chuir Levana cos i dtaca.

D'aontaigh an tseanbhean go drogallach go bhféadfadh strainséir teacht isteach gach maidin ar feadh uair an chloig, le beagán glantacháin a dhéanamh agus le cinntiú go raibh ábhar dinnéir réitithe i gcónaí di. D'fhág Levana go drogallach í tráthnóna Dé Domhnaigh, agus gheall go nglaofadh sí gach maidin agus gach tráthnóna feasta.

"Is leor uair amháin sa ló," arsa Mémé.

* * * * *

Tráthnóna Déardaoin na seachtaine dár gcionn, bhí a comhrá laethúil le Mémé ag teacht chun deiridh. Bhí an tseanbhean ag tabhairt le fios go raibh gach rud ina cheart, nuair a thug fón Levana cling uaidh. Téacs gonta ó Erzsi a bhí tagtha isteach.

"Cuir glaoch orm."

Nuair a ghlaoigh Levana, bhí tuin ghlóir Erzsi níos airde ná mar a bhíodh de ghnáth, í ag iarraidh labhairt go réchúiseach, ach í corraithe ar bhealach éigin.

"Ar labhair tú le do *mémé* inniu?" a deir sí.

"Anois díreach," arsa Levana.

"Agus?"

"Ar tharla rud éigin?"

"Dúirt sí le Svetlana gan teacht arís níos mó. Bhí sí trodach go maith, is cosúil. Nuair a ghlaoigh mise ar ball uirthi, freagra borb a fuair mé féin."

"Conas, freagra borb?"

"Dúirt sí nach raibh sí ag iarraidh spiaire ón tsionagóg a bheith ag smúrthacht thart uirthi."

Bhrúigh Levana a cuid spéaclaí siar ar a srón.

"Ní dúirt sí faic liomsa anois. Cad a tharla, an dóigh leat?"

"Bíonn Svetlana ag freastal ar thriúr nó ceathrar seandaoine a bhaineann leis an tsionagóg s'againne. Is cosúil gur luaigh sí le duine acu go raibh sí ag tabhairt aire do Madame Lazare. D'inis an bhean sin di gurbh as an Eastóin do do *mémé* ó dhúchas. Is duine cairdiúil í Svetlana, an dtuigeann tú, ní raibh sí ach ag iarraidh comhrá a dhéanamh. Ach d'fhiafraigh sí de do *mémé* an dtéadh sí ar ais riamh chuig an Eastóin."

"Féach, tá an-bhrón orm. Uaireanta, bíonn sí …"

"*Écoute*, Levana – níl rud ar bith agatsa le leithscéal a ghabháil faoi," arsa Erzsi. "Na seandaoine a tháinig slán ón *Shoah*, bhuel – ní bhíonn sé éasca. Go mórmhór daoine cosúil le do *mémé*, nár éirigh léi labhairt le duine ar bith riamh faoi. Tá an t-ualach sin iompartha trína saol ar fad aici. Ach caithfidh tusa a thuiscint nach é d'ualachsa é le hiompar. Tá do shaol féin le caitheamh agatsa. Tá sé tuillte agat a bheith sona, *metuka*. Ach cuimhnigh go bhfuilimse ann le cuidiú leat. Gheall mé é sin do do *maman*. Agus tá mé ann i gcónaí, *d'accord*?"

* * * * *

An tráthnóna dár gcionn, agus Páras bainte amach an athuair aici, dinnéar ite aici le Mémé i gcistin an árasáin, tharraing Levana anuas scéal Svetlana. Ní raibh aon chaint ag an tseanbhean ar leithscéal a ghabháil le Erzsi ná le duine ar bith eile. Ní raibh muinín aici as 'an bhean bheag Rúiseach' mar a thug sí ar Svetlana. Má bhí sí chun titim amach le Erzsi faoin scéal, ba léir nach raibh sé sin ag teacht idir í agus codladh na hoíche.

Nuair a bhí Mémé imithe a luí, chuir Levana scata

teachtaireachtaí Facebook chuig seanchairde scoile léi sa
chathair, féachaint an dtiocfadh moladh chun cinn d'ionadaí
feiliúnach, duine nach n-aireodh Mémé a bheith ina 'spiaire'.
Sula raibh an deireadh seachtaine caite, bhí cúramóir eile
aimsithe aici: bean as Mali, duine a bhí ag tabhairt aire
cheana féin do sheanathair carad léi ón meánscoil. Ní raibh sí
cinnte cén chaoi a réiteodh Mémé le bean Afracach, ach bhí
ardmholadh ag a cara do Khady agus don bhealach séimh,
lách a bhí aici lena seanathair, fear a d'fhéadfadh a bheith
borb go maith in amanna.

Agus í ag caint le Mémé ar an bhfón i gcaitheamh na
seachtaine dár gcionn, bhí Levana sásta a chloisteáil go raibh
Khady agus Mémé ag baint an-cheart dá chéile. Thagadh
an cúramóir go pointeáilte ag a naoi a chlog ar maidin,
dhéanadh sí a raibh le déanamh agus ní chuireadh sí ceist ar
bith ar Mémé nár bhain leis an obair a bhí le déanamh aici.
Bhí síocháin i réim an athuair.

* * * * *

Choinnigh Levana uirthi idir an dá chathair agus an dá shaol
ar feadh cúpla mí. Ach de réir mar a chas an geimhreadh ina
earrach, bhí athruithe eile le sonrú ar Mémé. Ba léir go raibh
ceisteanna nua ag brú isteach ar a hintinn.

"An bhfuil cíos le híoc ar an áit seo?" a d'fhiafraigh sí de
Levana tráthnóna Aoine amháin, í ábhairín corraithe ina
glór. Thóg sé cúpla nóiméad ar Levana a chur ina luí uirthi
gur ina hárasán féin a bhí sí, agus gur léi féin go hiomlán é,
gan fiacha ar bith ag baint leis.

Lá eile, chuir an tseanbhean tuairisc Armand faoi dhó, taobh istigh de chúig nóiméad, cé go raibh cur síos cuimsitheach déanta ag Levana air an tráthnóna roimhe. Nuair a chuir sí ceist faoi arís eile, uair an chloig níos deireanaí, ní raibh sí in ann cuimhneamh ar a ainm.

An mhaidin dár gcionn, bhí sí trína chéile. Cá raibh eochracha an dorais? An raibh an áit glasáilte? An raibh Levana cinnte? Céard a tharlódh dá mbrisfidís síos an doras?

"Ach ní bhrisfeadh duine ar bith síos é, a Mémé," a dúirt Levana. "Tá tú sábháilte anseo."

Bhreathnaigh Mémé uirthi, scéin ina súile.

"Cá bhfios duitse go bhfuil?"

Thóg sé píosa ar Levana í a shuaimhniú, a chur i gcuimhne di cá raibh sí. D'fhág an comhrá í féin an-mhíshuaimhneach. Bhí leisce uirthi imeacht, ach uair an chloig ina dhiaidh sin, bhí Mémé i bhfad níos fearr, í ag comhrá léi go ciallmhar.

Agus í ar ais sa Bhruiséil an oíche sin, ghlaoigh Levana ar Khady le socrú nua a dhéanamh. D'aontaigh siad go nglaofadh Khady isteach maidin agus tráthnóna, rud a chuir leis an gcostas ach a bhain beagán den chiontacht a d'airigh Levana.

An deireadh seachtaine dár gcionn, d'aithin sí tuilleadh den iompar ar Mémé a chuir buairt uirthi. Bhí dearmad déanta ag an tseanbhean go raibh Levana lonnaithe sa Bhruiséil. Agus cé gur thriail sí an mearbhall a bhí uirthi a cheilt, ba léir nach raibh sí in ann cuimhneamh ach oiread cén tráth den bhliain a bhí ann. Tharraing sí anuas an cheist arís faoi chíos a bheith íoctha, agus ba léir go raibh an cheist ag déanamh buartha di.

Anuas air sin, bhí sí ag codladh i bhfad níos mó ná mar a bhíodh i rith an lae, í ag dúiseacht de gheit sa chathaoir, a súile ag streachailt leis an solas, ag iarraidh a radharc agus a tuiscint ar a raibh ina timpeall a chur i bhfócas.

An tráthnóna Sathairn dár gcionn arís, agus Levana ag réiteach ceachtanna ag bord na cistine, chuala sí béic ón seomra suí. Nuair a sheas Levana ag an doras, d'éirigh Mémé ina seasamh, gan fios a bheith aici ar feadh soicind cé a bhí ann. Shiúil Levana chuici agus rug barróg uirthi. Chuir Mémé racht chaointe di, agus lig do Levana breith uirthi, í ag fáisceadh a héadan le gualainn a gariníne, rud nár chuimhin le Levana tarlú riamh roimhe.

*****

Bhí sé thar am plean nua a chur faoi bhráid Mémé – í a thabhairt chun na Bruiséile agus í a chur isteach in ionad cúraim ann i ngar di féin agus do Armand. Ní bhíodh a fhios ag Levana riamh cén glacadh a bheadh ag Mémé le smaoineamh nó moladh nua, agus dá n-éireodh sí stuacach faoi cheist ar bith, ba dheacair í a mhealladh. Bhí faitíos uirthi go ndiúltódh Mémé scun scan d'athrú chomh mór ina saol.

Ach ghlac sí leis an bplean gan argóint ar bith a dhéanamh.

Ní raibh aici ach cúpla coinníoll. An chéad cheann ná nach mbeadh Levana ag iarraidh aon socrú a dhéanamh faoin árasán go dtí go mbeadh Mémé féin caillte. Bhí glacadh aici leis an mbás agus fáilte aici roimhe nuair a thiocfadh sé. Ach bhí sí ag iarraidh go mbeadh meas ar a príobháideachas idir an dá linn. Ní raibh sí ag iarraidh go mbeadh duine ar bith ag ransú trína cuid nithe agus í imithe ón áit. Bhí gealltanas sollúnta uaithi nach dtarlódh a leithéid sin. Bhí gealltanas uaithi nach bhfillfeadh Levana riamh ar an áit gan chead, oiread agus uair amháin, sula gcaillfí Mémé.

Cé gur airigh sí ábhar gonta faoin éileamh sin, ní raibh ionadh ar Levana go ndearnadh é. Thug sí a gealltanas agus chroith siad lámh air. Ní raibh fágtha an uair sin ach coinníoll amháin eile.

"Ní áit do Ghiúdaigh a d'oirfeadh dom. B'fhearr liom a bheith istigh le meascán daoine."

* * * * *

Chaith Levana an tseachtain dár gcionn ag déanamh taighde ar ionaid chúraim do sheandaoine. Theastaigh uaithi áit a bhí go hiomlán neodrach ó thaobh creidimh a aimsiú, ach ar chúis amháin ná eile, ní raibh folúntas ar fáil in áit ar bith a shíl sí a bheith feiliúnach do Mémé.

Is é Armand a d'aimsigh áit ar deireadh, i bhfoisceacht dhá chiliméadar den árasán. Ionad é a tógadh fiche bliain roimhe, a mhínigh an stiúrthóir do Levana. Áit é gan mórán staire ag baint leis. Bhí an chuma neodrach sin ar mhaisiú agus ar leagan amach na háite agus ar an dath neasbhán a bhí ar na ballaí.

Mhínigh Levana cúlra Mémé do stiúrthóir na háite, bean ard Eilvéiseach a raibh cuma thuisceanach uirthi. Chuir sí síos di go hachomair ar chúlra a seanmháthar, ar an gcaoi ar cailleadh a muintir ar fad sa *Shoah* agus ar an leisce a bhí riamh ar an tseanbhean labhairt ar na cúrsaí sin. Mhínigh sí chomh maith gur beag baint a bhí ag Madame Lazare leis an bpobal Giúdach i bPáras ó cailleadh a fear céile. Dúirt Madame Rochat nach raibh ach Giúdach amháin san áit roimhe. Bhí Caitlicigh go leor ann, cuid mhaith daoine gan creideamh ar bith agus méadú ag teacht ar líon na Moslamach a bhí ag teacht chucu le blianta beaga roimhe sin. Uaireanta, a dúirt sí, d'fhilleadh seandaoine ar chreideamh de chineál éigin ar deireadh, agus bhí an lucht cúraim in ann pé mianta a léirigh an duine a shásamh. Bhí teagmháil ann cheana ag an ionad leis an tsionagóg áitiúil agus dá dtiocfadh fonn ar Mémé athmhuintearas a dhéanamh lena creideamh dúchais, d'fhéadfaí freastal ar an éileamh sin gan stró.

An deireadh seachtaine dár gcionn, bhí riar grianghraf ag Levana ar a fón leis an ionad sa Bhruiséil a thaispeáint do Mémé – an tsráid chiúin a raibh an foirgneamh suite ann, an halla fáiltithe, an seomra lae agus an cineál seomra leapa a bheadh ar fáil di. Gan mórán plé a dhéanamh, dúirt Mémé go raibh sí sásta leis an rogha.

*****

An chéad seachtain nó dhó di san áit nua, thug Levana faoi deara go raibh Mémé an-scaipthe inti féin, rud a chuir buairt uirthi. Lá amháin is í díreach tagtha isteach ar cuairt, bhain Mémé geit aisti.

"Brigitte!" a deir sí.

D'airigh Levana a croí ag tabhairt léime uaidh istigh ina cléibh. Bhí píosa fada ann ó chuala sí ainm a máthar féin á rá ag Mémé.

"*C'est Levana, Mémé.*"

"Levana? Levana. Levana. "

Seachtain ina dhiaidh sin, bhí Mémé corraithe inti féin. Brionglóid a d'fhág suaite í, a dúirt an t-altra Maracach. Dhúisigh sí an oíche roimhe, agus scéin de chineál éigin uirthi. Cheap an t-altra gur ainm a bhí á rá aici. 'Porique', b'fhéidir?

Porique. Ní fhéadfadh Levana bun ná barr a dhéanamh de. Ar cheart di fiafraí de Mémé cérbh é Porique? An ainm Giúdach a bhí ann? Nó ainm Eastónach? Shocraigh sí go bhfillfeadh sí ar an gceist, lá eile. B'fhearr féachaint leis an tseanbhean a shuaimhniú seachas a bheith ag piocadh ar an gcneá a bhí ag goilleadh uirthi.

Thóg Levana lámh chnámhach a seanmháthar ina lámh féin agus d'éirigh léi a hintinn a mhealladh ar ais chuig an áit a raibh siad ann.

Ar ball, rinne sí cuardach Google ar 'Porique' ach ní raibh tagairt in áit ar bith ann d'ainm dá shórt. Bhí an focal 'porique' ann, téarma neamhchoitianta leighis, ach ba bheag seans gurbh in a bhí ar intinn ag Mémé.

✵ ✵ ✵ ✵ ✵

As sin go ceann míosa, tháinig feabhas ar an tseanbhean, lá i ndiaidh lae. Bhí sí ag éirí níos cinnte gach uile lá faoina raibh ag tarlú ina timpeall. Bhí sí soiléir go raibh sí anois sa Maison de Repos de Saint Gilles, nach sa Fhrainc a bhí sí níos mó agus gurbh í Levana a gariníon aonair. Bhí sí ag fáil chodladh na hoíche agus í sásta éirí ón leaba ar maidin. De réir mar a shocraigh sí síos, bhí Levana níos cinnte inti féin go raibh an cinneadh ceart tógtha aici féin agus ag Armand í a thabhairt chun na Bruiséile.

Ba mhór an faoiseamh di féin a bheith scaoilte saor ón aistear seachtainiúil go Páras agus deis aici taitneamh a bhaint as an deireadh seachtaine le Armand.

Agus cé gur mhaith léi féin a seanmháthair a fheiceáil gach lá, spreag Armand í le cúram na gcuairteanna a roinnt leis. Bhí fonn air breis aithne a chur uirthi, a dúirt sé. Ó tharla gur tógadh i gceantar tuaithe i ndeisceart na Beilge é féin, bhíodh seandaoine go leor ina thimpeall agus é óg. Thaitin comhluadar seanóirí riamh leis. Agus bhí rud éigin faoi Mémé a chuaigh i bhfeidhm air, go mórmhór a glór.

B'in an rud a bhain le Armand: an fhiosracht a bheadh air faoi rudaí nach dtabharfadh Levana féin faoi deara beag ná mór. B'iontach géar an péire cluas a bhí air agus ba mhinic a spreagfadh torann ar leith an fhiosracht ann. An mianach ar leith fuaime a bhí ag díoscán an dorais san árasán, cuir i gcás. Nó an difríocht a bhí idir an torann a rinne traein a bhí lán de dhaoine is í ag druidim le stáisiún an *métro*, seachas ceann a bhí nach mór folamh.

Bhí a laethanta mar ghiotáraí *grunge* ag druidim chun deiridh faoin am ar chas Levana leis i bPáras, ach bhí sé fós an-chairdiúil leis na ceoltóirí a raibh aithne curtha aige orthu le blianta roimhe sin. Bhí sé an-mhór chomh maith an uair sin le cúpla duine ó iarthar na hAfraice. Bhodhródh sé Levana uaireanta le cur síos ar an difríocht a bhí idir Fraincis mhuintir Mharacó agus caint mhuintir na Seineagáile.

Mar sin ní raibh iontas ar bith uirthi nuair a chuir sé suntas i nglór Mémé.

38

"Cén fhad ó tháinig sí chun na Fraince – seachtó bliain, nach mór?" a bhí aige maidin Sathairn amháin, tar éis dóibh beirt cuairt a thabhairt uirthi. "Ach fós tá canúint chomh láidir sin ar a cuid Fraincise."

"Ná habair faic léi faoina canúint, pé rud a dhéanann tú," arsa Levana. "Ní maith léi daoine a bheith á tabhairt faoi deara."

"An é go mbíodh sí ag meascadh le daoine eile ón Eastóin agus í i bPáras?"

"Má bhí, níor chuala mise riamh faoi."

* * * * *

Cúpla lá ina dhiaidh sin, d'éist siad beirt leis an leagan is deireanaí de shaothar fuaime Armand. Bhí forbairt mhór tagtha air le cúpla mí anuas. Saothar níos téagartha a bhí anois ann, é roinnte ina ghluaiseachtaí éagsúla. Bhí na glórtha níos mó ina bhfuaimeanna taibhsiúla anois, seachas mar a bheadh giotaí agallaimh i bpodchraoladh. Thaitin an leagan nua seo go mór le Levana, ach ní raibh Armand go hiomlán sásta go fóill leis. D'aithin sí go raibh giodam éigin air, é ag ligean air go raibh sé ag éisteacht lena tuairim, ach é ag fanacht go mbeadh deireadh ráite aici.

"Samhlaigh glór Mémé ann," a deir sé, an fhoighne ag cliseadh ar deireadh air. "Samhlaigh í agus an chanúint sin atá uirthi – agus an aois atá aici! Samhlaigh an tslí a meascfadh a cuimhní siúd ar an Eastóin roimh an gcogadh isteach leis na glórtha eile atá ann!"

"Ag magadh atá tú?" a deir Levana.

"Conas?"

"Níor labhair sí liomsa riamh faoi. Cén fáth a labhródh sí leatsa?"

"Bhuel, cá bhfios ..."

"Ní labhródh! Le fírinne, ní shílim gur cuimhin léi mórán faoin tráth sin dá saol ar aon nós."

"Meas tú?"

Bhain sé amach a fhón agus thosaigh ag cuardach rud éigin ann.

"Ná habair liom go ndearna tú taifeadadh uirthi i ngan fhios!"

"Ná bí buartha," a deir sé. "Ní dhéanfaidh mé rud ar bith a úsáid gan a cead. Ní raibh ann ach triail bheag. Tá sí ag éirí níos oscailte liom gach aon lá."

"Gach aon lá? An bhfuil tú a rá liom go bhfuil tú á dhéanamh seo le píosa?"

"*Calme-toi!* Táimid an-mhór le chéile. Cuirim ar a suaimhneas í. Dúirt sí féin an méid sin."

"Seafóid! Ar éigean a aithníonn sí thú uaireanta."

"Ach nuair a mhíním arís cé mé féin, bíonn sí breá sásta mé a bheith ann."

Stop sé ar feadh meandair, amhail is go raibh sé ag cuimhneamh ar an méid a bhí sé ar tí a rá.

"Bhí sí ag caint faoi do mháthair ar maidin."

"Mo mháthairse? Leatsa?"

"Ar mhaith leat an méid a thóg mé uaithi a chloisteáil?"

Tharraing Levana anáil. Bhí beagán oilc uirthi leis an mbeirt acu, é féin agus Mémé. Leag Armand an fón ar an mbord agus líon glór Mémé an tost.

'*Il pleuvait*,' arsa glór na seanmhná. 'Lá ceathach a bhí ann. Ba é an chéad uair agam an fharraige a fheiceáil le blianta roimhe sin. Bhí máthair Levana a cúig nó a sé de bhlianta – sé bliana, sílim. Sa Bhriotáin a bhíomar, áit bheag a dtugtar … cad a bhí ann in aon chor?'

Stop sí le cuimhneamh ar ainm na háite. Ach ní thiocfadh sé chuici.

'Is cuma,' arsa glór Armand go séimh tar éis píosa. 'Cén sórt áite a bhí ann?'

'Bhuel, bhí fir amuigh ar an bhfarraige agus báid acu nach bhfaca mé a gcineál riamh. Ag baint feamainne a bhí siad ó na carraigeacha sa chuan. Bhí an boladh chomh láidir sin!'

Bhreathnaigh Levana ar Armand. Conas a bhí sruth cainte den chineál sin bainte as Mémé aige?

Chuir sé straois air féin. Dhírigh siad a n-aird arís ar an nglór ón bhfón.

'Ba é an chéad uair riamh ag Brigitte ag an bhfarraige. Bhí sí an-tógtha leis. An gaineamh agus na sliogáin agus na portáin agus gach a raibh ann. Agus ar ndóigh na héin.'

'Cé na héin a bhí ann?' arsa glór Armand.

'Na cinn a d'fheicfeá in áit ar bith cois farraige, is dócha. Cinn bhána agus cinn dhubha. Ansin chonaic mé éan beag nach raibh feicthe agam le blianta fada. Éinín beag álainn é. ....''

Dúirt sí focal nó dhó nár thuig Levana.

'Cén t-éinín é sin arís?' a deir glór Armand.

'..........' a deir Mémé an athuair, na fuaimeanna dothuigthe céanna.

'*Et en français?*' arsa Armand.

'*En français?*' arsa Mémé.

Bhí tost ann.

'An t-éan,' arsa Armand go séimh. 'An ceann a thaitin leat. Cén t-ainm Fraincise atá air?'

Tost eile, ansin freagra borb.

'*Je ne sais pas.*'

'Ach tá suim agam …'

'*Écoutez*. Tá mé tuirseach. Tá sé in am agatsa a bheith ag imeacht,' arsa Mémé go grod.

Mhúch Armand an fón. Bhreathnaigh sé anall ar Levana. "Anois, an bhfuil Eastóinis fós aici?"

* * * * *

D'iarr Levana air an giota fuaime a sheoladh chuici. D'éist sí leis arís is arís is arís eile. Radharc ó chuimhne Mémé, nár chuala Levana riamh cur síos roimhe air, é tugtha chomh réidh sin do Armand. Agus í féin, a chráigh Mémé ar feadh blianta le ceisteanna. Í féin, a shantaigh na blúirí cuimhne seo a bhlaiseadh riamh anall.

Níorbh fhiú ábhar an scéil a tharraingt anuas go díreach le Mémé. Ach dá bhféadfadh sí a fháil amach cén t-éan a bhí luaite ar an taifeadadh, b'fhéidir go bhféadfadh sí féin nó Armand leabhar éan a thabhairt isteach chuig Mémé, dul tríd, agus tar éis tamaill, an t-éan áirithe sin a thaitin léi a thaispeáint di. An spreagfadh sé sin cuimhní eile? Radhairc cheilte eile ón taobh thall den bhalla ciúnais? B'fhiú é a thriail.

Bhí cara le cara as Páras tar éis aistriú go dtí an Bhruiséil agus bhí sí ag dul amach le fear a bhí ag obair mar aistritheoir i gCoimisiún na hEorpa. Chuaigh Levana chun cainte léi agus mhínigh sí a cás. D'fhiosraigh a fear an scéal le duine de na haistritheoirí ón Eastóin. Ba ghearr go raibh seoladh ríomhphoist an duine sin ag Levana agus chuir sí teachtaireacht chuici inar mhínigh sí go hachomair cúlra Mémé agus inar iarr sí uirthi éisteacht leis an taifeadadh fuaime a bhí ceangailte leis an ríomhphost.

Tháinig freagra ar ais nach raibh sí ag súil leis.

Chère Levana,
Fág liom é seo – táim ag iarraidh a thuilleadh
taighde a dhéanamh. Beidh mé ar ais i
dteagmháil chomh luath agus is féidir.
Avec mes salutations,
Irja Põld

Bhain sé sin siar as Levana de bheagán. Ní raibh uaithi ach ainm an éin a bhí luaite ag Mémé. Cé mhéad taighde a d'fhéadfadh a bheith i gceist?

Seachtain ina dhiaidh sin, fuair sí ríomhphost eile ó Irja Põld agus í ag iarraidh casadh le Levana.

An tráthnóna dár gcionn agus í ag bualadh isteach doras an chaifé a bhí aontaithe acu, stop Levana le súil thapa a chaitheamh uirthi féin i ngloine an dorais. Scuab sí siar a cuid gruaige as a súile lena méara, tharraing anáil agus shiúil isteach.

Bhí bean óg fhionnrua sa chúinne, a lámh in airde aici le haird Levana a fháil.

D'ordaigh siad caife agus rinne mionchaint faoin trácht sa chathair. D'éist Levana go cúramach lena glór, ach níor bhraith sí go raibh an chanúint a bhí ar a cuid Fraincise pioc

43

cosúil le glór Mémé. Bhí aiféala uirthi ar feadh nóiméid nach raibh Armand tagtha léi, le go ndéanfadh seisean anailís ghéar ar chaint na mná seo.

Bhí tost beag ann. Ansin ghlan Irja a scornach os íseal agus bhreathnaigh anall go neirbhíseach, amhail is go raibh drochscéala de chineál éigin aici di.

"Nuair a léigh mé an cur síos uait ar chúlra do sheanmháthar," a deir sí, a súile dírithe anois ar leabhar beag nótaí, "agus an méid a luaigh tú faoina muintir agus faoin méid a tharla dóibh – aimsir na Naitsithe agus eile – chuir mé an-suim ann mar scéal. De réir mar a thuigim, pobal an-bheag a bhí i gcomhluadar Giúdach na hEastóine roimh an gcogadh. Fíor-chorrdhuine díobh a tháinig slán. Níos lú ná deichniúr ar fad, creidim."

"Sin é an rud faoi," arsa Levana, "ní raibh sí riamh sásta labhairt ar an gcogadh, ná ar an Eastóin, ná ar a muintir. Thug sí le fios dom riamh nach raibh cuimhne dá laghad aici ar an teanga, rud a cheap mé a bheith ait. Mar sin is saghas teachtaireacht gan choinne ón aimsir chaite atá sa chúpla focal beag seo."

"Tuigim," a deir Irja. Bhreathnaigh sí ar Levana agus thug ceann de na miongháirí sin a thabharfá do dhuine a bhfuil tú amhrasach fúithi.

"Mo leithscéal arís leat gur thóg sé tamall orm teacht ar ais chugat, ach tá an scéal seo chomh … chomh híogair sin, ní raibh mé ag iarraidh eolas míchruinn a thabhairt duit."

"Abair leat," arsa Levana, a croí ag déanamh sodair anois.

"D'éist mé leis an taifeadadh arís is arís eile. Tá dhá fhocal i gceist. Leis an bhfírinne ghlan a rá leat, ní raibh mé in ann ciall ar bith a bhaint as ceachtar acu. Ach ní haon saineolaí éan mé, mar sin – tá súil agam nach miste leat – sheol mé an comhad fuaime chuig m'athair san Eastóin."

"Ní miste, cinnte," arsa Levana.

"Is maith sin. Tá an-suim ag m'athair i gcúrsaí nádúir. Ach bhí seisean den tuairim chéanna liom féin. Pé éan atá i gceist, ní ainm Eastóinise a bhí ag do sheanmháthair air."

"Ach …"

"Cheistigh mé é faoi leaganacha canúnacha agus gach rud – ach i ndáiríre, níl na focail fiú ag teacht le fuaim ár dteanga – beag ná mór."

"Cad atá ann mar sin?"

"Bhuel – tá freagra agam ar an gceist sin," arsa Irja. "Arís, tá súil agam nach miste leat, ach chuir mé an taifeadadh thart chuig mo chomhghleacaithe ar fad sna rannóga éagsúla aistriúcháin a bhaineann le ballstáit an Aontais ar fad, féachaint an aithneodh duine ar bith acu na focail. Tá ceithre theanga is fiche i gceist i measc na bhfoirne ina n-iomláine. Agus tháinig freagra ar ais tar éis cúpla uair an chloig nach raibh súil agam leis. Bhí duine amháin ar an bhfoireann a thuig do sheanmháthair."

"Duine amháin?" arsa Levana, a croí ag rásaíocht faoin tráth seo.

"Is ea. Ach ní as an Eastóin dó."

"Cé as dó mar sin?"

"Aistritheoir Éireannach atá ann. D'aithin sé ainm an éin ar an bpointe."

Chas sí leathanach den leabhar nótaí agus bhreathnaigh ar Levana.

"*C'est un grand gravelot. En gaelique irlandais.*"

"*Gaelique irlandais?*"

"Sea, Gaeilge na hÉireann. Bhí an fear seo cinnte dearfa faoi. Agus bhí sé measartha cinnte fiú gur canúint an iarthair a bhí i gceist."

Bhreathnaigh sí ar a leabhar nótaí agus léigh go cúramach. "Deirtear '*fa-dog cla-di*' agus leagtar béim ar an gcéad siolla den dá fhocal. Agus is mar seo a scríobhtar é."

Chas sí thart an leathanach go bhfeicfeadh Levana an dá fhocal a bhí scríofa ann, an dá fhocal a bhí tar éis éalú aniar as cúinne dorcha éigin i gcuimhne Mémé:

Feadóg chladaigh.

"Ach conas?" a deir Levana. "Ní heol dom go raibh mo sheanmháthair riamh in Éirinn ..."

Hana, Páras, 1995

Bhí gal ag éirí de na babhlaí diúilicíní os a gcomhair beirt amach. Lonraigh grian íseal an earraigh ar an ngloine Reisling os a chomhair siúd, ar na súileoga ag coipeadh sa ghloine uisce os a comhair sise. Bhris siad arán agus thum sa súlach é, gan breathnú ar a chéile. Taobh amuigh ar an tsráid, chuaigh scútar thar bráid de sciuird, é ag gearradh stríoca glórach tríd an gciúnas. Ní raibh faic ráite ag Samuel go fóill, ach bhí a fhios ag Hana ón mbealach a bhí leis gur ag réiteach a bhí sé. Ar deireadh, bhreathnaigh sé ina treo.

"*Il faut parler. De Brigitte.*"

Rinne Hana a slis aráin a chogaint agus d'fhan go gcuirfeadh sé tús leis an gcomhrá a bhí fógartha aige. Leag sé uaidh a spúnóg.

"Tá Brigitte ag déanamh imní," a dúirt sé. "Tá sí buartha faoi Levana. Conas mar a bheidh nuair … nuair a bheidh sí féin imithe."

Rinne cuileog dordán thart ar an tsíleáil, í ag gluaiseacht, ag stopadh, ag bogadh chun siúil arís. D'fhan Hana ina tost.

"Ag smaoineamh ar chúrsaí creidimh atá sí." Bhreathnaigh

sé uirthi. "Tá sí ag iarraidh labhairt leat."

"Conas, labhairt liom?"

Leag Samuel a dhá bhos ar an mbord, ar gach taobh den bhabhla os a chomhair.

"Tá sí míshuaimhneach ina hintinn. Faoin tógáil a thabharfar do Levana. Dá labhrófá léi, chuirfeá ar a suaimhneas í."

"Agus cad a déarfainn léi?"

"Abair léi go gcuirfidh tú a cuid mianta i gcrích. Sin an méid atá sí ag iarraidh a chloisteáil uait."

Leag Hana uaithi sliogán dubh sa bhabhla bán os a comhair. Lig sí osna.

*****

Rud nua a bhí ann, an teannas idir í féin agus a hiníon maidir le cúrsaí creidimh. Ó bhí sí beag, ghlac Brigitte lena saol mar a bhí. Níor cheistigh sí cúlra a tuismitheoirí, mórán riamh. Ba Ghiúdach í, ach níor rud neamhghnách é sin san Onzième Arrondissement. Ghlac sí leis, ar an tslí chéanna ar ghlac sí leis gur cailín í, nó gur Fhrancach í. B'in mar a bhí.

Ina cailín óg di, bhí suim áirithe aici sa chreideamh féin, ach ní dhearna sí scéal mór riamh de. Bhíodh sí ag tnúth leis an dá chuairt bhliantúla a thugadh an teaghlach ar an teampall, chun *Rosh-ha Shannah* agus *Yom Kippur* a cheiliúradh. Bhí suim aici sa chócaireacht agus thaitin béilí na bhféilte móra léi, idir réiteach an bhia agus na deasghnátha a bhain leis an teacht le chéile. Agus iad suite chun boird le comóradh a dhéanamh ar shaoradh na nIosraelach ón sclábhaíocht san Éigipt, ba bhreá le Brigitte na ceithre cheist a chur go foirmeálta ar Samuel le go n-inseodh sé scéal an éalaithe. Cineál cúitimh a bhí sa deasghnáth sin di mar pháiste aonair, a d'airigh Hana. Brigitte a bheadh ar an duine ab óige ag an mbord i gcónaí. Ní raibh aon deartháir ná deirfiúr óg ann leis an onóir a bhaint di.

Ina déagóir di, ghlac Brigitte leis go raibh Hana cosúil le daoine go leor eile dá glúin a tháinig slán ón *Shoah*. Bhí sí faoi néal ag an méid a tharla di agus dá muintir. Thug Hana le fios go raibh cumha ag baint le cleachtadh an chreidimh di. An *rabbi*, an teampall, na paidreacha Eabhraise, thug an rud ar fad siar í. Agus cé a bheadh ag iarraidh dul siar ar bhóithrín na smaointe sin?

Baineadh geit as Hana féin nuair a d'inis Samuel di go raibh a n-iníon ag súil le páiste. Bean shingil ba ea í Brigitte faoin tráth sin a bhí ag tarraingt ar an dá scór. Dlíodóir stuama a raibh post sinsearach aici i ngnólacht measúil, bean a raibh ardmheas ar a saineolas i saol na meán agus na scannán, duine a mhair riamh dá cuid oibre. Gan caidreamh rómánsúil de chineál ar bith luaite le blianta aici. Í anois ag iompar clainne? Agus de bharr *aventure* aon oíche le haisteoir as Québec? Ba dheacair é a chreidiúint mar scéal.

An d'aon ghnó a rinne sí é, éirí torrach, dul sa seans, féachaint cad a tharlódh? Ba dheacair a shamhlú gur mar sin a bhí. Ach ó tharla gur fhéach Hana riamh le ceisteanna pearsanta a bhí dírithe uirthi féin a sheachaint, ní chuireadh sí riamh ceist den sórt sin ar dhuine ar bith í féin. Nuair a d'éirigh Hana cleachtach ar an scéal, lig sí di féin a bheith ábhairín sceitimíneach faoi. Bheadh sí ina seanmháthair. Bheadh leanbh óg ina saol aon uair amháin eile. Bhí glactha aici le fada nach raibh sé sin chun tarlú.

Sna míonna i ndiaidh do Levana teacht ar an bhfód, thugadh Hana cuairt go minic ar árasán Brigitte, níos minice ná mar a bhí déanta riamh roimhe aici. Shuíodh sí ar an tolg agus ligeadh don bhurla beag míorúilteach stánadh aníos uirthi, do na méara bídeacha breith ar a méar thosaigh féin. Chuireadh sí a srón le cloigeann an pháiste agus líonadh a polláirí le boladh na gruaige. Tharraingíodh sí anáil go domhain, siar go bun a scamhóg. D'airíodh sí an ocsaigin, measctha le boladh cumhra an linbh, ag cúrsáil trína cuid féitheacha, ag gluaiseacht timpeall a colainne, ag sroicheadh cheartlár a croí.

Bhíodh an t-árasán ina chíor thuathail go minic sna míonna sin. Nuair a thiteadh an páiste ina codladh agus nuair a d'fhaigheadh Brigitte deis néal beag a dhéanamh, théadh Hana thart, í ag glanadh an tsoirn, ag cur gabháil éadaí sa mheaisín níocháin, ag díriú na gcúisíní ar an tolg. Agus í ag scuabadh agus ag díriú léi, thosaigh sí ag tabhairt suntais do na leabhair a bhí leagtha ar fud na bhfud. Bhí an gnáthchineál a mbeifí ag súil leis ann: cuid a bhain le forbairt an pháiste, le cothú linbh, le páiste a thraenáil le dul a luí don oíche. Ach bhí cineál eile ann nach bhfaca Hana á léamh ag Brigitte roimhe seo. Saothair léannta faoi stair an Ghiúdachais. Leabhair faoi chinniúint chlann Iosrael. Treoirleabhair don *Torah*. Rinne na leabhair sin neirbhíseach Hana. Ach níor chuir sí aon cheist ina dtaobh.

Ba ghearr ina dhiaidh sin a thosaigh Brigitte ag tarraingt ar an tsionagóg go seachtainiúil, í ag freastal ar áit a bhí thart

ar fhiche nóiméad de shiúl na gcos óna hárasán. Sionagóg
í a bhain le pobal a chleacht leagan níos traidisiúnta den
chreideamh ná an stíl a raibh taithí ag Hana air. Mar ba
ghnách, is ó Samuel a chuala sí den chéad uair faoin nós
nua seo ag Brigitte. Chonacthas dó siúd gur rud maith a bhí
ann. Bhí suaimhneas aigne as an nua ag a n-iníon, dar leis.
Bhí smacht á fháil aici ar an gciontacht a bhraith sí maidir
le Levana, gan aon teagmháil aici leis an bhfear a bhí mar
athair bitheolaíoch ag an bpáiste. Bhí pobal dá cuid féin
aimsithe anois aici. Bhí sólás le fáil sa struchtúr cinnte saoil a
thug deasghnátha agus rialacha dochta an *Shabbat* di.

Thar thréimhse bliana, mheall Brigitte a hathair le
dul ann, uair sa mhí ar a laghad. Ach níor bhrúigh sí an
nósmhaireacht nua ar a máthair. Agus níor tharraing Hana
riamh anuas ach oiread é mar scéal.

Bhí Levana ceithre bliana d'aois nuair a fuair Brigitte an
drochscéala faoin tinneas. Chuir sé ionadh ar Hana a shocra
a bhí a hiníon inti féin. Ní raibh mórán buartha uirthi, a dúirt
sí le Hana lá amháin. Bhí muinín aici as toil Dé. Bhí dóchas
aici as an gcóir leighis.

Ach de réir mar a thráigh an dóchas céanna, thosaigh
Brigitte ag mealladh Samuel le páirt a ghlacadh sa *Shabbat*
gach seachtain. Agus ina dhiaidh sin, d'iarr sí ar Hana a
bheith leo. Thoilíodh Hana dul chuig an tsionagóg minic go
leor le teannas a sheachaint. Shuíodh sí ar an mbinse taobh
le Levana, Brigitte an taobh eile den chailín beag. Bhíodh
ar Samuel suí ar thaobh na bhfear, ar an taobh eile den
tsionagóg. Agus iad ag tarraingt ar an áit, nó ag siúl ar ais go
mall chuig an árasán leis an lá a chaitheamh le chéile agus an

dá bhéile a ithe, ní labhraíodh Brigitte agus í féin faoina raibh ag dul ar aghaidh, faoin gcleachtadh creidimh ná faoin ngalar a threisigh é. Dhéanadh Brigitte agus Samuel an *kiddush* a aithris, agus chuireadh Samuel beannacht ar an dá bhuilín *challah*. D'fhanaidís ann go dtí go mbíodh na trí réalta ar lasadh sa spéir, bheiridís barróg ar a chéile agus bhuaileadh Hana agus Samuel bóthar abhaile.

Lá ar bith a ndeachaigh Hana ar cuairt ann i gcaitheamh na seachtaine, oíche ar bith ar fhan sí le cúnamh a thabhairt, labhair siad ar a raibh le déanamh, ar an gcóir leighis, ar an bpian a bhí ar Brigitte, ar an ngrá a bhí ag Levana dá cuid pictiúrleabhar. Ar an aimsir, fiú. Ar ábhar ar bith seachas ar chúrsaí creidimh.

Ansin, faoi dheireadh, mí sular cailleadh Brigitte, briseadh an tost. San ospís a bhí sí faoin tráth seo. Tráthnóna an chomhrá mhóir, nuair a shiúil Hana isteach sa seomra, bhí Brigitte ina suí suas sa leaba, carn piliúr mar thaca lena droim. Agus solas an lae ag tréigean na spéire amuigh, bhí fuinneamh ina glór nach raibh cloiste ag Hana ó aistríodh isteach san áit í. Tar éis dreas mionchainte, rinne Brigitte casacht agus thosaigh ag caint. Go foirmeálta a labhair sí, gan breathnú sa tsúil ar a máthair ach ar éigean. D'airigh Hana gur ag éisteacht le hóráid a bhí sí, óráid a bhí cleachta go maith ag an gcainteoir.

"Is Giúdach mise mar gur Giúdach tusa, a Maman," a deir Brigitte. "Sin é an rud a gcreidim ann. Is ón máthair i ngach glúin a shíolraíonn dúchas na treibhe. Thug Dia iníon domsa agus, lá breá éigin, b'fhéidir go mbeadh Levana ina máthair chomh maith. Idir an dá linn, ní bheidh mise lena taobh chun an tógáil a thabhairt di a theastaigh uaim a dhéanamh. Tá mé ag iarraidh ortsa m'áitse a thógáil i slabhra na máithreacha Giúdacha, le cinntiú go gcuirfear an obair sin i gcrích."

Shuigh Hana ina staic, na focail seo ag macallú ina timpeall.

"Tá a fhios agam go raibh deacrachtaí agat leis an gcreideamh i gcaitheamh do shaoil, a Maman," a deir Brigitte. "Cé a chuirfeadh milleán ort agus an méid a tharla? Ach seo deis duit. Deis do dhúchas a fheiceáil trí shúile páiste nár bhain an drochshaol di. B'fhéidir gurb ise a chuideodh leat d'áit féin a aimsiú sa phobal an athuair. B'fhéidir go gcuideodh sí leat ceangal a dhéanamh i do chroí le do mhuintir féin."

"Ach, a Brigitte, *metuka* ..."

"Oscail do chroí don deis seo, a Maman. Sin an méid a iarraim ort."

Níl ach éalú amháin agam ón gceangal seo, a chuimhnigh Hana, í ag breathnú ar an loinnir i súil Brigitte, loinnir a bhí ag dul in éag in aghaidh an lae.

An t-aon bhealach amach ná mo rún a nochtadh, anois díreach. Insint di glan amach cé mé féin.

Ach dá ndéanfadh, cá bhfágfadh sé sin Brigitte agus a slabhra de mháithreacha Giúdacha? B'in an scéal ba ghaire dá croí sise anois. Ní fhéadfadh Hana a rá léi gur deargbhréag a bhí ann mar scéal. Mar dá ndéanfadh, ba ghearr go dtosódh na ceisteanna. *Cén fáth ar bhunaigh tú do shaol ar chur i gcéill náireach, a Maman? Cad atá le ceilt agat?*

* * * * *

53

Bhí Levana ag fanacht leo le dhá mhí anois, agus Samuel á tabhairt chuig an tsionagóg gach seachtain. Bhí an *Shabbat* á chleachtadh go dílis acu, Hana ag iarraidh teacht isteach ar rialacha nár chloígh sí roimhe sin leo. Bhí a fhios ag Brigitte gur mar sin a bhí, ach níor luaigh sí cúrsaí creidimh le Hana riamh arís.

An mhaidin ar cailleadh í, shín Samuel clúdach litreach chuig Hana le hoscailt. D'aithin sí an scríbhneoireacht ar an bpointe. Peannaireacht righin a hiníne a bhí ann, creathán an tinnis tríthi mar a bheadh cuisle lag leictreach. Bhreathnaigh sí ar Samuel go ceisteach. Sméid sé uirthi lena hoscailt. Bhí fústráil aici leis, creathán ina lámha féin, leisce uirthi dochar a dhéanamh don chlúdach a dhún Brigitte.

Liosta treoracha a bhí leagtha amach ar an mbileog bhán, faoi shaol spioradálta Levana agus faoin gcleachtadh creidimh a bhí le fáil aici. Agus ní raibh áit ní b'fhearr le tosú, a scríobh Brigitte, ná lena sochraid féin.

A luaithe is a bhí sí féin imithe ar shlí na fírinne, bhí tús le cur leis an *Aninut*. An chéad chéim ná na baill éadaigh a chaithfidís chuig an tsochraid a fháil agus stróiceadh a ghearradh iontu, os cionn an chroí.

Bhí carbhat roghnaithe cheana féin ag Samuel le stróiceadh. Nuair a shín Hana chuige an scairf a bhí roghnaithe aicise, an ceann Hermès ab ansa léi, d'fhéach sé uirthi go ceisteach. Shín sí chuige an siosúr. Chuir sé gearradh ar imeall na scairfe, ansin thóg sise an t-éadach mín ina dhá lámh arís agus tharraing, le stróic gharbh a chur trasna uirthi. Sheas Levana os a gcomhair ar feadh an ama, í ag déanamh maoirseacht shollúnta ar a raibh á chur i gcrích.

I marbhlann na hospíse, bhí Brigitte le leagan amach ar an sean-nós traidisiúnta ag mná an teaghlaigh. Ach ní raibh de ghaolta ban sa saol ag Brigitte ach Hana féin lena corp a réiteach don tsochraid, mar sin d'ainmnigh sí a dlúthchara Erzsi agus triúr eile dá lucht aitheantais le cuidiú le Hana an corp a ghlanadh, é a leagan os cionn cláir agus é a chlúdach le línéadach.

Mná cineálta a bhí sa chomhluadar ban. Lig siad do Hana fanacht ina tost a fhad is a bhain an cúigear acu róba an ospidéil den chorp seargtha, agus a nigh é le spúinse tais. Agus corp Brigitte á chasadh agus á shíneadh, d'airigh Hana gur cheart go mbeadh sí ag ligean uaill chaointe di. D'airigh sí go raibh a colainn féin ag cur thar maoil le huisce goirt, ach má bhí, ní raibh sí in ann oiread agus deoir amháin a shileadh.

Nuair a bhí deasghnáth an ghlanta curtha i gcrích, bhí an corp le síneadh sa chónra shimplí giúise, le tabhairt ón ospís díreach chuig an tsionagóg agus le cur i gcré na cille taobh istigh de cheithre uair fichead i ndiaidh an bháis.

Lá na sochraide, de réir threoracha Brigitte, bhí cosc ar an *rabbi* a bheith ag caint ar an saol a bhí caite ag Brigitte Lazare; ina ionad sin bhí sé le labhairt ar an gcreideamh agus ar an oidhreacht shaibhir a bhí á bhfágáil le huacht ag a hiníon álainn, Levana.

Agus a taisí saolta leagtha sa chré, bhí Hana agus Samuel le trí cinn de scaoba créafóige an duine a chaitheamh síos ar mhullach an chónra. Rinne siad sin, Levana ina seasamh lena dtaobh, í ag stánadh síos sa pholl dubh, fáiscthe le ceathrúin Erzsi. Bhain an chréafóg agus na cloichíní torann toll as an adhmad, iad ag cnagadh ar dhoras a bhí glasáilte go deo. Ansin, sheas lucht na sochraide ina dhá líne agus shiúil Hana, Levana agus Samuel tríothu, ar chosán a dhírigh iad i dtreo an tsaoil nua a bhí rompu.

* * * *

Ba é tréimhse an *Shiva* an chéad rud a chruthaigh deacracht mhór do Hana. De réir an traidisiúin, is i dteach na ndaoine a bhí faoi bhrón a bhí an tseachtain ceaptha a bheith caite. Ach ní raibh Hana in ann ag slua daoine nach raibh aithne aici orthu a bheith ag teacht isteach ina hárasán agus ní raibh fonn uirthi riaradh na háite a fhágáil fúthu. Ní raibh sí in ann déileáil leo a bheith thart uirthi ag clúdach na scáthán is ag lasadh coinnle seachtaine. Agus ní raibh sí ag iarraidh iad a bheith ag glacadh ceannais ar a cistin agus ag tabhairt faoi deara go raibh gach cineál bia á ithe aici féin agus ag Samuel, gan beann ar bith acu ar rialacha *kosherut*. Ní raibh uaithi ach luí siar ar a leaba féin agus an *duvet* a tharraingt anuas os a cionn.

Ach níor rogha é sin agus thuig sí nárbh ea. Bhí mianta Brigitte le cur i gcrích. Samuel a chuimhnigh ar chomhréiteach a bhain cuid den bhrú de Hana: in árasán Brigitte a shuífí an *Shiva*. Is ann a d'fhanfaidís ar feadh na seachtaine, ina suí ar chathaoireacha ísle, pobal shionagóg Brigitte ag déanamh freastail orthu. Duine i ndiaidh duine strainséartha ag teacht chomh fada leo, ag suí síos lena dtaobh ar chathaoir den ghnáthairde, ag breathnú anuas orthu le teann trua. Murach Samuel, bheadh Hana tar éis teitheadh as an áit, ach d'éirigh leis siúd labhairt go séimh, dínitiúil le gach duine, é ag glacadh buíochais leo faoina gcineáltas, ag rá leo gur mhór aige féin agus ag Hana an tacaíocht fhial a bhí á tabhairt.

Shuigh siad an *Shiva* ar feadh na seacht lá, gan iad féin a ní ná a fholcadh ach ar éigean. De réir mar a chuaigh an tseachtain ar aghaidh, nuair a thuig Hana nach raibh duine ar bith chun ceist ghéarchúiseach a chur uirthi faoina cúlra féin, d'éirigh sí beagán níos compordaí lena raibh ar siúl. B'éigean di a admháil di féin go raibh fiúntas áirithe ag baint leis an rud ar fad. Ba mhór aici an meas a bhí ag daoine ar Brigitte, iad siúd a chuir aithne uirthi le tamall anuas agus í ag tarraingt ar an tsionagóg nua a bhí roghnaithe aici. Ach bhí daoine eile tagtha chomh maith, daoine a bhí ar an mbunscoil léi, bean amháin nach bhfaca Hana ó bhí sí ina déagóir agus í ag imirt ar fhoireann eitpheile le Brigitte sa *lycée*. Chuidigh na blúirí cuimhne sin le Hana breith an athuair ar an saol a bhí ann nuair a bhí sí féin, Samuel agus Brigitte in aontíos le chéile fadó. Tráth ar bhraith Hana fós sábháilte.

Ar feadh seacht lá an *Shiva*, chodail sí féin, Samuel agus Levana in árasán Brigitte. Ag deireadh na seachtaine, b'fhada le Hana go n-aistreoidís abhaile chuig a n-áit féin. Ach nuair a tháinig an lá le himeacht, d'éirigh Levana suaite. Bhí sé mínithe ag Samuel di go mbeadh sí ag teacht chun cónaithe le Mémé agus Pépé go buan, ach ní raibh sí réidh leis an árasán inar tógadh í a fhágáil. Shuigh sí ar an tolg agus rinne burla di féin. Nuair a thriail Samuel í a mhealladh, lig sí sian aisti. Thriail siad beirt í a bhréagadh ach ní chorródh sí. Ar deireadh, dúirt Hana go n-imeodh sise abhaile lena n-áit siúd a réiteach do Levana agus d'fhág sí ann Samuel agus an cailín beag.

* * * * *

As sin go ceann míosa, socraíodh ar chomhréiteach. D'fhanfadh Samuel agus Levana oíche le Hana, oíche in árasán Brigitte. Le Levana a shásamh, níor bhearr Samuel é féin ar feadh tríocha lá an *Shloshim*.

Le linn na míosa sin, d'airigh Hana faoiseamh áirithe as bheith aisti féin ar an Rue du Chemin Vert. Thriail sí í féin a choinneáil gnóthach, í ag glanadh an árasáin ó bhun go barr, ag réiteach sheanseomra Brigitte do Levana.

Ach ba dheacair neamhaird a dhéanamh ar na ceisteanna a bhí ag plódú a hintinne.

An mbeadh an fuinneamh aici féin agus Samuel do na blianta tuismitheoireachta a bhí ag síneadh rompu? Conas mar a bheadh faoi cheann deich mbliana agus iad ag déileáil le déagóir?

Tháinig fearg uirthi le Brigitte. Faoi bhás a fháil. Faoi Levana a fhágáil faoina gcúram. Faoin bhfreagracht a bhí leagtha ar Samuel agus uirthi féin an páiste a thógáil i leagan den chreideamh nach raibh cleachtadh acu air. Faoi í féin a cheangal le slabhra de mháithreacha Giúdacha.

Brigitte, an páiste a d'iompair sí ina broinn trí ráithe. An neach beag corcra a d'fhógair a teacht ar an saol le scréach íseal. An grá mire a d'airigh Hana láithreach di, an fonn cianaosta a tháinig uirthi an scalltáinín leochaileach seo a chosaint in aghaidh anfa an tsaoil. An burla beag codlatach a d'athraigh isteach ina naíonán tostach. Í i gcónaí sásta lena comhluadar féin, í i gcónaí sásta a cuid smaointe a choinneáil aici féin. An scéin a thagadh san oíche uirthi agus í ag éirí aníos, eachtraí a dteipeadh uirthi focail a aimsiú lena gcur in iúl. An déagóir seachantach a chas isteach ina bean óg chineálta. Na scannáin a d'fheicidís le chéile. Na siúlóidí. Na lónta a d'eagraíodh Brigitte don bheirt acu, iad ag ceistiú a chéile go cúramach, gan aon bhradaíl ag ceachtar acu ar phríobháideachas an duine eile. Níor thug siad grá riamh air, an ceangal a bhí eatarthu. Ach bhí sé ann mar cheangal. Ba ghá cuimhneamh air sin chomh maith.

* * * * *

An treoir dheiridh a bhí ar liosta Brigitte ná paidir an chaointeora a rá gach oíche ar a son, ar feadh an aon mhí dhéag a mbeadh a hanam ar foluain ina dtimpeall, idir an saol seo agus an saol eile. Thriail Hana láithreacht a hiníne a aireachtáil gach uair a rinne siad an phaidir a aithris. An raibh sí ann, ar snámh san aer ina dtimpeall san árasán? Ag guairdeall os a gcionn sa tsionagóg? Ag cogarnaíl tríd an leoithne ghaoithe a bhuail iad agus iad amuigh ag siúl sa pháirc?

Ba mhinic Hana ag cuimhneamh anois ar an tuiscint a bhí aici féin ar an mbás agus í beag. An uair sin, chreid sí go dtabharfadh an bás a muintir ar fad le chéile an athuair ar an saol eile. Bheidís sona sásta, tuiscint bhreise ar an saol beo acu seachas mar a d'fhéadfadh a bheith ag duine daonna a bhí fós ar marthain.

Ar chreid na daoine fásta, i ndáiríre, an uair sin, gur mar sin a bhí? Nó an scéal é a d'insídís dá bpáistí, le sólás a thabhairt dóibh? Agus le sólás a thabhairt dóibh féin, dá n-insídís minic go leor é?

Nuair a phós sí Samuel agus nuair a tháinig sí isteach i gciorcal Giúdach Pháras an chéad uair, nuair a bhí dóthain Fraincise tugtha léi aici le comhráite agus le smaointe casta a thuiscint, bhí ionadh uirthi faoin éagsúlacht tuairimí a bhí ag daoine faoin saol eile. Bhí siad ann a labhair faoi Pharthas amhail is gurbh ionann é cuid mhaith agus neamh na gCaitliceach. Daoine eile, níor shíl siad go raibh saol eile ar bith ann. Mhairfeadh do spiorad sna glúnta a tháinig i do dhiaidh, dar leo, díreach mar a mhair spioraid do shinsir ionat féin. Bhí ciall leis an tuiscint sin ar an mbás agus ar an mbeatha, dar le Hana. Má bhí an fhírinne ann, chiallaigh sé go mbeadh deireadh léi féin mar neach ar leith nuair a chaillfí í. Bheadh deireadh lena pearsantacht, deireadh lena meabhair, deireadh lena cuimhní cinn. Ní bheadh aon saol eile ann, in áit eile. Ní bheadh uirthi bualadh go deo arís leis na daoine a chuaigh roimpi. Bhí faoiseamh ag baint leis an dearcadh sin di.

* * * * *

Diaidh ar ndiaidh, chaith Levana níos mó agus níos mó ama in árasán a seantuismitheoirí. De réir a chéile, mealladh í le suim a chur sa seomra leapa a bhí tráth den saol ag Brigitte, ach a bhí athmhaisithe blianta roimhe mar sheomra d'aíonna, cé gur beag aoi a d'fhan riamh ann. Thosaigh an triúr acu á chasadh isteach ina sheomra codlata do chailín seacht mbliana d'aois. Ligeadh do Levana dathanna nua a phiocadh do na ballaí. Chuaigh sí féin agus Samuel trí na halbaim grianghraf a bhí coinnithe in imeacht na mblianta aige. Roghnaigh sí grianghraif le priontáil agus le crochadh ar an mballa: pictiúr di féin agus í ina páiste nuabheirthe i mbaclainn Brigitte; ceann eile ar ócáid a ceathrú lá breithe, in éineacht le Brigitte, Pépé agus Mémé; íomhá eile fós de Brigitte aisti féin, ceann a thóg Samuel di sa seomra céanna agus ise beag. Ba é an grianghraf tréigthe sin a mheall Levana le glacadh leis gurbh é seo a seomra féin feasta. Nuair a bhí frámaí ar na pictiúir ar fad, stiúir Levana an crochadh, Samuel ag éisteacht go sollúnta le gach treoir uaithi amhail is gur ag obair do dheartHóir cáiliúil intí a bhí sé.

Bhí bród ar Hana as a fear céile, an bealach a bhí aige le páistí. Ach bhraith sí an t-éad ag coipeadh inti féin chomh maith. Bhí seisean in ann suí ag bord na cistine le Levana, ag tarraingt pictiúr di le cur síos a dhéanamh ar a shaol féin agus é óg: cnoic agus fíonghoirt Alsace, an tsionagóg a dtéadh a sheanathair ann, é féin agus a dheartháir Paul ag súgradh lena madra, Oscar. Ní raibh bua sin na healaíne ag Hana, ach níorbh in an rud a ghoill uirthi. Bhí Samuel in ann cuireadh a thabhairt isteach ina scéal féin do Levana. Ní raibh aon rogha ag Hana ach doras a scéil sise a choinneáil faoi ghlas ag bolta daingean bréag.

Nuair a d'fheiceadh sí an bheirt acu ina suí go sásta ar an tolg, eisean ag labhairt go ciúin leis an gcailín beag, ag slíocadh siar a cuid gruaige ó chlár a héadain, ag fáisceadh a sróine go séimh idir a ordóg agus a mhéar thosaigh, thagadh fonn ar Hana rith an doras amach. Ní raibh sí in ann ligean di féin agus Levana éirí chomh mór sin lena chéile.

Ar feadh na mblianta ar fad a bhí caite aici féin i bPáras, níor cheistigh duine ar bith a scéal. Formhór a lucht aitheantais, ní raibh tuairim acu cá raibh an Eastóin. Ní raibh siolla de theanga na tíre sin cloiste acu ach oiread. Níor fiafraíodh riamh di cén chuid den tír arbh as di, nó rud ar bith dá shórt. Eachtrannach Giúdach a bhí inti ó thuaisceart na hEorpa áit éigin, rinneadh slad ar a muintir ar fad sa *Shoah*, tháinig sí féin slán agus bhí leisce uirthi labhairt faoi. Ba leor na blúirí beaga eolais sin le daoine a choinneáil ó dhoras.

Ach ní mar sin a bhí ag Levana. Ní cailín í a bhí ar easpa ceisteanna. D'fheiceadh Hana an t-uaigneas ina súile uaireanta. Anois is arís, theipeadh ar a misneach agus bhuaileadh racht chaointe í, faoi rud éigin fánach go minic – bábóg nach raibh sí in ann a aimsiú, nó gúna a bhí ar intinn aici a chaitheamh ach a bhí ag casadh thart istigh sa mheaisín níocháin.

Ach níor chúlaigh Levana isteach inti féin agus í ag déileáil lena bris. A fiosracht a choinnigh ag imeacht í, í ag iarraidh oiread eolais agus a d'fhéadfadh sí a bhailiú, faoi óige a Maman, agus faoi chúlra Samuel agus Hana chomh maith.

Bhí Samuel in ann aici, é ag suí síos léi ag bord na cistine, ag déanamh a chuid sceitsí beaga, ag spíonadh scéal óige Brigitte agus scéal a óige féin di ar bhealach a chuireadh gliondar ar Levana.

Maidir le Hana, ní raibh mórán deacrachta aici le ceisteanna a bhain le hóige Brigitte. Roinn sí an t-eolas sin go fial. Ach uair ar bith a thagadh ceist ina treo faoina hóige féin, ní bhíodh de chosaint aici ach an tost, é sin nó an freagra gonta céanna i gcónaí: *"Je ne me souviens pas."*

Ar chreid Levana í, nach raibh cuimhne aici ar a hóige féin? Má chreid, ní chuireadh an freagra lag sin a gariníon ina tost ach ar feadh achar gearr.

Ní raibh Levana seachtain san árasán nó gur bhraith

Hana go raibh atmaisféar sábháilte na háite curtha as riocht aici. Ba gheall lé héinín cuaiche í, ina suí anois i lár na nide, í santach chun eolais, í réidh le réabadh ina timpeall.

Agus bhí níos mó d'athrú i gceist i saol Hana ná a bheith ag déileáil go lánaimseartha le giodam cailín seacht mbliana d'aois. Bhí treoracha Brigitte le cur i bhfeidhm feasta ar shaol an teaghlaigh. Agus mura raibh eolas róchruinn ag Hana ar an gcleachtadh spioradálta a raibh súil ag Brigitte leis dá hiníon, bhí scil nach beag ag Levana féin ann. Bhí tuiscint aici ar na mionrialacha ar fad a bhain leis an *Shabbat* a choinneáil ó luí na gréine Dé hAoine go dtí go mbeadh an ceathrú béile caite tráthnóna Dé Domhnaigh. Bhí saineolas aici ar na coinnle, ar na seálta paidreoireachta, ar an mbia a bhí le réiteach roimh an *Shabbat*. Na rialacha a chuir cosc ar thine a lasadh le linn uaireanta na Sabóide, nó an solas leictreach féin a chur ar siúl, bhí siad ar fad aici. Gach uile cheann díobh ar bharr a goib aici agus í go maith in ann póilíneacht a dhéanamh orthu.

* * * * *

Bhí sí féin agus Samuel ag rith. An torann ina dtimpeall chuile áit, an gleo a chuireadh líonrith uirthi. Síos an tsráid de rúid leo, Samuel chun tosaigh uirthi, é ag breathnú siar, féachaint an raibh sí fós ann. Os a chomhair seisean, beirt eile ag rith leo. Tuilleadh daoine ar gach taobh di anois, iad ar fad ag tarraingt ar an spota céanna. Ach cé go raibh luas damanta fúthu, is go mall, mall a bhí siad ag gluaiseacht, amhail daoine a d'fheicfeá i scannán. Siar uathu in áit éicint, nó b'fhéidir gur soir uaithi a bhí sé, i Wimbledon nó i mBrixton, d'airigh sí an phléasc. An V-2. Bhreathnaigh Samuel siar arís uirthi. Fiche slat a bhí an stáisiún uaithi anois. Chonaic sí roimpi an comhartha – an ciorcal dearg, an líne ghorm trasna air, litreacha bána an ainm: Clapham South. D'airigh sí an tsian os a cionn. An torann scáfar sin ag teannadh leo. É ag éirí níos láidre. Rith Samuel. Rith sí féin. "V-2!" a bhéic sí.

* * * * *

Solas. Seomra ina timpeall. Í ina leaba féin. I bPáras. Samuel lena taobh, á lámh timpeall uirthi, é ag cuimilt a gualainne, ag labhairt léi go híseal, réidh.

"*J'suis là, chérie.* Tá mé ann. Tá mé ann."

D'oscail an doras ar a haghaidh amach. Sheas Levana ann, a dhá súil ar leathadh. Rith sí isteach agus chuaigh anonn chuig Samuel. Rinne sé slí sa leaba di.

"Bhí brionglóid ag Mémé," a deir sé. "Ní raibh ann ach brionglóid."

* * * * *

An tráthnóna sin agus iad ina suí chun boird ag ithe dinnéir, leag Levana uaithi a forc agus d'fhéach ar Hana.

"A Mémé," a deir sí. "*J'ai une petite question.*"

Choinnigh Hana uirthi ag gearradh na feola ar a pláta.

"Cad is *V-Tu* ann?"

"*V-Tu?*"

"An rud i do bhrionglóid. Bhí tú ag béiceadh ar maidin. 'V-Tu. V-Tu.'"

Bhreathnaigh Hana anonn ar Samuel, féachaint an dtiocfadh sé i gcabhair uirthi. Leag sé uaidh a ghloine fíona agus d'fhéach go sollúnta ar Levana.

"Tá a fhios agat go ndúirt mé leat gur casadh Mémé agus mé féin ar a chéile i Londain, fadó, fadó?"

"Tá a fhios. In áit cosúil leis an *métro*. Áit faoin talamh a raibh traenacha ann."

"Sin é. Bhuel, an fáth a raibh muid beirt sa stáisiún traenach sin an tráthnóna áirithe sin ná go raibh sé dainséarach a bheith ag siúl thart ar na sráideanna. Bhí an cogadh ar siúl. Ceann de na rudaí a raibh dainséar ag baint leis ná na V-2. Roicéid a bhí iontu agus bhídís ag titim anuas ón spéir."

"Roicéid?"

"Bhí drochdhaoine sa Ghearmáin an uair sin. Bhí siad ag troid le gach duine."

"*Les Nazis?*"

Gheit Hana. Cé mhéad eile a bhí ar eolas ag Levana faoin gcogadh? Agus gan í ach seacht mbliana d'aois?

"Ba leis na Nazis na roicéid," a bhí Samuel a rá. "*Les V-2.* Nuair a chloiseadh na daoine ag teacht iad, rithidís chuig an *métro* chun bheith sábháilte."

"Agus an raibh tusa ag rith chuig an *métro* i do bhrionglóid, a Mémé?"

"Ní raibh," arsa Hana. "Bhí mé thíos ann sa stáisiún le Pépé."

"Ach ar tharla sé duit fadó, fadó i Londain?"

"Conas, ar tharla sé?"

"An raibh tú ag rith agus ar bhéic tú 'V-2, V-2'?"

Bhreathnaigh Hana agus Samuel ar a chéile.

"Ní raibh," arsa Hana. "Anois, ith do dhinnéar, maith an cailín."

* * * * *

B'fhada le Hana go mbeadh tréimhse an *Shiva* thart, agus go bhfillfeadh Levana ar an scoil. Í thart ar an teach ar feadh an lae, ceist i ndiaidh ceiste i ndiaidh ceiste aici. "An raibh cónaí ortsa in árasán cosúil leis an gceann seo nuair a bhí tú beag?" "Ar fhoghlaim tú amhráin Eabhraise ar scoil cosúil liomsa?" "An raibh cairde agat ar scoil?"

Ba léir nach raibh sí sásta leis na freagraí doiléire a thugadh Hana uirthi. "Bhí, sílim." "Ní cuimhin liom." "Is dócha go raibh." Labhair Samuel leis an gcailín beag. Bhí sé róbhrónach do Mémé a bheith ag caint ar an seansaol, a mhínigh sé di. Mharaigh *les Nazis* a muintir ar fad sa chogadh. Bhí cumha ag teacht ar Mémé agus Levana ag cur oiread ceisteanna uirthi.

Ach níor chuir sé sin deireadh le fiosracht Levana. Lá amháin, tar éis do Hana béic a ligean uirthi, thug Samuel an cailín beag ar leataobh. Tháinig siad ar chomhréiteach: má bhí ceist le cur faoi óige Mémé, bhí cead ag Levana í a chur ar Samuel. Is ar an gcaoi sin a roinneadh an t-eolas léi gur Hana Sepp ab ainm do Mémé nuair a bhí sí beag, gur páiste aonair a bhí inti, gur fhás sí suas i gcathair Tartu san Eastóin agus gur rugadh í dhá bhliain i ndiaidh Pépé, sa bhliain 1928.

Faoiseamh mór a bhí ann do Hana nár ghá di aon chuid de bhunphointí a scéil féin a roinnt le Levana. Na ceisteanna tánaisteacha a chuireadh an cailín beag i gcónaí uirthi, bhainidís preab as Hana. Ní ghoillidís ar Samuel beag ná mór.

* * * * *

An chéad mhaidin ar thug Samuel Levana amach an doras ar scoil, shuigh Hana síos ar a cathaoir uillinn sa seomra suite agus tharraing anáil mhór. B'fhéidir anois go mbeadh sí in ann a treo féin a aimsiú. B'fhada léi féin go dtosódh sí ar ais ag obair sa *Centre*. Ní raibh ann ach dhá lá ar a mhéad sa tseachtain ach bheadh sí ag plé le daoine nach mbeadh á crá le ceisteanna.

Ach nuair a ghlaoigh sí le deimhniú go mbeadh sí in ann teacht ar ais ar an Luan dár gcionn, d'aithin sí teannas áirithe i nglór Muriel, an rúnaí. Bhí an stiúrthóir nua díreach tar éis tosú, a dúirt sí. Bhí athbhreithniú ar siúl aici maidir leis na daoine a bhí ag obair go deonach san áit. Ghlaofadh sí ar ais ag deireadh na míosa.

Phlab Hana síos an fón.

* * * * *

An lá dár gcionn, ise a d'fhág Levana ar scoil. Chaith sí an mhaidin ag siúl shráideanna na cathrach go fánach, gan labhairt le duine ar bith. Tar éis cúpla uair an chloig, bhí an bhraistint shábháilte sin ag filleadh uirthi tamall, an tuiscint gur dhuine anaithnid amháin eile í i measc na milliún strainséir.

D'imigh seachtain ar an gcaoi sin, í ag siúl siar agus aniar, gan mórán treo ar bith lena cuid fánaíochta ach amháin gur ghá a bheith ar ais ag geataí na scoile in am le Levana a bhailiú. Ar fhilleadh di ann tráthnóna, bheannaíodh sí do na tuismitheoirí agus do na feighlithe linbh a bhí bailithe ag an ngeata, ach is ar phríomhdhoras na scoile a bhíodh a haird. Nuair a d'osclaíodh sé agus nuair a shiúladh na daltaí amach ina línte, bhrostaíodh Levana ina treo, pictiúr ina lámh aici le taispeáint, nó scéal éigin le roinnt. Bhíodh áthas uirthi, nó olc, nó sceitimíní faoi rud éigin a bhí díreach tarlaithe nó rud éigin a bheadh ag tarlú go luath. Ar an mbealach abhaile ar an *métro*, bhíodh cur síos aici ar dhuine de na cailíní a bhí go deas léi, nó ar dhuine eile a bhí gránna. Bhíodh sí bíogtha le hamhrán nua a rá, í ag aimsiú bileog ina mála scoile, ag brú a cuid spéaclaí siar ar a srón agus í ag teacht isteach ar na focail.

Nuair a shiúlaidís doras an árasáin isteach, tráthnóna ar bith a raibh Samuel ar ais rompu, ritheadh Levana ina threo agus bheireadh sí barróg chroíúil air, amhail is nach bhfaca sí le bliain é. Ba ghearr go mbeadh an t-amhrán nua á rá, Samuel á chanadh in éineacht léi dá mbeadh sé ar eolas cheana aige. Ceann ar bith nach mbeadh, chromadh sé lena fhoghlaim. Thaitin sé le Levana a bheith ina máistreás scoile air, í ag ceartú a chuid foghraíochta, ag insint dó faoi chúlra an amhráin. D'fhéachadh sí le Mémé a tharraingt isteach sa rang chomh maith, ach bhíodh Hana gafa le cúram eile i gcónaí. Ní raibh fonn uirthi a bheith ag freagairt ceisteanna faoin bhfocal seo ná an focal siúd a bhí nó nach raibh aici.

* * * * *

Ach cé go raibh suaimhneas ann i rith an lae agus Levana ar scoil, bhí cúrsaí ag dul chun donais ar Hana maidir le codladh na hoíche. Cúpla seachtain tar éis do Levana filleadh ar scoil, bhí brionglóid ag Hana a bhain geit mhínádúrtha aisti. Tugadh ar aistear í chuig an am sular leag sí cos riamh ar thalamh na Fraince, i bhfad sular thug duine ar bith 'Hana' mar ainm uirthi. Bhí an radharc a tháinig chuici chomh soiléir glé sin, chuile chloch agus chuile thráithnín féir chomh glan gléineach, chuile chnapán caonaigh chomh daite, chuile splanc ghréine ar an sáile chomh beo, bíogúil sin gur fhág an t-iomlán craite ar feadh laethanta í.

Thiar in Árainn, ar thrá Chill Mhuirbhigh a bhí sí. Lá geal samhraidh a bhí ann, an trá ag breathnú chomh mór, fada, fairsing is a bhfaca sí riamh í.

Bhí comhluadar aici ann. Bid a bhí lena taobh, í a hocht nó a naoi de bhlianta d'aois.

Bhí sé aisteach Bid a bheith ar an trá. Ní raibh nádúr ar bith aicise le tránna, ná le héanacha, ná le sliogáin, ná le rud ar bith den chineál sin.

Ach bhí siad beirt ina seasamh anois ann, gualainn le gualainn. An dá dheirfiúr, Bid agus Muraed, amhail is nár fhág siad an áit riamh. A gcosa nochta á muirniú ag gaineamh Chill Mhuirbhigh, iad ag breathnú amach soir uathu, trasna Chuan na Gaillimhe, i dtreo oileán mór na hÉireann. Ní raibh oiread agus bláth bán amháin ar gharraí an iascaire. Bhí an t-uisce gorm ina chlár mín an bealach ar fad go cósta Chonamara. Bhí boladh an tsáile agus boladh na feamainne ag griogadh a gcuid polláirí.

Scinn neach éicint trasna an ghainimh, éan beag ag rith de

sciuird agus ag seasamh i ngar d'fhaoileán mór scadán. Bhí ceann de sciatháin an éinín ar sileadh anuas lena taobh.

"Breathnaigh, a Bhid!" a scairt sí féin. "Feadóg chladaigh!"

Ag cur i gcéill go raibh a sciathán briste a bhí an t-éinín, a thriail sí a mhíniú do Bhid. An faoileán mór amplach sin a bhí ag siúl i ndiaidh an fheadóigín – bhí an tsaint ar lasadh ina shúile buí. Bhí faitíos ar an bhfeadóigín go dtiocfadh an faoileán mór santach sin ar a cuid uibheacha. B'shin an chúis leis an ealaín a bhí aici lena sciathán. Ag iarraidh an t-éan mór a mhealladh chun siúil a bhí sí, chomh fada óna cuid uibheacha féin agus ab fhéidir.

"Uibheacha?" arsa Bid, an tsaint ag cuisliú ina súile gorma sise anois. "Cé na huibheacha?"

Thuig sí féin go raibh Bid níos contúirtí ná faoileán ar bith. Ach sa mbrionglóid, ní raibh aon rogha aici ach géilleadh. Ní fhéadfadh sí gan freagra ionraic a thabhairt.

"Anonn anseo atá siad," a deir sí, í ag leanacht an chosáin a shiúil an fheadóigín, siar an cladach. Lean Bid í.

Isteach i measc na gcloch i mbarr an chladaigh a sheas siad beirt. Chrom sí féin síos. Bhí ceithre cinn d'uibhíní ann, ar an dath breac liath céanna leis na clocha míne ina dtimpeall. Síos ar a gogaide léi go bhfeicfeadh sí i gceart iad. Ba mhór an áilleacht iad.

"Ní fada go mbeidh na scalltáin bheaga ag cnagadh ar an mblaosc taobh istigh," a deir sí de chogar, í ag breathnú suas anois ar Bhid.

Leath straois gháire ar éadan a deirféar.

"Breathnaigh," a deir sí. "Ubh eile!"

Chrom Bid síos agus rug ar chloch mhín. B'aoibhinn léi

féin clocha míne. Bhailíodh sí ar an trá iad agus thugadh abhaile iad le spraoi leo. Ceann álainn a bhí sa gceann seo anois ag Bid, í breac le marcanna beaga lonracha.

Sheas Bid os cionn nead an fheadóigín anois. Shín sí a dhá láimh amach, an chloch throm ina luí ar a dhá bois.

"Tóg í," a deir sí.

Bhí a fhios ag Muraed ar an bpointe go rímhaith céard a bhí ar tí titim amach. Ní raibh sí ag iarraidh baint ná páirt a bheith aici leis an obair seo. Ach ar chaoi éicint, ní raibh aon rogha anois aici. Rug sí ar an gcloch ina dhá láimh féin, agus shín amach a géaga, an meall mín ar foluain díreach os cionn nead an fheadóigín.

"Scaoil léi!" arsa Bid.

Scaoil sí a greim ar an gcloch. D'airigh sí an dromchla ag cuimilt a dhá láimh agus an cnap crua tosaithe ag titim.

Ansin, shílfeá go raibh Dia th'éis a lámh a leagan ar an domhan ar bhealach éicint, é ag iarraidh chuile mhíle ní a mhoilliú síos ar feadh cúpla meandar. Choinnigh an chloch uirthi ag titim, ach go mall, mall, í ag casadh thart anois san aer leath bealaigh idir lámha Mhuraed agus an talamh fúithi. Shílfeá go raibh an lá ar fad ag an gcloch sin lena bealach a dhéanamh, go réidh, seolta, síos go ceann scríbe. Chonaic Muraed míog gháirí ag leathnú arís thar éadan Bhid, amhail paiste dorcha a d'fheicfeá ag leathnú thar dhroim cnoic, lá breá.

Faoi dheireadh, bhuail an chloch nead an fheadóigín. Ghéill ballaí breaca na n-uibheacha go mall don bhrú tobann. Phléasc buíocán agus gealacán agus smidiríní blaoisce ar fud na bhfud, iad ag eitilt go seolta i ngach treo. Bhuail steall slaodach a sciorta féin, an buíocán ag sileadh anuas go talamh ina smeadar.

* * * * *

Dhúisigh sí de gheit. Dhírigh sí aniar sa leaba, a cuisle mar a bheadh druma ann ina cluas. Chorraigh Samuel lena taobh agus chas uaithi.

Luigh sí siar go mall réidh arís ar fhleasc a droma. D'éist sí lena cuid anála féin ag líonadh is ag trá. Thriail sí ligean di féin imeacht leis an rithim sin. Amach, isteach, amach, isteach. Ag líonadh, ag trá. Mar a bheadh tonnta ar ghaineamh ann.

Ar thrá Chill Mhuirbhigh.

Gheit sí aniar an athuair.

Taobh amuigh ar an tsráid, bhí carr ag monabhar is í ag dul síos an Rue du Chemin Vert. Bhí a croí ag cnagadh ar a cliabh istigh. D'éirigh sí agus shiúil i dtreo na cistine.

Bhí solas ar lasadh sa halla agus doras sheomra codlata Levana ar leathadh. Chaith sí súil isteach uirthi, í ina luí go suaimhneach ina burla beag, díreach mar a shocraíodh a máthair í féin is ise ina luí sa seomra sin dhá scór bliain roimpi.

Isteach sa chistin le Hana. D'oscail sí an cuisneoir agus bhain boiscín bainne as. Líon sí muigín agus leag isteach sa mhicreathonnán é.

Bhuail smaoineamh í: tagann daoine chugat i mbrionglóidí le paidreacha a iarraidh ort. Bhuel, thagadh muintir Árann ar an gcaoi sin fadó, dá mbíodh cúnamh uathu agus iad ag iarraidh a bheith scaoilte amach as an bPurgadóir, isteach sna Flaithis.

An dtiocfaidís san oíche i gcónaí? Níor chuala Hana riamh go mbíodh muintir Pháras ag filleadh ar a muintir le hachainí den sórt sin a dhéanamh. Ach ba bheag plé a bhí aici riamh le Caitlicigh Pháras.

Bhain sí an bainne téite amach agus anonn chuig an mbord léi. Más ag cuardach paidreacha a bhí Bid, chaithfeadh sé go raibh sí caillte. Ach an le gairid a bhásaigh sí? Bhí dhá bhliain ag a deirfiúr uirthi féin, rud a d'fhágfadh go mbeadh naoi mbliana le cois na dtrí scór aici i mí Mheán Fómhair. Níorbh aon aois mhór í sin, go mórmhór i Meiriceá, áit a raibh saol na bhfuíoll ag an uile dhuine. Má b'fhíor.

Ach an dtiocfadh Bid ar ais chuici, ag achainí uirthi paidir a chur lena hanam? Shamhlaigh sí a leithéid de cheist a chur os ard i measc chairde Samuel sa tsionagóg.

Dá dhonacht é, d'fhéadfadh rudaí níos measa ná sin a bheith ag teacht idir í agus codladh na hoíche. Agus thiocfadh. Má bhí Bid ag déanamh a bealaigh aniar as cúinne dorcha éigin i gcúl a cinn, bheadh Páraic chuici luath nó mall.

73

Gearailt, An Bhruiséil, 2015

Feadóg chladaigh. Ainm Gaeilge ar éan mara. Ainm a bhí ar eolas ag seanbhean Ghiúdach ón Eastóin. Bean nár leag cois riamh ar thalamh na hÉireann. Ní fhéadfadh Gearailt tóin ná ceann a dhéanamh de mar scéal.

Feadóg chladaigh. An dá fhocal Gaeilge ba spéisiúla a dtáinig Gearailt trasna orthu ó thug sé an Bhruiséil air féin is ó tharraing sé chuige ceird mhíthrócaireach an aistriúcháin.

Tráthnóna san árasán nua ar an Avenue de Diamant, Sharon ar an tolg lena thaobh, í ag clóscríobh liricí a bhí á múineadh aici dá rang óg amhránaithe, bhí Gearailt ar an bhfón póca. É ag breathnú ar ghiotaí físe den fheadóg chladaigh ar YouTube. Bhí réimse breá ábhair ar fáil a bhain leis an éan céanna: píosaí a taifeadadh in Lancashire Shasana, i dtuaisceart na Sualainne, ar chósta thiar na hIodáile. An chuma chéanna a bhí i gcónaí ar an bhfeadóg – shílfeá i ndáiríre gurbh é an t-éan ceannann céanna a bhí os comhair an cheamara i ngach áit ar taifeadadh í, ó cheann ceann na hEorpa Thiar. Í ag glaoch *"húúíí húúíí"* agus í ar a suaimhneas, an frása céanna, arís is arís. Í ag gluaiseacht

75

mar a bheadh damhsóir *tango* ann, cúpla céim sciobtha chun cinn, stad, cúpla céim sciobtha eile, stad, casadh tobann agus ar aghaidh cúpla céim eile. Gan barúil ag an éan go raibh sí féin is a cuid geáitsí coinnithe i gcuimhne le blianta móra fada ag seanbhean a raibh cumas sin na cuimhne ag titim as a chéile uirthi.

*****

B'fhéidir gur cumha i ndiaidh na farraige agus na siúlóidí cois cladaigh ar chósta Chois Fharraige a bhí ar Ghearailt go raibh oiread suime curtha aige sa scéal. Bhí leathbhliain caite sa mBruiséil faoin tráth sin aige agus é curtha soir ag an jab nua. Ní aistritheoir a bhí ann de réir nádúir, ach fear béaloideasa. B'fhearr leis go mór fada a bheith ag plé le hamhráin agus scéalta agus gnásanna traidisiúnta ná a bheith ag iarraidh Gaeilge na leabhar a chur ar imeachtaí Choimisiúin na hEorpa.

Agus is leis an mbéaloideas a bheadh sé a phlé murach cuid de na dúramáin a bhí i mbun cúrsaí in ollscoil na Gaillimhe. Ní scoláire a theastaigh níos mó sna coláistí tríú leibhéal in Éirinn ach feighlí linbh, duine a bheadh in ann mic léinn a mhealladh i dtreo na roinne Gaeilge agus iad a choinneáil ann don darna bliain agus ar aghaidh go bliain na céime.

Cén bhrí ach go raibh Gearailt cinnte go raibh aige – bhí jab buan ag teacht aníos ann, agus ó tharla eisean a bheith ag guairdeall thart ar an áit le suim blianta, bhí an-dóchas aige go gceapfaí ar an bhfoireann bhuan é. Agus tuige nach gceapfaí? Bhí forbairt mhaith déanta aige ar an gcúrsa a raibh sé ina bhun. Bhain sé féin agus an bhean a bhí ag éirí as an-cheart dá chéile i gcónaí, más Corcaíoch féin í. Bhí sé muiníneach go maith is é ag réiteach chun bealaigh, lá an agallaimh dheiridh. Phóg sé Sharon agus phóg sé Scáthach bheag agus bhuail sé bóthar isteach go Gaillimh.

Agus é ag sciúrdáil soir bóthar Chois Fharraige sa sean-Volkswagen Passat a bhronn an seanleaid air nuair a fuair seisean carr nua, d'airigh Gearailt an ghaoth ina sheolta. Nach raibh sé ag tógáil clainne i Ros an Mhíl? Nach raibh seanleaids na háite ag fiafraí dó cén baile i gCois Fharraige ar tógadh ann é? Nach raibh Sharon ag cur le saol na háite thiar agus í ag múineadh sean-nóis do ghasúir an cheantair?

Agus is i gCois Fharraige a bheidís dá mbeadh ceart is cóir ar bith sa saol – nuair a bheadh an PhD bainte amach aige féin, bheadh an t-ábhar á chóiriú ina leabhar a bhféadfadh an gnáthshibhialtach meabhair a bhaint aisti. Bheadh Sharon ag treabhadh léi lena cuid ranganna amhránaíochta, Scáthach ar tí tosaí sa naíonra – agus cá bhfios nach mbeadh duine nó beirt bheag eile á leanacht aniar an bóthar le himeacht ama?

Maith go leor, bhí an cheist ann faoin dochtúireacht. Ach ní air féin a bhí an locht nach raibh sí bainte amach fós aige. Dá ligfí dó bualadh ar aghaidh leis an obair, bheadh aige. Chuile smaoineamh stuama a bhí curtha i láthair na roinne aige, diúltaíodh dó. Bhí an treo a bhí sé ag iarraidh a thabhairt 'ábhairín coimeádach', a dúirt an stiúrthóir, an tUngárach craiceáilte sin a raibh sáreolas aige, dar leis féin, ar Ghaeilge Ros Comáin.

Nach raibh an béaloideas ceaptha a bheith 'ábhairín coimeádach'? Cén fáth gur ghá a bheith ag cuartú ábhar nach raibh doimhneas ar bith ann? Cén fiúntas a bhain le cúpla bliain a chaitheamh ag útamáil le mionstaidéar ar na rudaí fánacha a raibh lucht 'béaloideasa' ag díriú orthu ar na saolta seo? Bheadh sé féin in ann a bheith ag bleadráil ar feadh ochtó míle focal faoi íocónagrafaíocht chatalóg IKEA nó cultúr tatú lucht leanúna an *hip hop*, ach ní hin an cineál ábhair a mheall i dtreo an bhéaloideasa an chéad lá é.

Ach b'fhéidir go raibh sé de cheart aige a sheasamh 'coimeádach' a chaitheamh in aer má bhí sé ag iarraidh jab buan a fháil san ollscoil. Ag an agallamh don phost, mhínigh sé aon uair amháin eile an dul chun cinn a bhí déanta aige lena chuid taighde ar leaganacha éagsúla de na hamhráin ghrá i dtraidisiún Chonamara a raibh caidreamh le ball den chléir Chaitliceach mar théama iontu. D'éist an bord agallaimh go múinte leis, gan mórán a rá. Shíl sé gur chuir an t-agallóir seachtrach an-suim ina chuid smaointe.

Ach ba ghearr a mhair an dóchas. Tháinig an litir dhiúltaithe agus níor thóg sé mórán achair ar WhatsApp le fáil amach cé a bhí ceaptha: fear as Ard Mhacha a raibh staidéar eitneagrafach déanta aige ar 'Comórtais Áilleachta Ban in Éirinn san Fhichiú hAois agus an Léargas atá ar fáil iontu ar Éabhlóid Idéal na Mná sa tSamhlaíocht Choiteann Chomhaimseartha Éireannach'.

An mhaidin a tháinig an drochscéala, ní fhéadfadh sé é a inseacht do Sharon. D'fhág sé Scáthach sa naíonra agus shiúil siar le cladach. Sheas sé ag an túr Martello ag béal chuan Chasla agus bhreathnaigh soir agus siar, a intinn ina snaidhm.

Céard a dhéanfadh sé féin agus a chomhluadar feasta? Níorbh aon phota óir iad na ranganna sean-nóis a bhí ag

Sharon, agus le páiste acu le fosaíocht anois uirthi, bhí an saol ag brú isteach ar an triúr acu. Bheadh roinnt uaireanta an chloig ar fáil sa gcoláiste do theagascóirí teanga, ach arbh fhiú an t-airgead beag a bhain leo nuair a bheadh air a bheith ag castáil le fear Ard Mhacha sa bpasáiste, é ar a bhealach le caint léannta eile a thabhairt faoi Rós Thrá Lí nó Máire an Chlocháin Léith?

Bhí múr báistí ag bagairt sa spéir ó thuaidh. Amach roimhe, bhí lastas turasóirí na maidine ag fágáil chuan Chasla ar bhád Aran Ferries, iad ag tabhairt aghaidh ar na hoileáin. Bheadh na mionbhusanna agus na carranna capall ag fanacht orthu ar chéibh Chill Rónáin. Iad réidh leis na fámairí a thabhairt ag na garrantaí ab fhearr le pictiúr a fháil d'asal a bhreathnódh amach go ceisteach thar sconsa cloiche, nó íomhá de sheanduine a sheasfadh go smaointeach os comhair teachín ceann tuí. Pictiúir a thuillfeadh croíthe beaga dearga agus ordóga in airde ar scáileáin ó San Diego go Tóiceo. *#nofilter.*

An mbeadh ábhar tráchtais ansin in áit éicint? Anailís ar an gcur síos a bhí ag lucht idirnáisiúnta na bhfón cliste ar an *nirvana* oileánda a bhí aimsithe acu i gCuan na Gaillimhe? Lucht na mionbhusanna agus na scéalta a bhí á n-inseacht acu siúd do na fámairí faoin oileán agus iad a chur i gcomparáid leis an dinnseanchas traidisiúnta? An mbeadh cur chuige den tsórt sin sách eitneagrafach do na saoithe sin san ollscoil?

Amach os cionn an chuain, bhí héileacaptar dearg ar a bhealach amach ó na hoileáin, é ag tabhairt aghaidh, seans mór, ar ospidéal na Gaillimhe.

* * * * *

Nuair a d'fhill sé ar an mbungaló, chonaic sé litir ag fanacht leis ar urlár an halla. D'aithin sé peannaireacht a mháthar ar an bpointe. Cén fáth go raibh sise ag scríobh chuige ar an seanbhealach, seachas téacs a chur? D'aon turas, ní raibh tada ráite aige léi faoi bheith ag cur isteach ar an jab san ollscoil. Dá ndéanfadh, bheadh sí ag postáil teachtaireachtaí gáifeacha *Good Luck!* chuige ar Facebook, rud a spreagfadh a chuid aintíní i mBleá Cliath agus i Londain le fógraí *Go, Gerald!* a scaipeadh ar fud na bhfud.

Alt gearrtha amach as an *Irish Times* a bhí curtha sa litir aici, eolas faoi fheachtas le haistritheoirí Gaeilge a earcú le bheith ag obair le Coimisiún na hEorpa sa mBruiséil.

Bhí litir istigh leis an ngearrthóg, cur síos scaipthe ar an bplúchadh a bhí ar a athair agus ar an gcaoi nach raibh sé sásta an cat a ruaigeadh as an teach, cé go raibh Mum cinnte go raibh ceangal idir fionnach an chait agus an drochbhail a bhí ar scamhóga a athar. Ar ndóigh, ní fhéadfadh sí gan sáiteán a chaitheamh isteach ar deireadh faoin treo díchéillí a bhí tógtha ag a maicín mánla ó d'fhág sé Blackrock College agus Bleá Cliath Theas is a thug aghaidh ar iarthar Éireann:

Who knows? If you managed to get one of these jobs in Brussels, you might actually earn some decent money with all that Irish you've spent years learning!

Chrap sé an litir agus an ghearrthóg agus chaith go feargach sa mbosca bruscair iad.

* * * * *

Thóg sé dhá lá air inseacht do Sharon faoin diúltú. Nuair a roinn sé an drochscéala léi faoi dheireadh, thug sí barróg dó agus níor dhúirt mórán, rud a raibh sé buíoch faoi. Ach ba léir ón dearcadh ina súile go raibh sí buartha.

Cúpla tráthnóna ina dhiaidh sin arís, bhí sé ina shuí ag bord na cistine, ag tapáil ar mhéarchlár an ríomhaire, gaoth ropanta ag búireach thart ar an teach. Nuair a tháinig sian de ghusta gaoithe anuas an simléar, d'ardaigh sé a chloigeann agus bhioraigh a chluasa. An raibh Scáthach ag caoineadh thiar sa seomra? D'fhan sé ag éisteacht, ach bhí an teach ciúin taobh istigh.

Bhreathnaigh sé ar an gclog. Bhí uair go leith caite aige i ngan fhios dó féin ag póirseáil trí ábhar nua a bhí curtha ar líne. Seanchas a bhailigh gasúir scoile ar fud na hÉireann in 1937 a bhí i gceist, a gcuid lámhscríbhinní scanta agus foilsithe anois go leictreonach. Lán na gcéadta cóipleabhar, iad líonta go néata le béaloideas na ndaoine agus seolta chuig an Roinn Bhéaloideasa i mBaile Átha Cliath, cúpla bliain ghearr sular phléasc an cogadh ar an Mór-Roinn. Seoid i ndiaidh seoidín de scéalta, d'orthaí, de sheanchas aimsire agus eile.

Dá mbeadh an jab faighte san ollscoil aige féin, is ar an stuif seo a bheadh sé ag díriú aird na mac léinn. Bhí an cineál seo ábhair ar bharr a ngob ag muintir na tuaithe tráth, a déarfadh sé leo. Bhí seanchas ag daoine ar fud na hÉireann an uair sin, i mblianta deiridh na dtríochaidí. Agus anois bhí an dúchas álainn sin á fhoilsiú ar líne ag lucht na cartlainne i mBaile Átha Cliath. É ar fad ar fáil saor in aisce. An mbeadh na mic léinn curtha ar an eolas faoin oidhreacht seo ag fear Ard Mhacha?

Chuala Gearailt carr ag tarraingt isteach ar an tsráid taobh amuigh. Mhúch na soilse agus phlab doras.

Tháinig Sharon isteach, fillteán amhrán i láimh amháin, mála siopadóireachta sa láimh eile.

"Bhfuil Scáthach imithe síos i bhfad?" a deir sí.

"Dhá uair an chloig nó mar sin. Thóg sé trí cinn de leabhairíní orm í a chur a chodladh."

Leag sí an mála, an fillteán agus a cuid eochracha ar an mbord agus phioc suas an citeal.

"Tae?"

Sméid Gearailt a cheann.

Tháinig sí anall aige agus leag lámh ar a ghualainn, súil á caitheamh aici ar scáileán an ríomhaire. Choinnigh sé air ag scrolláil tríd an ábhar. Rabhlóga. Tomhaiseanna. Lúibíní.

Bhrisfeadh sé do chroí.

"Céard tá tú a dhéanamh?"

"Ag cuartú ábhar tráchtais a bheadh bunaithe ar bhéaloideas, seachas ar phictiúr a chonaic duine éicint ar Instagram."

D'airigh sé í ag breathnú air. Níor dhúirt sí a dhath ach an citeal a phiocadh suas leis an tae a fhliuchadh.

"Cogar," a deir sí, th'éis cúpla meandar.

"Mmm?"

Leag sí muigín os a chomhair.

"Bhí mé ag cuimhneamh."

Bhí tuin éiginnte ina glór a tharraing a aird. Amhail is go raibh sí neirbhíseach faoina raibh sí ag iarraidh a rá.

Bhreathnaigh sé ina treo. Tharraing sí siar ribe dá cuid gruaige agus shocraigh taobh thiar dá cluais é.

"Maidir leis an tráchtas," a deir sí.

"Céard faoi?"

"Bhuel, tá a fhios agam go mbeidh sé iontach nuair a bheas sé déanta, ach … bhuel …"

"Bhuel?"

Chas sí thart le bainne a bhaint as an gcuisneoir.

"Bhuel, tógfaidh sé blianta é a dhéanamh – nach dtógfaidh?"

"Céard atá i gceist agat?"

"Ar…ar chuimhnigh tú riamh ar an *dip* a dhéanamh?"

"An *dip*?"

"Nó cibé cén t-ainm atá anois air."

Dhoirt sí braon bainne isteach ina cupán.

"Múinteoireacht meánscoile?"

"Tá Gaeilge agat sa gcéim nach bhfuil? Agus tá Fraincis an-mhaith agat le cois."

"Agus?"

"Agus tá múinteoirí maithe gann. Tá an t-airgead go maith."

Sheas Gearailt. Phlab sé dúnta an ríomhaire. Gheit sí.

"*What?*"

"Múinteoireacht meánscoile?"

"Bheadh an samhradh ar fad agat le bheith ag obair ar an tráchtas, nach mbeadh?"

"Mise? Ag réiteach gasúir don Teastas Sóisearach?"

"Bhuel, caithfidh muid cuimhneamh ar phlean éicint. Cén beainc a thabharfas morgáiste go deo dúinn má leanann muid ar aghaidh ar an gcaoi seo?"

Shnap sé eochracha an chairr den bhord agus rinne ar an doras.

"'Ghearailt? Cá bhfuil tú ag gabháil?"

Amach leis sa mbáisteach, gan bacadh le seaicéad ná eile. Sheas sí i mbéal an dorais, ag fógairt air.

"'Ghearailt? *For fuck's sake*!"

Réab sé soir an bóthar sa bPassat, a chroí ag réabadh ina chléibh.

* * * * *

Bhí trí phionta caite siar aige sular labhair sé le duine ar bith. Sa gcúinne ó dheas bhí grúpa de chúigear bailithe os comhair na teilifíse ag breathnú ar chluiche sacair. Iad ag ligint cnead astu féin anseo is ag eascainí ansiúd ar na himreoirí a bhí ag rith suas síos páirc pheile, áit éicint ar an taobh thall de Mhuir Éireann. Bhí glór eile ag briseadh isteach orthu anois is arís – leaid óg ina sheasamh ag bun an chabhantair ó thuaidh. As féin a bhí sé, é ag casadh amhráin don phionta leathólta ina dheasóg, é ag luascadh anonn is anall, amhail is gur ina sheasamh ar deic trálaera a bhí sé.

An chéad duine ar labhair Gearailt leis ná fear scothaosta a raibh súilaithne aige air. Bhí cónaí air féin agus deartháir leis in aontíos, a dúirt sé. Ar an mbóthar ard isteach sna cnoic ó thuaidh. Amharc breá acu ar an gcuan, dá mbeadh an t-am ag duine a bheith ag breathnú air.

Agus misneach faighte ón bpórtar aige, thapaigh Gearailt an deis le fiafraí dó an raibh suim sa seanchas aige. Ba ghearr go raibh mo dhuine ag luí isteach ar na horthaí a bhí aige óna mháthair. Bhí leagan breá d'Ortha na Seirce aige, an gnáthleagan d'Ortha an Tinnis Droma agus leagan fada, casta nár chuala Gearailt riamh cheana d'Ortha an Dul Amú. Chuimhnigh sé ar an bhfón a bhaint amach as a phóca agus taifeadadh a dhéanamh, ach faoin tráth seo bhí an cluiche sacair thart agus an lucht leanúna ag sáraíocht in ard a ngutha faoin imreoir ab fhearr a bhí riamh ag West Ham.

Chas Gearailt a dhroim le lucht an tsacair agus dhírigh a aird iomlán ar ghlór an tseanfhir.

Bhí an glór fós ag macallú ina intinn agus é ag tiomáint an Passat go mall siar abhaile, é ag coinneáil ar an taobh ceart den líne chomh maith is a bhí sé in ann. *Seo é an saol atá uaim*, a dúirt sé leis féin. *Tá an seanchas ann fós ach é a chuartú. Foc lucht na hollscoile. Níl a fhios acu foc ál faoi thada.*

Ag dul anoir thar an séipéal, an bháisteach ag gleáradh ar an bhfuinneog, bhéic sé "Ortha an Dul Amú" ar chuile chuint a tháinig salach riamh air.

* * * * *

Shuigh sé ag bord na cistine, gloine Alka Seltzer ag coipeadh os a chomhair, piachán ar a ghlór. Bhí Sharon bailithe amach an doras le Scáthach. Ní raibh sí th'éis teacht i ngar don seomra suí, áit a raibh an oíche caite ar an tolg aige. Bhain sé súmóg eile as an ngloine. D'airigh sé a bholg ag casadh. D'éirigh sé agus rith i dtreo an leithris.

* * * * *

Bhí an ceart aici. Bhí a fhios aige go raibh agus bí cinnte go raibh aicise. Ach an raibh bealach ar bith chun cinn ann seachas géilleadh uilig agus aghaidh a thabhairt ar shaol mar mhúinteoir meánscoile?

Bhí an-leisce air dul ag googláil faoi na postanna i gCoimisiún na hEorpa, nuair is óna mháthair a tháinig an moladh. Ach nuair a bhí cúpla nóiméad caite aige ag póirseáil ar an suíomh, ba léir nár dhrochphlean amach is amach a bhí ann. B'fhearr go mór fada an t-airgead a bhí ar fáil sa mBruiséil ná na pingneacha a bhíodh sé a shaothrú mar léachtóir sealadach ollscoile. Phléigh sé an smaoineamh le Sharon agus bhí sí oscailte faoi. Rinne siad a gcuid suimeanna. Bhí liúntas maith ar fáil chun cuidiú le teaghlach aistriú amach ann. Dá n-éireodh leis conradh a fháil, agus dá mairfidís chomh simplí agus a d'fhéadfaidís thall, bheadh dóthain sábháilte acu don éarlais taobh istigh de roinnt blianta. Bheadh treo faoina saol agus cá bhfios nach bhféadfadh sé féin dul chun cinn a dhéanamh ar an tráchtas agus é thall, dá ndíreodh sé i gceart air.

*****

Chuir sé isteach ar an gcomórtas. Rinne sé an scrúdú aistriúcháin i mBleá Cliath, cuireadh ar phainéal é agus níor tharla tada ar feadh dhá mhí. Bhí útamáil ina dhiaidh sin ann le scrúduithe leighis agus eile. Tar éis mí eile de ríomhphostanna agus deimhnithe agus eile, bhí conradh trí bliana le Coimisiún na hEorpa aige, é aistrithe anonn ann agus é ag tuilleamh airgid nach bhfaca sé riamh mar léachtóir páirtaimseartha ollscoile i nGaillimh.

Anois agus Sharon agus Scáthach tagtha anall, árasán breá acu i ngar dá oifig i rannóg aistriúcháin an Choimisiúin, bhí an triúr acu le chéile mar chomhluadar an athuair. Bhíodh uaireanta fada oibre i gceist, scaití, ach thaitin le Gearailt go raibh oifig dá chuid féin aige, cillín beag suaimhneach a thug deis dó luí isteach ar an obair, agus tréimhsí a chaitheamh thall is abhus ag googláil nó ag sáraíocht le Gaeil na hÉireann is na hAlban ar Twitter.

* * * * *

An lá a dtáinig an comhad fuaime chuige sa ríomhphost, bhí sé i lár cáipéis a raibh teideal fíorspreagúil uirthi: *Measúnuithe Tionchair: Anailís ar na Tionchair Dhóchúla agus ar na Réitigh atá ar fáil le linn na Tréimhse Ullmhúcháin*. Bhí sé réidh le scréach a ligint uaidh a chloisfí thiar i Ros an Mhíl.

Chuir a chroí fáilte roimh an *bping* a chuir in iúl dó go raibh ríomhphost faighte aige. Ceann ó aistritheoir Eastónach, Irja Põld. *Tilde* ar ghuta, mar a bhí sa bPortaingéilis. Cén chaoi a bhfuaimneofaí é sin?

Mhínigh Irja nár bhain a ríomhphost go díreach le hobair oifigiúil an Choimisiúin ach go mbeadh sí an-bhuíoch ina dhiaidh sin dá mbeadh daoine sásta cluas éisteachta a thabhairt don taifeadadh.

"Cé as don duine seo?" an cheist a bhí ag Irja. "Agus cén teanga atá i gceist leis na focail ag 1"02"?"

Le briseadh a thógáil ó na Measúnuithe Tionchair, chuir Gearailt air an comhad fuaime. Dhún sé a dhá shúil le héisteacht leis an taifeadadh. Seanbhean, í roinnt scaipthe sa gcaint, a shíl sé, a bhí le cloisteáil ar an bpíosa fuaime. Fraincis a bhí sí a labhairt.

Bhí togha na Fraincise aici, ach go n-aithneofá ar an bpointe nárbh í an teanga sin a bhí ó dhúchas aici.

Baineadh stangadh as Gearailt nuair a chuala sé na focla ag 1"02": 'feadóg chladaigh'. Ní raibh amhras ar bith faoi.

'Feadóg chladaigh', by dad.

Gaeilge a bhí ag an tseanbhean, nó blúire beag Gaeilge ar chaoi ar bith. Agus ní focal fánach a bhí foghlamtha aici. D'éist sé arís agus arís eile. B'fhacthas dó ón bhfoghraíocht go mb'fhéidir gur cainteoir dúchais a bhí inti. Ní fhéadfadh sé a bheith cinnte ar ndóigh, is gan cloiste aige ach an dá fhocal, ach bhí rud éicint an-nádúrtha ag baint leis an gcaoi ar dhúirt sí iad. Feadóg chladaigh. Gaeilge Chonnachtach a bhí i gceist, bhí sé ionann is cinnte de.

Chuaigh sé ag póirseáil go bhfeicfeadh sé cén cineál éin a bhí sa bhfeadóg chladaigh. "Ringed plover" arsa Mac Uí Dhónaill. Anonn leis Tigh Ghoogle agus is ann a d'aimsigh sé pictiúr den éan – ceainnín beag, shílfeá, agus an chuma ar a cloigeann go raibh gasúr dána th'éis breith air agus ciorcal a tharraingt le marcóir timpeall ar a mhuineál agus trasna na baithise.

Chuir sé an t-eolas ar aghaidh chuig Irja. Bhí nóta ar ais uaithi taobh istigh de dhá nóiméad.

"An bhfuil tú saor le haghaidh cupán caife?"

* * * * *

Bhí sí feicthe aige cheana i bhfoirgneamh na n-aistritheoirí.

Cheap sé riamh gur Francach a bhí inti, mar gur minic í cloiste aige san ardaitheoir ag spalpadh léi sa teanga sin.

Duine cineál righin a bhí inti le comhrá a dhéanamh léi, a shíl sé anois. Béarla Meiriceánach a labhair sí leis an chéad uair. D'fhreagair sé i bhFraincis í, féachaint céard a tharlódh. Bhreathnaigh sí air go ceisteach ar feadh leathshoicind, sular thiontaigh sí ar an teanga sin ar an bpointe. Bhí blas breá aici agus neart leaganacha cainte, cuid acu nár chuala Gearailt roimhe. B'éigean dó díriú go han-chúramach ar a raibh le rá aici, é ag ligint air ar feadh an ama gur thuig sé chuile fhocal beo.

Nuair a d'inis sí dó gur seanbhean Ghiúdach an duine ar an taifeadadh a rugadh is a tógadh in Tartu agus a theith ón tír sin go Londain ina hóige le héalú ó na Naitsithe, bhí a fhiosracht bíogtha i gceart.

An mbeadh ainm an éin pioctha suas aici ó Éireannach a chas uirthi i Londain, a d'fhiafraigh sí? D'fhéadfadh a bheith, a d'fhreagair sé, cé go mb'aisteach an blúire den teanga é le foghlaim, ainm éin chladaigh. Nó ab é an chaoi go dtéadh sí amach ó Londain fadó, ar cuairt lae go Brighton nó áit éicint, i gcomhluadar duine a raibh Gaeilge aige nó aici? Agus cén fáth go mbacfadh Eastónach óg mná le suim a chur sa nGaeilge ar an gcéad dul síos? Nach raibh a dóthain ar a haire le Béarla a fhoghlaim, gan trácht ar bheith ag dul ar an bhfoscadh ó bhuamaí an Uasail Hitler?

Ní raibh Irja in ann meabhair a bhaint as an scéal ach oiread.

'Sepp' an sloinne a bhí ar bhean Lazare roimh phósadh di, a dúirt sí. Ba é an sloinne ba choitianta san Eastóin é. 'Gabha' an bhrí a bhí leis, agus bhí oiread de mhuintir Sepp sa tír is a bhí muintir Smith i Sasana nó muintir Ferrari san Iodáil.

Ní sloinne Giúdach é Sepp, a mhínigh Irja, ach níorbh ionann sé sin is a rá nach mbeadh duine de bhunadh Giúdach ann agus an sloinne sin uirthi.

"Hmm," arsa Gearailt.

* * * * *

Dé Luain dár gcionn, agus é ina shuí sa gceaintín ag léamh ailt ar an bhfón, stop Irja le beannú dó. Bhí sí tar éis bualadh arís ag an deireadh seachtaine le gariníon Madame Lazare, a dúirt sí. Bhí sise fós ag déanamh iontais go raibh ainm Gaeilge ag a Mamó ar éan cladaigh nuair nach mbeadh Levana féin in ann ainm a chur i bhFraincis air.

"D'éist mé arís leis an taifeadadh," a deir sí, í ina suí os comhair Ghearailt anois, ag meascadh cnapán siúcra isteach ina cuid caife. "Agus dá mhó a smaoiním air is ea is cinnte atáim nach as an Eastóin don tseanbhean sin."

"*Ah bon?*" arsa Gearailt.

Cúrsaí foghraíochta, a mhínigh Irja. Bhí deacracht ag muintir na hEastóine le 'd' agus 't' na Fraincise a fhuaimniú. Ach níor léir gur bhain an claonadh áirithe sin le Madame Lazare. Thairis sin, cé go raibh rithim eachtrannach ag baint le caint na seanmhná, níor shíl Irja gur rithim Eastónach a bhí i gceist.

* * * * *

Tráthnóna amháin, dhá mhí ina dhiaidh sin, bhí Gearailt ag sáraíocht ar Twitter faoi leagan Sean-Ghaeilge le boc as Minnesota a bhíodh i gcónaí ag ligint scile air féin, nuair a tháinig ríomhphost eile isteach ar an bhfón ó Irja. Bhí comhad fuaime ceangailte leis agus eolas cúlra ar an taifeadadh.

Bhí an tseanbhean ag cur di ina codladh le seachtain roimhe. Shíl an bhanaltra nár Fhraincis a bhí á labhairt aici agus d'iarr an ghariníon cead teacht chuig an ionad ag an deireadh seachtaine agus fanacht ina suí léi ar feadh na hoíche.

Bhí Madame Lazare an-suaimhneach an chéad oíche ar bhain sí triail as, agus cheap Levana, an ghariníon, gur saothar in aisce a bhí uirthi. Thit néal codlata uirthi féin thart ar a trí ar maidin. Uair an chloig ina dhiaidh sin, dhúisigh glór na seanmhná í. Bhain Levana amach a fón.

Píosa fiche nóiméad ar fhad a bhí taifeadta aici, meascán de chaint ann i bhFraincis agus i dteanga eile nár aithin Irja. Bhí sí céad faoin gcéad cinnte nárbh Eastóinis a bhí i gcuid ar bith de. Mharcáil sí an áit ar an taifeadadh a raibh na giotaí nár thuig sí féin.

Chuir Gearailt air a chuid cluasán agus luigh isteach ar an ábhar a scrúdú ina iomláine.

Bhí an chéad chuid doiléir go maith – b'fhacthas dó gur Fraincis ba mhó a bhí ann. Luaigh an tseanbhean fear darbh ainm Samuel cúpla geábh, amhail is go raibh sí á chuartú. D'éirigh sí ciúin arís.

Ní Fraincis ná Gaeilge a bhí sa gcúpla focal a tháinig uaithi ag 7"38" isteach. Eabhrais, b'fhéidir? D'éist Gearailt siar arís is arís leo ach ní raibh sé in ann aon mheabhair a bhaint astu.

Bhí monabhar éicint uaithi ag 17'56". Bhí sé thar a bheith doiléir; bhí barúil ag Gearailt gur Ghaeilge a bhí ann ach ní raibh sé cinnte.

Bhí rithim chinnte leis an gcuid deiridh de, amhail is gur dhá líne as dán a bhí i gceist. 'Ag fiach ar chnoic', b'fhéidir?; rud éicint, rud éicint, rud éicint. Agus ab shin an focal 'eilití' i dtreo dheireadh an darna líne? D'éist sé arís leis agus d'éirigh níos cinnte faoin dá fhocal a bhí aitheanta aige.

B'fhada leis go mbeadh sé sa mbaile le go n-éistfeadh Sharon leis an taifeadadh.

* * * * *

Bhain sé amach an t-árasán roimpi. Nuair a leaindeáil sí isteach agus Scáthach léi sa mbugaí, ba léir go raibh sí trína chéile. Cuireadh moill uirthi agus í ar a bealach chuig an naíolann. Bhí léirsiú polaitiúil de chineál éicint ag blocáil sráide ar a bealach. Chuaigh sí go hiomlán amú ag iarraidh bealach a fháil timpeall ar an gconstaic agus leaindeáil isteach i gceantar a rinne neirbhíseach í. Chuimhnigh sí ar Google Maps a úsáid le treoir a fháil, ach bhí faitíos uirthi go sciobfadh duine éicint an fón as a láimh. Thóg sé breis mhaith agus fiche nóiméad uirthi a oibriú amach cá raibh a triall.

D'éist Gearailt lena scéal chomh maith is a bhí sé in ann sular inis sé di faoin taifeadadh nua a bhí tagtha ó Irja.

Phléasc Sharon air.

"Seo mar a bhíonns tú i gcónaí. An tseafóid chéanna uait seasta. Gan aird ar bith agat ormsa. Is gan soitheach ar bith glan san áit!"

Luigh sí isteach ar dhinnéar a dhéanamh, í ag cleatráil na sáspan ar feadh an ama, a fhad is a thriail Scáthach Gearailt a tharraingt taobh thiar den tolg le cúnamh a thabhairt di seó puipéad a dhéanamh.

Ní raibh sé féin in ann cuimhneamh ar thada ach an taifeadadh fuaime ach ghéill sé d'achainí a iníne agus d'éist lena plean. Chuidigh léiriú an tráthnóna sin den Teidí Beag Buí agus an Dineasár chun Sharon a shuaimhniú an athuair. Faoin am go raibh an páiste curtha a luí, bhí sí ar ais chuici féin. Ghabh sí leithscéal faoin taom cantail a bhí tagtha uaithi ar ball. Chuir Gearailt air an dreach foighdeach a choinníodh sé go speisialta d'ócáidí den tsórt seo. Shuigh siad beirt síos le héisteacht leis an taifeadadh nua.

D'aontaigh Sharon nár Ghaeilge a bhí sa gcuid i lár báire. Maidir leis an bpíosa deiridh, chuaigh siad siar air arís agus arís eile.

Ní raibh sí in ann bun ná barr a dhéanamh de. Ní raibh sí fiú in ann aontú le Gearailt faoi na focla a shíl seisean a bheith aitheanta aige.

Agus Sharon imithe a luí, rith plean le Gearailt. Chlóscríobh sé isteach 'Ag fiach' agus 'eilití' i gcuardach Google agus bhrúigh sé an cnaipe cuardaigh.

Tháinig riar téacsanna a aníos ar an scáileán, ina measc tuairisc nuachta a bhain le foghlaeireacht gan cheadúnas i bPáirc an Fhionnuisce i mBaile Átha Cliath, agus ceann eile a bhain le deis ríomhaireachta a sheiceálfadh litriú focal.

Níos faide síos ar an liosta, bhí dhá iontráil a bhain le Corpas den teanga Ghaeilge a bhí á chur ar líne ag Acadamh Ríoga na hÉireann. D'oscail sé ceann acu.

Bhí deis chuardaigh ann ar bharr an leathanaigh. Chuir sé isteach an focal 'fiach' go bhfeicfeadh sé.

Tháinig na céadta toradh ar ais. Thriail sé an focal 'eilití'.

Tagairt amháin a bhí ann don fhocal sin, leid a threoraigh é i dtreo téacs leabhair a raibh eolas aige air – cnuasach véarsaíochta le file pobail a bhain leis an naoú haois déag, cumadóir a raibh a chuid amhrán grá ar fáil go forleathan sa traidisiún béil i gConnachta. Amhrán dá chuid a spreag a spéis féin in Sharon an chéad lá, oíche ar chuala sé í á rá ag seisiún i Ros an Mhíl.

Bhí inneall cuardaigh eile ann ar an leathanach nua, deis a d'aimseodh frása ón téacs. Chlóscríobh sé 'ag fiach ar chnoic' go bhfeicfeadh sé agus bhrúigh an cnaipe cuardaigh.

Bhí sé aige. An dá líne, agus na focla a shíl sé a bheith á rá ag an tseanbhean san áireamh iontu:

Ag *fiach ar chnoic, ar mhóin is ar shléibhte,*
Ag *rith ar bhroic is ar eilití maola.*

D'éist sé siar arís is arís leis an nglór creathánach ar an gcomhad fuaime. Ba mhar a chéile an taifeadadh agus an téacs scríofa. Bhí sé cinnte de.

Dhá líne as dán stairiúil Gaeilge, le file ó iarthar Éireann, dán nach raibh eolas forleathan air beag ná mór, in Éirinn féin. É sin agus ainm Gaeilge ar éan cladaigh, ainm nach mbeadh ag mórán den dream óg ar chósta thiar na tíre ar na saolta seo.

Cén chaoi sa diabhal go raibh an méid sin ag Eastónach mná a raibh a saol caite i bPáras aici? Agus céard eile a bhí i bhfolach i gcúl a cinn ag Madame Lazare?

Muraed, Árainn, 1937

Sagart áirid a bhí ann. Sin a deireadh na daoine fásta faoi Father Folan, ach shíl Muraed go raibh sé go hálainn. Dá mbuailfeadh sé bleid chainte ort is tú ag siúl abhaile ón scoil, nó dá gcuirfeadh sé ceist ort sa seomra ranga agus é tagtha isteach ar cuairt, níor airigh tú go raibh sé ag iarraidh a fháil amach an raibh tú dána nó leisciúil nó sleamchúiseach. 'Sén chaoi go mbíodh suim aige sa rud a déarfá leis, amhail is go raibh níos mó ná freagra ceart amháin ar cheist ar bith.

Níor thuig Muraed cén fáth go mbíodh na daoine fásta a rá go raibh bealach aisteach leis. Cén dochar má bhí sé de nós aige fanacht go maidin ag tórramh, é féin ag scéalaíocht, ag gáirí leis an gcomhluadar agus ag rá corrstéibh d'amhrán?

Bhí sé beagáinín áirid, ceart go leor, an chaoi a mbíodh sé ag dul thart leath den am agus seaicéad bréidín air, amhail seaniascaire. Dúirt Eoin Éamoinn go raibh a chloigeann curtha ó mhaith ag na blianta a bhí caite amuigh san Afraic aige. Bhí a intinn bruite ag an teas amuigh ann, a dúirt sé, é ag iarraidh foghlaim Dé a chur ar dhaoine fiáine in áiteacha nach dtitfeadh braon báistí ó cheann ceann na bliana.

Ach in ainneoin na rudaí a deireadh na daoine fásta faoi, bhí cúis mhaith amháin ag Muraed a cheapadh gur sagart fíordheas a bhí ann. Mar b'é Father Folan an t-aon duine riamh a tháinig ag an teach go speisialta le castáil ar Pháraic.

Cén chaoi a raibh a fhios aige go raibh Páraic ann beag ná mór? Ní thugtaí amach ag an Aifreann riamh é. Is dócha go raibh a fhios ag muintir na háite go raibh sé ann. D'fheicfidís ar maidin é agus Muraed á thabhairt chomh fada le teach Neil Chóil Jimí, le go dtabharfadh sise aire dó nuair a bhí sí féin agus Bid ar scoil. Ach maidir leis na daoine a thagadh san oíche ag an teach le bheith ag scéalaíocht le Deaide nó ag casadh amhrán, ní leagfaidís sin súil riamh air. Dhéanfadh Deaide cinnte go mbeadh Páraic curtha a luí i gcónaí sula dtiocfaidís.

Níor thaithnigh sé le Muraed an chaoi a dtugadh Bid 'simpleoir' air. Ní raibh tada simplí faoi Pháraic. Agus ní 'gnúsachtach' a bhíodh aige, ach focla. Focla a bhí cumtha aige féin. Cé mhéad duine cliste a bhí in ann a rá gurbh iad féin a chum na focla a bhí acu, chuile cheann beo? Ach b'shin mar a bhí ag Páraic. '*Nuc*' a bhí aige ar bhainne. '*Unna*' a bhí aige ar ronnach. '*Há*' ar an bpréachán. Agus '*Aidhl*' a bhí aige ar an bhfaoileán bán. Bhí dosaen eile focla ar a laghad aige.

Agus ní le focla amháin a chuireadh sé féin in iúl. Bhí bealach aige lena dhá shúil a chasadh ina chloigeann a thabharfadh brí bhreise don mhéid a bhí sé ag iarraidh a rá. Dá gcasfadh sé deiseal na súile agus iad a stopadh le stánadh suas ar fhraitheacha an tí, chiallódh sé sin go raibh sé sásta, nó gur mhaith leis go mbainfeadh Muraed dinglis as. Agus dá gcasfadh sé na súile tuathal agus iad a stopadh le stánadh ar leacracha an urláir, chiallódh sé sin go raibh sé cráite ann féin. Dá mba néal uaignis a bhí tite air, chúbfadh sé isteach aige féin agus ní bheadh bíog as ar feadh an tráthnóna.

Ach dá mba stoirm chantail a bhailigh ina thimpeall, scéal eile a bheadh ann. Bheadh lasracha sna súile an uair sin aige agus dá ligfí leis, tharraingeodh sé trioblóid éicint. Formhór laethanta, dá dtabharfadh Muraed faoi deara in am é, bheadh sí in ann é a mhealladh agus a bhréagadh sula mbeadh buicéad uisce leagtha aige nó cic buailte aige ar chois an bhoird.

Ach formhór mór an ama, ní bhíodh mórán deacracht ar bith ag baint leis. Má bhí sé suite ar a chompord i gcúinne na cistine, é ag spraoi leis na clocha míne a fuair Muraed thíos ar an gcladach dó, ba chuma leis faoi rud ar bith eile. Ní fios cén sásamh a bhaineadh sé as na clocha míne céanna, é á bpiocadh suas is á leagan uaidh, é ag déanamh líne díobh, á gcarnadh ar mhullach a chéile go dtí go dtitidís anuas ina thimpeall ar leacracha an urláir.

Oíche amháin, nuair a thit carn a bhí déanta aige, tháinig ceann mór amháin anuas go trom ar a chois. Ar ndóigh, lig Páraic béic as a chloisfí amuigh i gConamara. Dhúisigh sé Deaide.

"Tusa a thug na clocha damanta sin isteach sa teach seo, nach tú?" a deir sé.

Chlaon Muraed a ceann.

"Bhuel, faigh réidh anois leo," a deir sé. "Is ná feicim arís iad. Tá a dhóthain gleo aige siúd mar atá."

Bhí a fhios ag Muraed gur drochphlean a bhí ansin. Agus

97

bhí an ceart aici. Bhí Páraic croíbhriste faoi na clocha a bheith caite amach. Choinnigh sé air go ceann cúpla lá ag olagón agus ag éagaoin nó gur dhúirt Deaide le Muraed iad a thabhairt ar ais isteach.

Bhí siad ann ó shin i gcúinne na cistine agus Páraic ina lár go sásta formhór mór tráthnóntaí.

Bhuel, oíche Dhomhnaigh amháin, thart ar mhí nó mar sin th'éis do Father Folan a theacht go hÁrainn le bheith ina shagart paróiste nua, bhuail sé isteach ag an teach gan choinne. Bhí Páraic ina shuí sa gcúinne, Muraed agus Bid ag an mbord ag scríobh a gcuid aistí, Deaide ina chnap chodlata cois tine.

Nuair a chonaic Muraed an sagart i mbéal an dorais, sheas sí suas go díreach, mar a dhéanadh sí nuair a shiúladh duine tábhachtach dá chineál isteach sa seomra ranga ar scoil. Bhreathnaigh Bid suas óna cóipleabhar.

"Cén tseafóid atá ortsa?" a deir sí.

"Fáilte isteach, a Athair," arsa Muraed. Nuair a bhreathnaigh Bid i dtreo an dorais, tháinig dath geal ar a héadan.

"Dia anseo isteach," a deir Father Folan.

Dhúisigh Deaide de gheit.

"A Athair," a deir sé, an dá shúil ag leathadh ina cheann.

"Ní le drochscéala atá mé tagtha, a Thaidhg," arsa an sagart, gáirí muinteartha ar a bhéal.

Bhreathnaigh Deaide go géar anall ar Mhuraed, agus thuig sí ón dearcadh sin uaidh go gcaithfeadh sí Páraic a thabhairt isteach sa seomra ó thuaidh ar an bpointe boise.

Ach bhí a fhios aici chomh maith go mbeadh jab aici é a

tharraingt amach as an gcúinne agus a chluiche a fhágáil ina dhiaidh.

"Tá súil agam nach bhfuil mé ag cur as daoibh," arsa Father Folan. "Níl ann ach go bhfuil mé ag iarraidh beannacht bheag a chur ar an teach agus a bhfuil ina gcónaí ann."

Bhreathnaigh Deaide ar an sagart agus meangadh fáilteach aige, ach d'airigh Muraed go raibh faitíos de chineál éicint air.

Chaith Deaide súil ghéar eile anall ar Mhuraed. Chas sí i dtreo Pháraic agus chrom síos aige, í ag labhairt leis sa nglór sin a d'úsáideadh sí lena bhréagadh.

"Seo leat, a Pháraic," a deir sí. "Tá sé in an am dul a luí."

Choinnigh Páraic air gan aird ar bith a thabhairt uirthi, é ag leagan na gcloch ina líne mar a bheadh nathair nimhe chnapánach ann.

"A Pháraic," a deir Muraed arís de chogar géar.

Bhreathnaigh sé uirthi, an dearcadh ceanndána sin a raibh oiread cleachtaidh aici air.

Chas Muraed timpeall. Ní fhéadfaí Páraic a chorraí, ach dá seasfadh sí os a chomhair, b'fhéidir nach dtabharfadh Father Folan faoi deara mórán é.

Bhí stiall fhada éadaigh bainte amach as póca a sheaicéid faoin tráth seo ag an sagart. Déanta as éadach bán de chineál éicint a bhí sí agus croiseanna ar dhath an óir fuáilte uirthi. Ba mhór an áilleacht í, cibé cén t-ainm a bheadh uirthi. Leath Father Folan an stiall éadaigh amach uilig agus phóg í sular chuir sé thart ar a mhuineál í. Sheas sé i lár an urláir agus bheannaigh sé an teach, agus ní Laidin a bhí aige ach píosa mór fada de phaidir Ghaeilge. Ansin, anonn leis chomh fada le Deaide. Leag sé a ordóg ar a bhaithis siúd agus ghearr fíor na croise ann ar an gcaoi chéanna is a ghearradh Deaide fíor na croise ar dhroim na bó th'éis dó í a bhleán. Níor bhreathnaigh Deaide ar an sagart, ach síos ar leacracha an urláir.

Chas Father Folan agus anonn leis chomh fada le Bid, le beannacht a chur uirthi siúd chomh maith céanna. Nuair a chas sé i dtreo Mhuraed, chonaic sí an straois a bhí ar éadan a deirféar. Bhain sí dá pluic arís í breá sciobtha nuair a chonaic sí Deaide ag stánadh anall uirthi.

Leag Father Folan a ordóg ar bhaithis Mhuraed agus chuir beannacht uirthi, é ag monabhar leis faoi Bhríd agus Colm Cille agus Éanna. Ansin, dhírigh sé ar Phádraic.

"Á, ná bac leis siúd, a Athair," arsa Deaide, agus cineál de chreathán ina ghlór. "Níl aon chiall aige."

"Duine de chlann Dé atá ann, a Timín, ach an oiread leatsa agus liomsa," arsa Father Folan.

Chuaigh sé síos ar a dhá ghlúin os comhair Phádraic agus labhair leis i nglór íseal. Bhreathnaigh Páraic air go ceisteach, ach bhí an t-amharc ceanndána imithe óna shúile.

"Nach le castáil ortsa a tháinig mé, a Pháraic?" a bhí Father Folan a rá leis. "Nach é do leithéidí a bhronnann grásta Dé ar na daoine atá ag tabhairt aire duit?"

Bhreathnaigh Muraed anonn ar Dheaide, féachaint an raibh a fhios aige siúd an méid sin cheana. Ach bhí an chuma neirbhíseach chéanna ar a éadan i gcónaí.

* * * * *

Faoin am ar fhág an sagart cúpla uair an chloig ina dhiaidh sin, bhí an chuma ar Dheaide go raibh sé níos mó ar a shuaimhneas. Bhí comhrá fada déanta aige féin agus Father Folan faoin scéalaíocht. Labhair siad ar lucht an *folklore* a bhí ag teacht ag an oileán go rialta le roinnt blianta, iad ag scríobh síos scéalta ó na daoine. Bhí meaisín nua anois acu, a dúirt an sagart, rud a labhrófá isteach ann. Bhí an meaisín in ann do ghlór a choinneáil ar chaoi éicint agus an scéal a aithris, fiú nuair nach raibh tú féin ann. D'fhéadfadh an meaisín an scéal a inseacht arís is arís eile, oiread uaireanta agus ba mhaith leat. Bhí an obair a bhain le scéalta agus amhráin agus rudaí a bhailiú i bhfad níos éasca de bharr an mheaisín seo.

Th'éis píosa, agus Páraic tuirseach, dúirt Deaide le Bid a ghabháil siar sa seomra leis agus é a shocrú síos. Bhí pus ar Bhid, ach ní dhearna sí aon argóint os comhair an tsagairt. Faoi Mhuraed a bhíodh sé i gcónaí Páraic a shocrú san oíche. Luíodh sí síos lena thaobh ar an leaba, í ag cogarnaíl faoi seo agus siúd go dtí go mbíodh sé ina chodladh. Ach anocht, bhí Deaide ag iarraidh Muraed a choinneáil lena thaobh seisean agus an sagart ann ag caint faoin seanchas.

Bhí a fhios ag Muraed go mbeadh Deaide ag iarraidh an dán fada a rá don sagart. Bheadh sé ag iarraidh a thaispeáint go raibh sé chomh maith céanna ag aithris véarsaí agus dánta agus rudaí le duine ar bith a chuala lucht an *folklore* riamh, in Éirinn ná in Árainn.

Ach théadh Deaide amú sa dán fada céanna go minic, go mórmhór agus daoine eile ag éisteacht leis. Mura mbeadh ann ach é féin agus Muraed, bheadh aige. Bheadh sé in ann chuile véarsa a rá gan stró, ó thús deireadh, gan stop ná stad ar bith a dhéanamh. Ach dá mbeadh Eoin Éamoinn nó Neil Chóil Jimí nó Michael Mharcuis istigh, agus dá dtriailfeadh sé an dán fada a rá, bí cinnte go mbeadh línte ag dul amú air.

Ní raibh an dán de ghlanmheabhair ag Muraed, ach bhí sé cloiste ó Dheaide chomh minic sin aici, nuair a ghabhfadh sé amú, minic go maith bhíodh sise in ann cuimhneamh ar an líne a bhí in easnamh air. A luaithe is a déarfadh sí leis i gcogar é, bheadh aige arís agus choinneodh sé sin ag imeacht píosa maith eile é. Óna mháthair a bhí an dán tugtha ag Deaide. B'as an taobh thoir de bhaile na Gaillimhe í agus nuair a phós sí Daideo, thug sí léi lán a cloiginn de dhánta isteach go hÁrainn. An dán fada an ceann ab ansa léi féin agus bhí Deaide é féin an-mhórtasach as. Ní raibh an dán fada ag duine ar bith eile san oileán.

Bhuel, ní raibh sé féin agus an sagart i bhfad ag caint ar an seanchas ar chaoi ar bith nuair a thosaigh Deaide isteach ar a dhán.

Bhí sé ag treabhadh leis go breá tríd an gcuid a chuir síos ar an oíche a raibh an file amuigh agus é go trom ag báisteach, go ndeachaigh sé ar an bhfoscadh faoi sceach láimh le hÁth Cinn, cibé cén áit é sin. Ní raibh maith ar bith sa sceach leis an uisce a choinneáil uaidh agus bhí mallacht curtha ag an bhfile uirthi. Ansin thosaigh an sceach ag caint leis agus chrom ar scéal na hÉireann a inseacht ó thús ama, na rudaí ar fad a bhí feicthe ag tarlú ina timpeall aici ó thosaigh sí ag fás sa spota sin an chéad lá riamh.

Bhí Deaide tagtha ag an bpíosa faoin gcéad dream a tháinig go hÉirinn, na Fir Bholg, é os cionn an bhuille anois leis:

"Ghearradar crainn, rinn agus fásach,
agus chuireadar an ríocht, ar ndóigh, i bhfáinne.
Ó Dhún Dónaill go Droichead Átha,
ó Chnoc Bhoilg ó thuaidh go cuan Chionn tSáile.

Ag fiach ar chnoic, ar mhóin is ar shléibhte,
Ag rith ar bhroic is ar eilití maola ..."
Stop sé.
"Ag rith ar bhroic is ar eilití maola ..."
Stop sé arís.
"Fan anois go gcuimhneoidh mé. *Ag rith ar bhroic is ar eilití maola ..."*

Bhreathnaigh sé anall ar Mhuraed. Ach ní raibh an líne aici siúd ach chomh beag.

"Cén dochar, a Timín," arsa an sagart th'éis píosa. "Bhí an méid a dúirt tú thar barr."

Ach ní shásódh tada Deaide ach coinneáil air. Th'éis nóiméad nó dhó, chuimhnigh sé ar an líne agus ar aghaidh leis. Ach ní raibh ach trí nó cheithre cinn de cheathrúna ráite aige nuair a chuaigh sé i bhfastó arís ann.

"Breathnaigh," arsa Father Folan. "An mbeadh aon scéilín gearr agat, meas tú?"

"Scéilín gearr?" arsa Deaide. Ba léir do Mhuraed nach raibh sé ag iarraidh aon scéilín gearr a rá. Bhí sé oibrithe leis féin mar nár éirigh leis an dán fada a chur dó d'aon iarraidh amháin.

"Scéalta beaga giortacha atá i gceist agam," arsa an sagart. "An cineál sin a dhéananns cur síos ar an gcúis go bhfuil seo mar seo nó siúd mar siúd, nó cén chaoi a bhfuair áit a ainm."

Bhí a fhios ag Muraed go raibh airde crann báid de scéilíní den tsórt sin ag Deaide. B'iadsan na cinn ab ansa léi féin go mór fada. Bhí siad i bhfad níos deise ná an dán fada.

"Fan go bhfeicfidh mé anois," arsa Deaide. "A Mhuraed, cén scéilín gearr a bheadh go maith le hinseacht?"

Bhreathnaigh Father Folan anall uirthi. Rinne sé meangadh muinteartha léi. Chrom sí isteach le cluais Dheaide agus labhair i gcogar leis.

"An ceann faoin mbairneach? Tá go maith, mar sin."

Rinne Father Folan meangadh eile anall ag Muraed agus thosaigh Deaide isteach ar an scéal.

* * * * *

Seachtain ina dhiaidh sin, bhuail Father Folan isteach ag an teach arís, thart ar an am céanna tráthnóna. Bheadh duine de lucht an *folklore* ag teacht amach as Gaillimh ar an Naomh Éanna th'éis na Cásca, a dúirt sé. Bheadh an fear seo ag obair ar an oileán ar feadh seachtaine. Bheadh an-suim aige bualadh isteach agus cuid de na scéalta a bhí ag Deaide a chloisteáil.

Ba léir do Mhuraed go raibh na seacht gcroí ar Dheaide. An saighdeadh sin a bhíodh ag Eoin Éamoinn agus ag Michael Mharcuis faoi, bheadh deireadh leis. Ní bheadh siad in ann a rá níos mó nach raibh Deaide sách maith ag an seanchas le go gcuirfí fear as Bleá Cliath chomh fada leis le *folklore* a dhéanamh as a chuid scéalta. Nó ní bheadh air a bheith ag éisteacht le Neil ach an oiread, í a rá leis go raibh sé thar barr agus gur éad a bhí ar an mbeirt eile.

* * * * *

An oíche sula raibh fear an *folklore* le theacht, bhí Muraed fós ina dúiseacht, Páraic ag tarraingt anála go bog lena taobh, Bid ina cnap codlata ar an taobh eile dó. Bhí solas fann fós ag teacht faoi íochtar an dorais agus bhí glór Dheaide le cloisteáil ón gcisteanach amuigh.

D'éirigh sí go cúramach agus amach as an leaba léi. Chuir sí cluas le cláracha an dorais. Ní raibh sí in ann a dhéanamh amach céard a bhí Deaide a rá, ach d'aithin sí ón gcaint rithimiúil a bhí aige gur ag aithris an dáin a bhí sé. D'oscail sí an doras ar éigean agus d'éist. Bhí sé tagtha chomh fada leis an bpíosa faoi mo dhuine sin Mártan Liútar a chiontaigh na céadta, a shéan an Pápa is an Sacraiméad Naofa.

Choinnigh Deaide air go deas réidh, chuile cheathrú ag teacht leis gan stró. Nuair a bhí sé ar fad ráite aige, lig sé osna shásta uaidh. Casacht fhada a lean an osna. Ar deireadh, chuala sí é ag bailiú seile ina bhéal sular chaith sé ar an tine í.

Siar ar an leaba arís le Muraed, agus shocraigh í féin taobh le colainn theolaí Pháraic. Istigh ina cloigeann, labhair sí le Mama. D'iarr sí uirthi focal a chur isteach leis an Maighdean thuas sna Flaithis agus cúnamh a thabhairt do Dheaide an dán a rá d'fhear an *folklore,* gan stop gan stad.

Naomh a bhí i Mama. Sin a deireadh Neil Chóil Jimí i gcónaí. Bean álainn, lách, a deireadh sí. Í rómhaith don saol seo. Naomh a bhí inti sular cailleadh ar chor ar bith í. B'shin é an fáth gur roghnaigh Dia í le cúnamh a thabhairt do Mhuire thuas i gcistineach na bhFlaitheas.

D'fhéadfaí paidir a chur suas aici. Agus ó tharla nach

raibh a fhios ag mórán daoine gur naomh í, ní bheadh oiread céanna daoine ag seoladh paidreacha aici is a bheadh ag leithéidí Naomh Pádraig, nó Bríd, nó duine de na naoimh sin a raibh caint mhór orthu. Agus ó tharla gurbh í máthair Mhuraed í, a deireadh Neil, bheadh sí i gcónaí ag iarraidh cúnamh a thabhairt dá scalltáinín féin agus í ag breathnú síos uirthi.

Abair leis an Maighdean cúnamh a thabhairt do Dheaide leis an dán fada, a dúirt sí le Mama anois, istigh ina hintinn. *Abair léi cúnamh a thabhairt dó coinneáil air agus gan dul i bhfastó ann, oiread agus uair amháin.*

Shamhlaigh sí a paidir bheag ag fágáil a hintinne, í ag seoladh suas trí na rataí agus an tuí os a cionn, suas os cionn Chill Mhuirbhigh, suas os cionn Árann. Siúd chun siúil í mar achainí, suas trí na clabhtaí, suas i gcónaí tríd an spéir mhór dhubh. Thar an ngealach léi, trí bhealach geal na Bó Finne in airde agus ar aghaidh amach tríd an spás mór, forleathan, ar aghaidh amach agus suas go neamh.

Nuair a chuimhnigh sí ar an mbealach fada a bhí le dul ag an smaoineamh beag ciúin a thosaigh istigh ina cloigeann, chuaigh creathán fuachta trína colainn. Cén chaoi a bhféadfaí a bheith go hiomlán cinnte go n-imeodh paidir ar bith an bealach ar fad chuig geataí na bhFlaitheas? Cén chaoi a bhféadfaí a bheith cinnte go gcloisfeadh Mama a hiarratas anocht, duine nach raibh fágtha di ach anam gan cholainn?

* * * * *

Tráthnóna an lae dár gcionn, bhí Bid mar a bheadh cearc ar

gor ann, í taobh amuigh ar leic an dorais, ag faire an chosáin aníos chuig an teach. Bhí Páraic tugtha isteach sa seomra cúil ag Muraed níos luaithe ná mar a dhéanfadh sí go hiondúil. Bhí ag éirí léi é a choinneáil socair, go fóilleach ar chaoi ar bith. Ní raibh sé tuirseach go leor le dul a luí agus bhí sé ina shuí ar an urlár, a dhroim le balla, é ag spraoi leis an *dolly* a chuir Jude ag Muraed as Meiriceá an Nollaig roimhe. Bhí cúpla ceann de na clocha míne tugtha isteach chomh maith aici, cé go raibh faitíos uirthi go mbeadh sé ag gleo leo.

"Feicim fear an *folklore*! Tá sé ar an mbealach anoir thar an gcnocán!" a bhéic Bid ón doras tosaigh.

"A Mhuraedín!" a d'fhógair Deaide. "Amach anseo anois leatsa go beo."

Chuimil Muraed baithis Pháraic, an bealach a thaithnigh leis, agus chuir sí a méar lena béal. Chuir seisean a mhéar féin in airde agus rinne meangadh gáirí.

Amach le Muraed ag an gcisteanach. Bhí Deaide ag faire amach an fhuinneog ar an strainséara, a bhí ag siúl anoir go mall, ualach mór trom ar a dhroim aige. Dhruid Muraed agus Bid suas le Deaide le súil a chaitheamh amach. Culaith álainn dúghorm a bhí ar an gcuairteoir agus carbhat dearg, duine uasal ceart. Stop sé ar an tsráid taobh amuigh, é ag baint lán na súl as an teachín os a chomhair. Dhruid Muraed agus Deaide siar ón bhfuinneog ar fhaitíos go bhfeicfeadh sé iad ag gliúcaíocht amach air.

Bhí cnag ar an doras, cnag breá láidir.

Dhírigh Deaide a ordóg siar thar a ghualainn, i dtreo thóin an tí. Siar le Bid go drogallach. A luaithe is a d'oscail sí doras an tseomra, lig Páraic sian aniar uaidh.

"Dún an diabhal de dhoras sin i do dhiaidh," arsa Deaide os íseal.

Chuaigh Deaide chuig an doras tosaigh agus d'oscail é leis an strainséara a ligint isteach. Ní fhaca Muraed é á dhéanamh sin riamh cheana. Isteach leis an strainséara. "Dia anseo isteach!" a deir sé. Shílfeá gur duine de mhuintir an bhaile a bhí ann is an Ghaeilge bhreá a bhí aige.

"Dia is Muire duit, a dhuine chóir," arsa Deaide agus é ag cur canúint áirid air féin, an glór sin a bhíodh air is é ag caint leis an máistir.

Bhí cuma an-trom ar an bpaca a bhí ag fear an *folklore*. Leag sé uaidh ar an urlár é agus dhírigh sé é féin.

"Glacaim leis go bhfuilim ag an teach ceart? An tusa Tadhg Ó Dioráin?"

Níor chuala Muraed tada tugtha riamh mar ainm ar Dheaide ach Timín nó Timín Johnny. Muraeidín Timín a thugtaí uirthi féin thart ar an mbaile agus Muraed Ní Dhioráin ar scoil. Ní raibh a fhios aici go bhféadfaidh duine fásta ainm scoile a bheith air chomh maith. Ach ba chosúil go bhféadfadh agus ba chosúil chomh maith nach raibh locht ar bith ag Deaide ar an leagan nua seo dá ainm.

"Is mé atá ann," a deir sé, gáirí cúthail ar a bhéal.

Shín sé a lámh ag Deaide. Lámh álainn bhán a bhí inti, lámh nach bhfaca mórán cartadh ná iomramh riamh. Chraith Deaide í, ach níor bhreathnaigh sé sna súile ar an gcuairteoir.

"Tá fíoráthas orm castáil leat, a Thaidhg. Anraí Ó hUrmholtaigh atá orm féin."

B'aisteach an t-ainm é.

"Agus cé hí seo?" a deir sé agus strais mhuinteartha aige

do Mhuraed.

"Í siúd? Sin í Muraed s'againne," arsa Deaide.

"A Mhuraed," arsa an strainséara, "cén chaoi a bhfuil tú, a stóirín?"

Chrom sé síos agus bhreathnaigh san éadan uirthi. Bhí drad iomlán fiacal aige, chuile cheann beo acu ar dhath an bhainne.

"Nach álainn an dá shúilín atá agat!" a deir an fear. "Iad chomh gorm le dhá phlúirín! Agus nach gleoite an plúirín thú féin, bail ó Dhia is ó Mhuire ort!"

Shín sé a lámh fós ina treo. Dheargaigh Muraed go bun na gcluas. Ní raibh a fhios aici céard ba cheart di a dhéanamh. Gasúr ag craitheadh láimhe le duine fásta? Ab é an chaoi go raibh sé ag magadh fúithi? Ní raibh fonn uirthi *lady* bheag a dhéanamh di féin agus breith ar láimh leis, amhail is go raibh faisean aici é sin a dhéanamh le chuile dhuine fásta a shiúil an doras isteach.

"Craith lámh leis an bhfear uasal," arsa Deaide, an chanúint sin le haireachtáil arís uaidh.

Shín Muraed amach a lámh go faiteach agus rug an strainséara uirthi. Bhí boladh deas uaidh agus é i ngar di, amhail boladh a bhíodh ó Neil Chóil Jimí scaití nuair a thagadh gallaoireach ghalánta as Meiriceá.

"Féadfaidh tú an meaisín a leagan ar an mbord anseo má thograíonn tú," arsa Deaide. "Nó meas tú an mbeidh sé in ann ag an meáchan?"

"Óra, beidh cinnte," arsa fear an *folklore*. "Rud mór místuama í seo, ach déanann sí jab maith. Nuair a thosaigh mise ar an obair seo, 'sén chaoi go mbíodh muid ag scríobh síos chuile shórt beo ar pháipéar. Ach ní raibh tú in ann scéal a thógáil ó dhuine ar bith agus iad ag labhairt go nádúrach. Tá sí seo i bhfad níos fearr."

Bhain an strainséara a mheaisín as an bpaca agus leag ar an mbord í. Dath lonrach dubh a bhí uirthi agus cineál píopa ag síneadh amach aisti mar a bheadh drioball ann ar sileadh anuas ar chúl ainmhí.

Bhain sé bosca as a phaca agus d'oscail é. Bhain sé píosa de phíopa dubh amach as an mbosca. Labhair sé le Deaide ar feadh an ama faoin meaisín, é ag sleamhnú an phíopa isteach ar shlat airgid a bhí feistithe ann. 'Fiteán' a thug sé ar an bpíopa. Bheadh an fiteán ag casadh timpeall ar an tslat airgid, a dúirt sé, agus bheadh sé in ann breith ar ghlór Dheaide lena scéal a choinneáil i gcuimhne agus a thabhairt suas ag na daoine uaisle i mBleá Cliath.

Chlaon Deaide a cheann, amhail is gur gnáthrud é seo a bhí ag tarlú tráthnóna, amhail is go mbíodh strainséirí amach is isteach as an teach seasta le meaisíní aisteacha.

Phioc fear an *folklore* suas drioball an mheaisín agus shín chuig Deaide é. Bhí 'an t-adharcán' le cur suas ag béal Dheaide, an béal a chlúdach go maith, agus bhí sé lena scéal a inseacht isteach ann. Bhí dearcadh an-dáiríre in éadan Dheaide, amhail is nach raibh sé cinnte an dtiocfadh sé slán as an obair seo a bhí le déanamh, ach bhí sé réidh le tabhairt faoi mar sin féin.

"Anois," arsa an cuairteoir, "cén cineál scéil ba mhaith leat tabhairt faoi mar thús? Rud éicint gearr, b'fhéidir, le teacht isteach ar bheith ag obair leis an meaisín."

"Bhuel," arsa Deaide, "rudaí fada is fearr atá agam. Tá 'Seanchas na Sceiche' chomh maith agam. Dán fada é. Níl sé ag duine ar bith eile ar an oileán."

"Go hiontach, tá suim agam ansin, cinnte. Ach ní bheadh dóthain spáis ar an bhfiteán seo do dhán fada. Ach bhí an-mholadh ag an Athair Ó Cualáin ar na scéalta gearra a bhí agat. Luaigh sé ceann nach raibh cloiste cheana aige, ceann faoin gcaoi a bhfuair an bairneach bua an ghreamaithe."

Chuimil Deaide a dhá bhois ar a chéile, é ag cuimhneamh.

"Bhuel ní hin is fearr atá agam. Ach ceainnín beag giortach é, ceart go leor."

Bhrúigh fear an *folklore* cnaipe dubh ar an meaisín agus thosaigh roth beag ag casadh.

"Ba bhreá liom é a chloisteáil. Coinnigh ort anois, a Thaidhg, i do chuid ama féin."

Chuir Deaide an drioball lena bhéal.

"Bhuel, lá go raibh an Slánaitheoir ag siúl ar an talamh, tharla go ndeachaigh sé síos le cladach. Bhí sé ag imeacht leis i ndiaidh a chinn ar chaoi ar bith nuair a chonaic sé uaidh ..."

Tháinig scréach mhínádúrtha aniar ón seomra. Stop Deaide. Bhreathnaigh fear an *folklore* timpeall air. Bhí ciúnas ann, ansin béic eile.

"Bí ciúin as ucht Dé ort," a chuala siad Bid a rá. Ba chosúil gur bhuail sí leadóg ansin air. Chuala Muraed an cineál geonaíl ard a bhíodh ag Páraic nuair nár thuig sé céard a bhí déanta mícheart aige.

Bhreathnaigh Deaide anall, a dhá shúil ar lasadh. Siar le Muraed go beo sa seomra.

"Bí tusa á bhréagadh," arsa Bid léi go cantalach. "Níl fhios agam sa diabhal cén fáth gur chuir Deaide mise siar anseo lena dhéanamh."

Anonn ag an doras léi agus amach sa gcisteanach, an áit a raibh sí ag iarraidh a bheith ó thús.

Shuigh Muraed ar an leaba le taobh Pháraic. Bhí burla déanta aige dó féin, a chloigeann cuachta isteach lena dhá ghlúin aige, a dhá ghéag fáiscthe thart ar an iomlán. Bhí sé ag geonaíl go bog mar a bheadh gadhairín ann a fuair léasadh den tslat.

Thosaigh Muraed ag cogarnaíl leis, a rá leis go mbeadh chuile shórt i gceart agus gan bacadh le Bid. Th'éis píosa d'ardaigh Páraic a chloigeann. Chuimil sí a leiceann agus scuab an ghruaig siar óna éadan. Luigh sí síos ar an leaba agus shín sé é féin lena taobh. Choinnigh sí uirthi ag caint leis os íseal, í á mhealladh len é féin a shocrú isteach faoin bpluid, a rá nach raibh ann anois ach í féin is é féin, go raibh siad in éindí riamh, ón oíche a rugadh an bheirt acu. Iad in éindí roimhe sin arís agus iad ina luí le taobh a chéile istigh i mbolg Mhama.

De réir mar a labhair sí, bhí rithim níos cinnte le cloisteáil ar análú Pháraic, go dtí go raibh codladh tagtha an athuair air. D'éist Muraed le hanáil a deartháir ag líonadh is ag trá, go dtí go raibh sí féin seolta chun suain chomh maith céanna.

* * * * *

Bhí Muraed ag iarraidh eolas a bhaint as Bid agus gan suim dá laghad aici siúd ceist ar bith a fhreagairt. D'alp sí siar a cuid bracháin, caith siar súmóg tae agus rinne ar an doras. Rith sí léi síos an bóithrín agus d'fhág Muraed le doras an tí a dhúnadh agus Páraic a tharraingt ina diaidh siar an bóithrín.

Ar ámharaí an tsaoil, bhí spion maith air siúd ar maidin agus shiúil sé lena taobh, gan gearán ná gramhas ar bith a dhéanamh. Nuair a bhí sé fágtha tigh Neil Chóil Jimí aici, rith Muraed ar chosa in airde le breith suas le Bid. Ach fós ní raibh fonn cainte uirthi siúd faoin oíche roimhe, amhail is nár tháinig fear an *folklore* riamh ag an teach.

"An dán fada?" a dúirt sí, nuair a chuir Muraed an cheist den tríú huair.

"Sea. Ar dhúirt sé d'fhear an *folklore* é?"

"Dúirt sé dán éicint."

"An ceann faoi na Fianna agus na Lochlannaigh agus Mártan Liútar? Ar éirigh leis é a rá ó thús deireadh?"

"Cén chaoi a mbeadh fhios agamsa?"

"Ach an raibh sé in ann é a rá gan stró nó an raibh sé ag dul amú sna focla?"

"Nach dtéann sé amú i gcónaí ann?"

Chonaic Muraed Annie Eoin Éamoinn aniar an bóthar chucu, greim láimhe aici ar an dá dheirfiúirín ba óige aici.

"Annie!" a bhéic Bid agus rith ina dtreo.

* * * * *

Ba dheacair a rá riamh cén sórt lá scoile a bheadh rompu leis an Máistir Óg. Minic go maith, ní ardaíodh sé a ghlór go crosta ó thús deireadh an lae. É ag míniú rudaí do na buachaillí is dúire sa rang; é go séimh, foighdeach leo, fiú nuair ba léir nach raibh siad á thuiscint. Ar laethanta a raibh an spion sin air, chuireadh sé an rang ag casadh amhrán. Thugadh sé Annie Eoin Éamoinn amach os comhair an ranga le ceann d'amhráin a Deaide a rá, nó chuireadh sé iad ag foghlaim ceann nua ón leabhar mór dearg a bhaineadh sé as a mhála leathair.

Ar laethanta eile, shiúladh sé idir na binsí, gan focal as, an dá láimh ag breith ar a chéile go teann taobh thiar dá dhroim, an tslat fhada sailí leagtha amach ar an mbord aige. Culaith dhúghorm a chaitheadh sé ar scoil agus lá ar bith a raibh sneachta le feiceáil ar a ghuaillí, bhí a fhios ag Muraed go mbeadh trioblóid ann.

Ní sneachta a bhí ann i ndáiríre, ach gráinní beaga bána a thiteadh anuas óna chuid gruaige, anuas ar éadach dorcha a sheaicéid. 'Sail chnis' a bhí ar an stuif sin, a d'inis Neil di. D'fheicfeá í ar ghuaillí daoine uaisle cosúil leis an Máistir Óg, a dúirt sí, mar go mbídís á níochán féin go seasta síoraí.

Ar maidin, bhí dhá ghualainn an Mháistir brataithe leis an tsail chnis chéanna, é ag siúl anonn is anall os comhair an ranga, chuile choiscéim a thóg sé ag baint gíoscáin as an urlár. Bhí an rang ar fad curtha ina seasamh aige, Nóra John bheag le taobh Mhuraed, í ag breith go teann ar a láimh, ag scaoileadh arís léi nuair a shiúladh an Máistir ina dtreo.

"Ní náireoidh an rang seo arís mé," a dúirt sé go ciúin, "mar a rinne sibh maidin inné i dteach Dé."

Chuir sé iad ag casadh paidreacha an Aifrinn os ard. An *Kyrie Elison,* an *Gloria,* an *Credo.* Chuile dhuine le chéile. Sraith i ndiaidh sraithe. Binse i ndiaidh binse. Duine i ndiaidh duine. Shiúil an Máistir Óg siar is aniar, an tslat ina láimh anois aige, é ag lascadh binse scoláire ar bith nach raibh a rá na bhfocla amach go hard is go soiléir.

Bhí siad i lár an *Sanctus* nuair a bualadh cnag ar an doras.

Leag an Máistir uaidh an tslat, dhírigh a charbhat agus shocraigh a chuid gruaige, lena phlait mhaol a chlúdach. Thug sé cuimilt sciobtha dá ghuaillí leis an tsail chnis a bhaint díobh sular shiúil sé ag an doras ar chúl an ranga. Bhí fonn ar Mhuraed casadh timpeall go bhfeicfeadh sí cé a bhí tagtha. Ach choinnigh sí a haird ar an gclár dubh os a comhair. Chuala sí hanla an dorais ag casadh agus monabhar fearúil ag an Máistir leis an té a bhí tagtha ar cuairt. Ansin gíoscán an dorais, agus glór fir ó bhun an tseomra.

"Dia dhaoibh, a ghasúra."

D'aithin sí an glór ar an bpointe.

"Dia's Muire duit, a dhuine uasail," a dúirt an rang, d'aon ghuth amháin, iad ar fad ag stánadh rompu ar an gclár dubh.

Shiúil an té ar leis an glór isteach agus sheas os comhair an ranga. Sheas an Máistir Óg le taobh an chuairteora agus d'ardaigh a lámh leis na gasúir a chur ina suí.

"Bhfuil fhios ag duine ar bith cé hé an fear seo?" arsa an Máistir Óg, é ag breathnú thart, blas cineálta anois ar a ghlór, mar a bhíodh nuair a thagadh an sagart isteach ar cuairt nó an cigire amach as Gaillimh.

Ní raibh freagra ó dhuine ar bith.

Chonaic Muraed an strainséara ag breathnú anall uirthi, meangadh muinteartha ar a bhéal.

"Bhuel?" arsa an Máistir Óg.

Bhí a fhios ag Bid chomh maith le Muraed cérbh é féin, ach meas tú an n-osclódh sí a clab? Beag an baol, muis. Is dá bhfanfadh Muraed ina tost, déarfadh an strainséara rud éicint fúithi agus ansin bheadh an Máistir Óg míshásta léi.

D'ardaigh sí a lámh, a héadan ag deargadh.

"Sea – a Mhuraed," arsa an Máistir Óg.

"Fear an *folklore?*" a deir sí, gan bheith róchinnte faoin bhfreagra.

"Fear an *bhéaloideasa,*" arsa an Máistir. "Chuile dhuine?"

"Fear an bhéal-oid-eas-a," a dúirt gach duine, iad ag iarraidh gan dul i bhfastó sa bhfocal nua.

"Agus an bhfuil fhios ag duine ar bith céard is béaloideas ann?" arsa an cuairteoir.

Bhí tost arís ann. Chonaic Muraed go raibh Bid ag stánadh síos ar a cóipleabhar sumaí ar fhaitíos go gcuirfí ceist uirthi.

"Bhuel, a Mhuraed?" arsa an Máistir Óg, th'éis píosa.

Ní raibh sí cinnte céard ba cheart di a rá an iarraidh seo.

"Aaa … duine a bhíonns ag dul thart ag tóraíocht scéalta agus rudaí le cur isteach sa mheaisín atá aige agus iad a chur ar phíopa dubh go Bleá Cliath."

Thosaigh Máirtín Eoin Éamoinn ag sciotaraíl gháirí taobh thiar di.

"Ciúnas!" arsa an Máistir Óg, na súile ag lasadh ina cheann. "Ar a laghad thug sí freagra orm, ní hionann agus cuid agaibh." Thug sé drochshúil do Bhid. Bhí a fhios ag Muraed go n-íocfadh sí féin as sin ar ball.

Chaith an cuairteoir píosa maith den mhaidin sa scoil ag caint leis an Máistir Óg agus leis na gasúir faoi phlean nua a bhí ag na daoine móra thuas i mBleá Cliath. Dúirt fear an *folklore* go raibh teach mór millteach thuas ann agus gan istigh ann ach leabhra. Bhí chuile chineál seanchais scríofa sna leabhra – scéalta fada, scéilíní beaga fánacha, dánta, rannta do ghasúir, seanfhocla, paidreacha, rabhlóga, tomhaiseanna, orthaí – chuile chineál. Ach má bhí, ní raibh a ndóthain leabhra i mBleá Cliath go fóill acu. Sin é an fáth go raibh siad le gasúir scoile na tíre a chur ag scríobh síos tuilleadh scéalta. Bheadh cóipleabhar speisialta acu lena aghaidh agus scríobhfaidís síos na scéalta ina leithéid seo de bhealach. Bheadh orthu ainm an duine a thug an scéal nó an dán dóibh a bhreacadh chomh maith. Thabharfaidís an t-iomlán ar scoil, cheartódh an Máistir Óg é agus ansin bheadh sé le scríobh isteach i gcóipleabhar eile fós, go fíornéata, gan an dúch a bheith ina smeadar ar fud an leathanaigh. Bheadh gasúir á dhéanamh chuile áit. Ach bhí fear an *folklore* cinnte gur as Árainn a thiocfadh an chuid ab fhearr ar fad.

"Bhuel, feicfidh muid linn faoi sin," arsa an Máistir Óg, é ag cur dreach cairdiúil arís air féin. Ach nuair a chas sé i dtreo na ngasúr, bhí an t-amharc crua sin ina shúile a chuireadh sé uaidh agus é míshásta le hobair an ranga.

* * * * *

Bhí Deaide báite fliuch nuair a tháinig sé isteach ón bhfarraige, é chomh cantalach le gé ghoir. Chuir sé air seanbháinín agus shuigh le taobh na tine, é cromtha ina chnap os comhair na lasracha. Lig Muraed leis go dtí go raibh a dhinnéar ite aige agus a phíopa deargaithe. An chéad ghal a bhain sé as, tháinig racht casachtaigh air, é ag luascadh anonn is anall ar an gcathaoir. Sa gcúinne, stop Páraic den útamáil a bhí aige leis na clocha míne agus stán anall air. Leag Deaide uaidh an píopa ar leic an tinteáin agus luigh siar sa gcathaoir. Choinnigh Muraed súil air, í ag scuabadh an urláir go ciúin, sular shocraigh sí síos ag an mbord lena cuid obair baile a dhéanamh. Rinne Deaide néal codlata agus nuair a dhúisigh sé, bhí cuma níos sásta air. Nuair a bhí a cuid sumaí agus a cuid peannaireachta déanta aici, leag Muraed uaithi na leabhra. Dhruid sí leis an tine, í ag breathnú ar Dheaide go cúramach anois is arís sular labhair sí leis. Mhínigh sí dó a raibh le déanamh aici.

"Tá a ndóthain againn sa teach seo den *folklore,*" a deir Deaide, go borb. Chas sé i dtreo na tine agus chaith seile mhór smugach isteach inti.

"Ach dúirt an Máistir go gcaithfidh mé do chuid scéalta a ..."

"Breathnaigh, ná cloisim a thuilleadh faoi," a deir sé, é ag piocadh suas a phíopa arís. Bhain sé amach a scian agus thosaigh ag gearradh písíní tobac anuas den chnapán dubh ina ghlac agus á bhfáisceadh síos isteach sa bpíopa. "Is tusa an scoláire, ní mise. Is agatsa atá an léamh is an scríobh. Imigh agus déan an obair a tugadh duit agus ná bí do mo bhodhradh faoi."

*****

Bhí Deaide imithe amú sa dán fada. Bhí sí cinnte go raibh. B'shin an chúis a bhí lena chantal. Cén chaoi nár thug an Mhaighdean cúnamh dó é a rá i gceart? Ab é nár bhain a paidir féin na Flaithis amach? Nó an raibh Mama ina codladh nó rud éicint? Nó ab é go raibh oiread ar a haire aici thuas i gcisteanach na bhFlaitheas nach raibh an t-am aici labhairt leis an Maighdean?

Bhí súil ag Muraed nach gcloisfeadh Eoin Éamoinn faoi.

Bhí fear an *folklore* isteach aige siúd lena mheaisín nua chomh maith. Dúirt Annie le Bid gur chas a Deaide sise riar amhrán dó. Cúig nó sé cinn déag a dúirt sé, as béal a chéile. Agus dúirt fear an *folklore* go raibh sé 'cumasach'.

* * * * *

An lá dár gcionn, thug an Máistir Óg amach cóipleabhar nua do chuile ghasúr sa seomra.

"Scéalta deasa atá uaim," a deir sé. "Scéalta a thaispeánfaidh do lucht an bhéaloideasa thuas i mBleá Cliath gur pobal sibhialta iad muintir an oileáin seo. Ná tagadh éinne isteach le haon tseafóid a ligfeadh síos muid. Críostaithe dílse muid san áit seo. Agus sin a bheas le feiceáil sna cóipleabhair a chuirfear go Bleá Cliath. An dtuigeann sibh go maith mé?"

* * * * *

Dheifrigh Muraed siar an bóthar, í ag fáisceadh a seáilín lena cliabh in aghaidh na gaoithe anoir, a bhí ag ropadh isteach as Conamara. Thíos le cladach, lig crotach bíogaíl as. Píosa maith ó thuaidh uaithi ar an mbóthar, shiúil seanfhear éicint ina treo, é cromtha faoi ualach féir.

Bhí Páraic th'éis a bheith cineál corraithe ar maidin faoi rud éicint, é ag bualadh bos a láimhe lena chlár éadain arís is arís. Bhí súil aici go raibh sé go maith do Neil Chóil Jimí i gcaitheamh an lae. Bhí Deaide ag tathaint ar Neil le fada a theacht ag an teach s'acu féin le haire a thabhairt do Pháraic, ach b'fhearr le Neil go dtiocfadh Páraic aici siúd.

Bhí súil ag Muraed chomh maith go mbeadh an tine lasta ag Bid sa mbaile faoin am go mbeadh sí féin isteach le Páraic. Bhí súil aici nach mbeadh na hasail in aice an sconsa i mbuaile Mhichael Mharcuis. Dá mbeadh, ní shásódh tada Páraic ach seasamh agus a lámh a leagan orthu, a n-éadan a chuimilt, a gcluasa a thochas. Bheadh sí féin agus é féin caillte leis an bhfuacht faoin am go meallfadh sí chun siúil arís é.

Nuair a d'oscail sí doras theach Neil, lig Páraic liú fáilteach uaidh. Ag plé le cúpla fód móna a bhí sé, é suite ar an urlár, taobh leis an tine. Choinníodh Deaide siar ón tine é sa mbaile, ar fhaitíos go dtitfeadh sé isteach inti, ach bhí muinín ag Neil as ar chaoi éicint agus níor thug Páraic údar imní riamh di maidir leis an tine chéanna. Chas Neil i dtreo Mhuraed, builín díreach bainte as an mbácús ar leic an tinteáin aici. Bhí boladh na bácála ar fud na cistine, an áit sciúrtha glan.

"Bí istigh, a Mhuraedín, agus bí ag caint liom," arsa Neil. "Beidh braoinín tae agat sula n-imeoidh tú."

Shuigh Muraed síos ar chathaoir shúgáin agus theann isteach leis an mbord. Ba bhreá léi nuair a bhíodh an spion seo ar Neil, fonn uirthi suí síos agus labhairt le Muraed amhail is go raibh sí chomh sean le Neil.

Ghearr Neil slis den cháca anuas agus shín ag Muraed é. Nuair a leath Muraed im air, leáigh sé ina lacht buí ar an bpointe boise. Shuigh an tseanbhean síos os a comhair amach, agus dhoirt steall bainne isteach i muigín tae Mhuraed.

Labhair siad ar an aimsir, ar oibriú na farraige, ar an síneadh breá a bhí sa lá cheana féin, ar an mbeart éadaigh a bhí tagtha an tseachtain roimhe sin ó Jude i Meiriceá, ar an gCarghas a bheadh ann gan mórán achair.

Ar deireadh, tharraing Muraed anáil mhór agus nocht an scéal a bhí ag déanamh buartha di. Mhínigh sí a cás, go raibh Deaide maraithe maith ag scéalaíocht ón oíche cheana le fear an *folklore* agus nach raibh sé ag iarraidh aon cheann eile a rá léi féin le scríobh síos.

D'éist Neil léi, í ag doirteadh amach tuilleadh tae don bheirt acu.

"Ach tá neart scéalta agatsa thú féin, nach bhfuil?" a deir sí. "Agus nach ó do Dheaide a fuair tú iad?"

"Is dóigh."

"Nach iomaí uair a d'inis tú scéilíní beaga deasa domsa agus tú i do shuí san áit a bhfuil tú anois? Na ceanna sin faoin Slánaitheoir atá agat ó do Dheaide. Is mór an spóirt iad sin."

"Is dóigh."

"Ná bac le 'is dóigh'! Má scríobhann tú síos an chuid sin atá i do chloigeann agat, ní bheidh a fhios ag duine ar bith cén uair a d'inis sé duit iad. Féadfaidh tú ainm do Dheaide a chur leo agus beidh agat. Nach bhfuil an ceart agam?"

* * * * *

Shiúil Muraed abhaile go mall, í ag breathnú siar anois is arís le cinntiú go raibh Páraic á leanacht. Bhí an ceart ag Neil. Bhí sí in ann cuimhneamh ar neart scéilíní a bhí cloiste ó Dheaide aici. Ní bheadh sí i bhfad á scríobh síos. D'fhéadfadh sí cuid de na ceanna faoin Slánaitheoir ag siúl ar an talamh a thabhairt isteach chuig an Máistir Óg. Nach rudaí Críostúla a bhí sé a iarraidh? Bhí suim as cuimse ag an Máistir Óg i rud ar bith a bhain leis an Slánaitheoir. Nach raibh 'An *Nun*' baistithe ag Eoin Éamoinn air mar go raibh oiread pictiúr beannaithe crochta sa scoil aige? An leanbh Íosa ina baclainn ag an Maighdean, bhí an ceann sin ar aghaidh an dorais sa halla nuair a shiúltá isteach. An Croí RóNaofa le hais dhoras sheomra ranga an Mháistir. Naomh Pádraig os cionn mhapa na hÉireann ag barr an tseomra. Shílfeá go raibh níos mó dúil ag an Máistir Óg sna paidreacha ná mar a bhí ag Father Folan é féin.

Go deimhin, bhíodh an Máistir ag inseacht scéalta faoin Slánaitheoir go minic. Bhí ceann aige faoin lá ar bheathaigh sé na mílte mílte duine is gan aige ach dhá bhuilín beag aráin agus glaicín ronnachaí. Nó an lá ar bheannaigh sé fear a bhí caillte agus gur éirigh an fear aniar as an leaba is shiúil amach an doras, é chomh folláin leis an mbradán seang. Nó an ceann faoin lá ar shiúil sé ar an uisce agus na haspail ag breathnú air, faitíos orthu go n-imeodh sé go tóin poill agus nach bhfeicfí arís go brách é. Bhí na scéalta sin go deas, ach shíl Muraed go raibh na scéalta a bhí ag Deaide níos deise fós. Agus ní raibh siad sin riamh cloiste ar scoil aici. B'aisteach an rud é sin, a shíl sí. Bhí na leabhra scoile in ann freagraí ar na ceisteanna simplí a mhúineadh duit – cé a rinne an domhan agus rudaí den chineál sin. Ach mura dtuigfeá na hathruithe ar fad a tháinig ar an domhan céanna de bharr gur tháinig an Slánaitheoir anuas ó neamh is gur shiúil sé cnoc agus cladach, ní bheadh agat ach leath an scéil. Murach an Slánaitheoir, ní bheadh scadán ar bith ar an saol, ná meacha le mil a dhéanamh ach oiread. Ní bheadh broinn dearg ar an spideoigín nó ní bheadh an bairneach in ann é féin a ghreamú den charraig.

Taobh thiar di, lig Páraic liú áthais as. Ródheireanach a thug sí faoi deara go raibh sé stoptha ag locháinín uisce ar thaobh an bhóithrín.

"A Pháraic," a bhéic sí. "Ná déan!"

Léim sé isteach ann, a dhá chois ag tuirlingt ina lár, scardán fuar uisce á chur chuile threo aige.

Rug sí greim láimhe air agus thriail é a mhealladh chun siúil arís, Páraic ag plabadh a choise anuas ar chraiceann an uisce arís agus arís eile.

"A Pháraic, seo linn. Le do thoil. Tá mé stromptha."

D'fháisc sí a lámh thart ar rosta Pháraic agus thriail é a tharraingt chun siúil.

Lig sé sian as.

"A Pháraic, seo linn …"

Thart ar an gcasadh sa mbóithrín a bhí siúlta acu féin cúpla nóiméad roimhe, tháinig Bid agus Annie Eoin Éamoinn. Bhí siad ag sciotáil gháirí faoi rud éicint.

Bhreathnaigh Muraed ina dtreo. Thug Páraic léim eile. Chuir sé uisce ag slaparnach ar chuile thaobh. Caitheadh steall mór suas ar ghúna Mhuraed.

Lig Bid scairt gháirí aisti.

"A Pháraic!" a bhéic Muraed.

Stop Annie agus an bheirt ag siúl thairsti.

"Seo leat anois, a Pháraic," a deir sise go bog leis. "Fág seo. Maith an buachaill."

Stán Páraic ar Annie, ach níor chorraigh sé.

"Seo leat, a Pháraic. Fág seo."

Bhreathnaigh Páraic uirthi. Shín sí amach a lámh chuige. Níor chorraigh Páraic.

"Annie," arsa Bid go mífhoighdeach. "Tá mé feannta. Seo linn."

"Fuist," arsa Annie, a súile dírithe ar Pháraic. "Gabh i leith uait, maith an buachaill."

Lig Páraic gnúsacht as agus thug léim thobann eile. Bhuail a dhá spág an t-uisce agus bhuail steall mór cosa Annie.

"Bhfuil tú sásta anois, an bhfuil?" arsa Bid. "Seo linn."

Lig Annie osna, chas ar a sáil agus lean Bid siar an bóthar. Stán Páraic síos ar a chosa. Leag Muraed a lámh ar a rosta arís ach tharraing Páraic siar uaithi é. Thíos le cladach, lig crotach fead fhada, mhacallach as.

*****

Bhí Páraic fós ag tarraingt anála go réidh agus Muraed ag fágáil na leapan ar maidin. Bhí Bid caite ina cnap ar an taobh eile de, gan gíog ar bith aisti. Shiúil Muraed ag an doras agus d'oscail go mall é, ar fhaitíos go ligfeadh sé gíoscán uaidh. Thaitníodh léi éirí agus an spéir á socrú féin don lá nua, an ghrian ag éirí taobh thoir d'Éirinn agus na réaltaí ag múchadh, ceann i ndiaidh a chéile. Ar feadh uair an chloig anois, nó b'fhéidir péire, bhí an teach fúithi féin aici.

Ba mhinic Deaide ar an darna duine sa teach le héirí. Dá mbíodh drochoíche chodlata déanta aige, deireadh sé nár cheart do Mhuraed a bheith ina suí agus é fós ina oíche, í ag cur coinnle amú. Ach dá mbíodh aoibh mhaith air, sheasadh sé ag an doras gan focal a rá. Nuair a bhreathnaíodh sí suas go faiteach air, dhéanadh sé meangadh beag, amhail is go raibh sé sásta í a fheiceáil ina suí ann ag scríobh.

Ach ar maidin inniu, bhí a leaba seisean folamh agus é imithe amach cheana féin. Shuigh Muraed ag an mbord, d'oscail a cóipleabhar, agus thum an peann sa mbuidéilín dúigh. Bhí scéalta le breacadh sula mbeadh an bheirt eile amach sa mullach uirthi.

Thosaigh sí leis an gceann faoin mbairneach. Bhí sé tógtha ó Dheaide cheana ag fear an *folklore* agus a mheaisín. Rith sé léi go mb'fhéidir nach mbeidís á iarraidh arís thuas sa teach mór sin i mBleá Cliath. Ach thaithnigh sé chomh mór sin le Muraed mar scéal go raibh fonn uirthi é a scríobh síos í féin.

Shamhlaigh sí i gcónaí gur ar thrá Chill Mhuirbhigh a tharla sé, an Slánaitheoir ag siúl ar an ngaineamh, é ag tabhairt aire dá chuid graithe féin, nuair a chonaic sé an scata Giúdach aniar aige ar an mbóithrín, iad réidh lena mharú. É ag breathnú thart go bhfeicfeadh sé cá ngabhfadh sé i bhfolach orthu. É ag cromadh síos, féachaint an bhfeicfí taobh thiar de na carraigeacha ar thaobh theas na trá. Diabhal mórán carraig ar bith a bhí ann a bhí sách mór lena chur as radharc uilig. A naimhde ag teannadh leis ar feadh an ama, éadain mhóra chrosta orthu. Agus cé gur Mac Dé a bhí ann féin, bhí a dhóthain faitís ar an Slánaitheoir.

B'shin an uair a chuala sé glóirín beag. "Gabh isteach anseo faoi mo shliogán," arsa an neach a labhair. Bhreathnaigh an Slánaitheoir ina thimpeall. Cé a bhí ag caint leis ach bairneach a bhí ina shuí ar charraig taobh leis.

"Ní fheicfidh duine ar bith istigh anseo thú," arsa an bairneach. "Teann uait isteach anseo go beo!"

"An-phlean!" arsa an Slánaitheoir. Rinne sé míorúilt agus an chéad rud eile, bhí sé féin chomh beag le míoltóg a d'fheicfeá ag siúl ar an mbord. Isteach leis faoi shliogán an bhairnigh.

Ba ghearr go raibh na Giúdaigh timpeall ar an gcarraig, iad ag smúraíl thart ar a míle dícheall. Ach má bhí féin, dé ná deatach ní raibh ar Mhac Dé.

"Ní san áit seo atá sé ar chaoi ar bith," arsa an fear a bhí i gceannas orthu th'éis píosa. "Fágaidh seo, a fhearaibh."

Agus nuair a bhí siad bailithe leo, siúd amach leis an Slánaitheoir, é slán, sábháilte. Rinne sé míorúilt eile agus scaoil an draíocht a bhí curtha aige air féin. Le hiompú boise, bhí sé ina fhear breá ard, scafánta an athuair.

Sin é an uair a rinne sé an tríú míorúilt.

"Murach thusa agus do shliogán," a deir sé leis an mbairneach, "bheinnse gafa ag na scaibhtéirí sin. Le buíochas a ghlacadh leat faoi theacht i gcabhair inniu orm, ón lá seo amach go deireadh an domhain thiar, beidh tusa, a bhairnigh, in ann thú féin a ghreamú den charraig. Tagadh stoirm agus tagadh gaoth, ach ní chorróidh rud ar bith thú ón leac a roghnaíonn tú le thú féin a lonnú ann."

Agus ón lá sin amach, tá an bairneach in ann é féin a ghreamú den charraig.

Nuair a bhí an scéal scríofa ag Muraed, bhreac sí in íochtar an dá phíosa eolais a bhí ag teastáil ó fhear an *folklore,* díreach mar a leag sé amach é an lá ar bhuail sé isteach chuig an scoil:

Inste ag Tadhg Ó Dioráin, Cill Mhuirbhigh, Árainn. Tá Tadhg 63 bliana d'aois.

Bhreathnaigh sí ar a cuid oibre. An raibh an pheannaireacht néata go leor? An raibh síneadh fada agus buailte san áit ar cheart dóibh a bheith? B'fhacthas di go raibh.

Nuair a bheadh ainm Dheaide curtha le chuile cheann de na scéalta a bhí ina cloigeann, d'fheicfeadh na daoine uaisle sa teach mór sin i mBleá Cliath go mba scéalaí cumasach é Tadhg Ó Dioráin. Thiocfadh fear an bhéaloideasa ar ais lena mheaisín agus thabharfadh sé deis eile do Dheaide an dán fada a rá.

Thosaigh sí ag déanamh liosta ina cloigeann de na scéalta eile a chuirfeadh sí ina leabhar. An ceann faoin lá a ghearr Naomh Seosamh féasóg an tSlánaitheora agus eisean ina fhear óg. Nuair a dúirt an Slánaitheoir le Seosamh ribí na féasóige a chaitheamh i bhfarraige, d'athraigh siad ina scadáin, na mílte, mílte, mílte acu.

An ceann faoin lá a raibh an Slánaitheoir ag caoineadh faoin olc a bhí ar an domhan, gur airigh sé dordán éicint ina thimpeall. Nuair a bhreathnaigh sé síos, chonaic sé go raibh na deora a bhí ag sileadh óna shúile ag casadh ina meachain, iad ag eitilt leo, ag dordán ar a míle dícheall.

An ceann faoin gcrotach a ghlan rianta cos an tSlánaitheora de ghaineamh na trá lena ghob fada, sa gcaoi is nach mbeadh a fhios ag na Giúdaigh bhradacha cén treo a d'imigh sé.

Bhí an ceart ag Neil; ní raibh aon easpa scéalta ar Mhuraed.

Chrom sí ar an obair, í ag stopadh anois is arís le breathnú ar fhocal anseo is ansiúd agus ag meabhrú di féin an raibh sé litrithe i gceart. Ba chuma cé chomh maith is a bhí an scéal, mura raibh an litriú go maith, bheadh an Máistir Óg ag cur dó.

"Céard atá tusa a dhéanamh?"

Bhí Bid ina seasamh lena taobh. Shnap sí an cóipleabhar den bhord.

"Hé!"

Bhreathnaigh Bid ar a raibh scríofa ann.

"Bhfuil tú craiceáilte, an bhfuil? Cé mhéad leathanach atá déanta agat?"

"Tabhair dhom é!"

Chroch Bid an cóipleabhar san aer, níos airde ná mar a bhí Muraed in ann léimneach.

"Déan go réidh, níl mé ach ag breathnú," arsa Bid, straois uirthi.

"Seacht leathanach? Má scríobhann tusa an méid sin, beidh sé ag súil lena dhá oiread uaimse."

"Tabhair dhom é."

"Cá bhfuair tú iad ar chaoi ar bith? Shíl mise go raibh pus ar Dheaide is nach n-inseodh sé scéal ar bith duit."

"Tabhair dhom é, a dúirt mé."

Chaith sí an cóipleabhar ar an mbord.

"Bhuel, ní bheidh mise ag scríobh aon seacht leathanach, ná tada dhá shórt."

Bhailigh sí an doras amach agus d'fhág ar leathadh ina diaidh é.

* * * * *

Maidin álainn a bhí inti, an spéir os cionn an oileáin chomh gorm le róbaí na Maighdine. Agus iad ag siúl ar scoil, b'fhada le Muraed go leagfadh sí a cóipleabhar ar bhinse an Mháistir, é oscailte ag an leathanach ceart. An oíche roimhe, agus Bid amuigh, chaith Muraed súil ar a cóipleabhar sise, féachaint céard a bhí scríofa aici siúd. Ní raibh breactha aici ach cúpla paidir a bhí ar eolas ag chuile dhuine. Bhí siad ag na naíonáin bheaga féin. Bheadh Bid i dtrioblóid mhór agus bheadh sé sách maith aici.

B'fhéidir go n-iarrfadh an Máistir uirthi féin seasamh amach os comhair an ranga agus cúpla ceann dá cuid scéalta a léamh os ard. Bheadh sí chomh maith le hAnnie Eoin.

B'fhéidir gurbh in an rud a dhéanfadh sí nuair a bheadh sí mór, mura mbeadh sí ina máistreás scoile – bheadh sí ina scéalaí. Dá dtosódh sí anois ag bailiú chuile chineál scéilín a bhí ag Deaide agus ag muintir an bhaile, agus ansin, nuair a bheadh sí níos sine, scéalta a bhí ag daoine sna bailte eile ar fud an oileáin, faoin am go mbeadh sí fásta suas uilig bheadh chuile scéal agus chuile dhán in Árainn aici. Bheadh fear an *folklore* ag tarraingt ag an teach, a mheaisín ar a dhroim leis, é bíogtha le tuilleadh a chloisteáil uaithi. Bheadh tír agus talamh thuas i mBleá Cliath ag caint uirthi agus ar na scéalta ar fad a bhí aici.

* * * * *

Choinnigh sí súil ghéar ar an Máistir ar feadh na maidine agus é ag léamh na gcóipleabhar a bhí bailithe aige ón rang. Bhí sail chnis ar a ghuaillí inniu, ach má bhí féin, bheadh sí féin slán óna chantal agus an obair a bhí déanta aici ar na scéalta.

Leabhar Chaitlín Mhártain Mhóir an chéad cheann a tharraing sé chuige féin. B'fhurasta a cóipleabhar a aithneachtáil agus í chomh caite ag breathnú, na coirnéil ag casadh is ag cuachadh isteach iontu féin. Ní róthógtha a bhíodh an Máistir leis an gcineál sin oibre. Agus níor shíl Muraed gur bhain sé mórán sásaimh as scéalta Chaitlín ach oiread, chaith sé a laghad sin ama ag plé leo.

Bhí sí ag obair léi ar na sumaí crua, an Máistir ag tarraingt aige cóipleabhair agus á bhfágáil uaidh an athuair. Faoi dheireadh, tháinig sé chuig ceann Mhuraed. Thosaigh sé á léamh. Leag sé uaidh a pheann. Léigh sé, ansin chas sé an leathanach, ansin léigh sé tuilleadh, ansin chas sé siar arís. Ar deireadh, dhún sé an cóipleabhar agus bhreathnaigh ina treo. Chrom Muraed a cloigeann ar an bpointe.

"A Mhuraed Uí Dhioráin?"

Bhí a fhios aici go raibh rud éicint bun os cionn nuair a thug sé a hainm is a sloinne in éindí uirthi. Sheas sí suas.

"Seas amach anseo os comhair an ranga."

Bhí chuile phéire súl sa seomra ag faire ar an mbeirt acu. Bhí súile Bhid ar leathadh.

Sheas an Máistir Óg é féin suas. Shiúil sé ina treo. Bhí sí mar a bheadh coinín beag ann a dtiocfaí gan choinne air sna dumhchanna. Ní raibh cor aisti.

"Cá bhfuair tú an raiméis seo atá scríofa anseo agat?"

Ní thiocfadh focal ar bith chuici.

"Bhuel?"

"As … as mo chloigeann, a Mháistir."

Bhí tost ann. Chonaic sí Bid ag breathnú anall ón taobh eile den seomra, straois ó chluais go cluais uirthi.

"As do chloigeann, ab ea? Céard a dúirt fear an bhéaloideasa linn a dhéanamh an lá a raibh sé istigh? Bhuel?"

Bhí a fhios aici an freagra ach níor labhair sí.

"Tá mé ag fanacht. Céard a dúirt sé?"

"Ceist a chur … ar …"

"Ar?"

"Ar na daoine móra. Agus na scéalta a scríobh síos."

"Agus ab shin a rinne tú, a Mhuraed Uí Dhioráin?"

"Bhuel …"

"Ceist shimplí a chuir mé ort, a chailín. Ab shin a rinne tú?"

"Ní hea, a Mháistir."

Lasc an Máistir an cóipleabhar anuas ar an mbinse ba ghaire dó.

"An bhfuil tú a rá liom gur chum tú na píosaí amaidí seo?"

"Níl, a Mháistir."

"Níl, a deir tú? Cá bhfuair tú mar sin iad?"

"Chuala … chuala mé daoine á rá."

"Chuala tú daoine á rá. Cé na daoine a chuala tú?"

Bhí dath geal ar éadan an Mháistir. D'fháisc sé cóipleabhar Mhuraed ina láimh anois, an dath geal céanna ag teacht ar ailt a láimhe.

"Cé na daoine?"

"Mo Dheaide, a Mháistir."

"Do Dheaide? Ach dúirt tú nár chuir tú ceist air."

"Chuala mé á rá roimhe, a Mháistir."

Chas an Máistir Óg thart.

"Éist léi," a deir sé. "Bréag eile uaithi, ar mhaithe leis an gcéad cheann a choinneáil ina seasamh. Bréag, a deirim!"

Rug sé ar chúinne den chóipleabhar agus d'ardaigh san aer é, ag breathnú air amhail is go raibh rud éicint uafásach ann a chuirfeadh tinneas a bháis ar dhuine.

"Inis dom an méid seo mar sin, a Iníon Uí Dhioráin.

Céard a chuirfeadh isteach i gcloigeann do Dheaide a leithéid de bhrilléis a rá, os do chomhairse, nó os comhair Críostaí ciallmhar ar bith?"

Ní raibh a fhios aici cén sórt freagra a shásódh é.

"Bhuel? Tabhair freagra orm."

Bhuail sé leadóg sa gcluais uirthi leis an gcóipleabhar.

"Níl a fhios agam, a Mháistir."

"Níl a fhios agat. Mise i mbannaí nach bhfuil a fhios agat. A Bhríd Uí Dhioráin?"

Chas an Máistir i dtreo Bhid. Ghlan sí an straois dá pus, breá scafánta. D'éirigh sí ina seasamh. Anonn leis an Máistir chomh fada léi. Shín sé an cóipleabhar chuici.

"Léigh!"

Thóg sí an cóipleabhar ina dhá láimh agus thosaigh á léamh.

"Lá go raibh an …"

"Ní os ard!" a d'fhógair an Máistir. "An bhfuil tú ag iarraidh go gcloisfeadh an seomra ar fad an tseafóid atá breactha ag do dheirfiúr?"

Bhreathnaigh Bid air, ar an leathanach os a comhair agus anonn go sciobtha ar Mhuraed.

Bhuail an Máistir a bhos anuas ar an mbinse. Gheit Bid.

"Bhuel?"

"Níl, a Mháistir."

"Mise i mbannaí nach bhfuil," a deir sé. "Léigh an leathanach sin istigh i do cheann agus ná caith leath an lae leis."

Dhírigh Bid ar an leathanach. Th'éis nóiméid, bhreathnaigh sí suas ar an Máistir Óg.

"Ar chuala tusa d'athair ag aithris scéalta seafóideacha

den tsórt seo? Inis an fhírinne nó is duitse is measa."

Léigh Bid. Stán an Máistir ar Mhuraed. Bhreathnaigh sise síos ar a cuid sumaí. Ba mhór an seans go raibh chuile cheann acu sin mícheart chomh maith.

"Bhuel, a Bhríd?" arsa an Máistir.

"Sea, a Mháistir?"

"Ar chuala tú a leithéid d'amaidí riamh ó d'athair?"

"Níor ... níor chuala, a Mháistir."

"Níor chuala. Iontas na n-iontas."

Chas sé ar a sháil agus anall i dtreo Mhuraed arís leis.

"Gabh amach anseo, thusa."

Ní raibh cleachtadh ar bith ag Muraed ar a cluasa a bheith fáiscthe idir ordóg agus méaracha glana an Mháistir Óig. Ní raibh cleachtadh aici a bheith scuabtha amach ar an urlár os comhair an tsaoil agus amach trí dhoras an tseomra ranga. Nuair a lig an Máistir Óg dá cluais, chrom sé ina treo, braonacha seile measctha tríd an rois focla a phléasc óna bhéal.

"Agus mise ag ceapadh go raibh splanc chéille de chineál éicint ionatsa. Tusa, seachas duine ar bith de na dúramáin sin istigh! Nach orm a bhí an dul amú."

Bhrúigh sé siar í. Ar éigean a d'éirigh léi fanacht ina seasamh.

"Gabh síos ar do dhá ghlúin," a deir sé de shiosarnach, a dhá leiceann chomh dearg le broinn spideoige. "Síos ar do dhá ghlúin, a deirim, agus iarr ar an Maighdean Muire agus ar a hAonmhac maiteanas a thabhairt duit faoina leithéid d'ábhar diamhaslach a scríobh i gcóipleabhar scoile. Ábhar diamhaslach, a deirim! Abair anois an Choróin Mhuire agus coinnigh ort á rá go dtí go ndeirimse leat stopadh. Amach os ard, sa gcaoi is go gcloisfidh mé istigh sa seomra thú."

D'airigh sí go raibh an rud seo ar fad ag tarlú do dhuine éicint eile agus go raibh sí féin ar snámh san aer os a chionn ar chaoi éicint, í ag breathnú síos ar an gcailín díchéillí a raibh raiméis uafásach breactha ina cóipleabhar scoile aici. Ach í féin a bhí i dtrioblóid. Ise, Muraed Timín Johnny, a raibh an pheannaireacht ba néata sa seomra sinsearach ar fad aici, cés moite de Nóra Mhártain Mhóir. Ise a raibh táblaí rang a sé ar bharr a goib aici. Ise a thuig an difear idir peaca marfach agus peaca socheannaithe.

Thosaigh sí ar an gCoróin Mhuire a rá, paidir ar phaidir, í ag comhaireamh ar a méaracha is í ag aithris na bhfocla.

Bhí séideán gaoithe anoir aduaidh ag réabadh isteach ón bhfarraige, isteach faoin doras tosaigh. Bhí leacracha an halla mar a bheadh leac oighre ann faoina dhá glúin. Thosaigh smaois ag sileadh dá srón is gan aon naipcín póca aici lena glanadh. Choinnigh sí uirthi leis an 'Sé do Bheatha, a Mhuire', agus an 'Ár nAthair atá ar Neamh', í ag éisteacht lena glór féin ag líonadh an halla, ag cur chuile ghuí díreach suas ag a Mama féin sna Flaithis, ag tathaint uirthi focal a chur isteach leis an Maighdean le go dtabharfaí as an tromluí míthrócaireach seo í.

Bhí an t-ochtú deichniúr beagnach ráite aici nuair a d'oscail an doras tosaigh. Leath a dhá súil ina ceann ar Mhuraed. Father Folan a bhí i mbéal an dorais. Céard ba cheart di a dhéanamh? Beannú dó go múinte mar a dhéanfadh sí i gcónaí nuair a shiúlfadh duine tábhachtach isteach? Nó coinneáil uirthi leis an 'Sé do Bheatha, a Mhuire' mar a d'ordaigh an Máistir?

Stop sí den phaidreoireacht. Shiúil Father Folan ina treo, é ag iarraidh a dhéanamh amach cé a bhí roimhe.

"Coinnigh ort amuigh ansin!" a bhéic an Máistir Óg istigh sa seomra.

Chroch Muraed suas 'Sé do Bheatha, a Mhuire' eile, Father Folan ag teacht ina treo ar feadh an ama. D'airigh sí teocht ina gabhal, ansin sileadh anuas idir a dhá cois. Chrom sí a ceann agus lean den phaidreoireacht. Bhí fual buí ag leathadh ina lochán thart ar a dhá glúin.

"Éist, maith an cailín," a chuala sí Father Folan a rá go bog. Chrom sé síos agus leag lámh ar a smig, á casadh ina threo féin.

"A Mhuraeidín?"

Stop Muraed den phaidreoireacht. D'éirigh léi guaim a choinneáil uirthi féin agus gan tosaí ag caoineadh mar a bheadh naíonán beag ann.

Thóg Father Folan a dhá rosta agus chuidigh léi éirí ina seasamh.

"Ní chloisim thú," a bhéic an Máistir Óg.

Threoraigh Father Folan í chomh fada le doras rang na sóisear. Bhuail sé cnag ar an doras, é ag breathnú síos go cineálta uirthi. D'oscail sé an doras agus chuir a chloigeann isteach.

"A Iníon Uí Bhrosnacháin?" a deir sé go múinte.

Gheit an Mháistreás. Bhreathnaigh sí go géar ar a rang, dhírigh a méar thosaigh agus leag os cionn a béil í. Chlúdaigh chuile ghasúr san áit a bhéal lena mhéar ar an gcaoi chéanna. Leag an Mháistreás uaithi an leabhar a bhí ina láimh agus tháinig sí ina dtreo.

"An mbeifeá in ann aire a thabhairt don chailín seo? Bhí timpiste bheag aici."

Bhreathnaigh Iníon Uí Bhrosnacháin suas síos ar Mhuraed. Chonaic sí an taise dorcha ar a sciorta.

"Coinnigh i do sheomra go fóilleach í," arsa Father Folan. "Caithfidh mé focal a bheith agam leis an Máistir."

Bhailigh sé leis i dtreo sheomra na sinsear. D'ardaigh Muraed a ceann. Bhreathnaigh an Mháistreás arís uirthi ó bhaithis go sáil. Dheargaigh Muraed. D'fháisc sí a liopa íochtair faoina draid.

D'iompaigh an Mháistreás i dtreo an tseomra ranga arís is d'fhógair ar na gasúir dul a chodladh dóibh féin agus gan bheith ag gliúcaíocht. Leag chuile ghasúr san áit a chloigeann síos ar an mbinse os a chomhair, is dhún a ghéaga timpeall a chloiginn, gan gíog ná míog as duine ar bith acu. Thug Iníon Uí Bhrosnacháin Muraed isteach agus anonn chuig a cófra léi, an áit a raibh an chailc agus an dúch agus na cóipleabhair nár baineadh leo go fóilleach. Shín sí isteach a lámh ar chúl uilig agus tharraing amach dráirín beag. Chrap sí suas ina bhurla é agus chuir cogar i gcluais Mhuraed, a rá léi rith amach chuig an leithreas agus an dráirín tirim a chur uirthi féin.

Agus í ag filleadh ón leithreas, chuala Muraed glórtha taobh istigh den halla. Sheas sí taobh amuigh ag éisteacht leo. Bhí Father Folan ag caint leis an Máistir Óg. Chonaic Muraed go raibh a cóipleabhar ina láimh ag an sagart. Ní raibh tada mórán séimh faoina ghlór anois.

"Agus cén dochar má chreideann duine ar bith gur Críost faoi ndeara na bairnigh bheith ag greamú de na carraigreacha? 'Sé Dia a rinne an domhan ar deireadh, nach é? Nach é?"

"Sé, a Athair," arsa an Máistir Óg trína chuid fiacla, é anois é féin mar a bheadh dalta scoile ann, cé go raibh sé ar a laghad troigh níos airde ná Father Folan.

"Bíodh a fhios agatsa an méid seo, a Mháistir," arsa an sagart, an focal 'Máistir' á chaitheamh as a bhéal aige mar a bheadh sméar lofa ann. "Bíodh a fhios agat gur seanchaí den chéad scoth é Timín Johnny Ó Dioráin. Duine é a bhfuil gean agus meas ag pobal an oileáin seo air. Duine ar bith a bhfuil eolas ar a dhúchas aige, tá sé thar a bheith bródúil as agus as an mbua atá aige. Bua a bhronn Dia air, cuimhnigh air sin. Agus mar an t-ionadaí is sinsearaí de chuid Eaglais Dé ar an oileán seo, tá mé thar a bheith sásta go bhfuil scéalta á n-inseacht ag leithéidí Timín faoin gcreideamh a fuair sé ó na glúnta a chuaigh roimhe. Ar ndóigh céard atá sa mBíobla féin ach béaloideas?"

"Is é an Bíobla briathar Dé, a Athair," arsa an Máistir Óg, amhail is go raibh lán béil d'eascainí curtha de ag an sagart.

Tháinig athrú ar ghlór Father Folan. Bhí nimh bhreise anois ann, gangaid nár airigh Muraed riamh roimhe uaidh.

"Bí ag cuimhneamh ort féin anois, a Mháistir. Is mise atá ceaptha ag an Eaglais leis an scoil seo a stiúradh. Tá saol spioradálta na ndaltaí – agus na múinteoirí, go deimhin – faoi mo chúram."

D'ardaigh sé an cóipleabhar, é ag geáitsíocht leis os comhair éadan an Mháistir.

"Tá mise a rá leatsa go bhfuil an-obair déanta ag an gcailín beag seo. Tabharfaidh tú isteach i do rang í agus tabharfaidh tú an t-ardmholadh di atá tuillte aici. Os comhair an ranga. Agus cinnteoidh tú go mbeidh chuile cheann de na scéilíní sin a bhreac sí á chur go Bleá Cliath. Is ise agus a cineál atá chun dúchas scéalaíochta an oileáin seo a chaomhnú do na glúnta atá romhainn. An dtuigeann tú go maith mé?"

"Tuigeann," arsa an Máistir, go drogallach.

"Bhuel, le bheith cinnte go dtuigeann, tá mise ag iarraidh chuile shórt a ghabhfas go Bleá Cliath a fheiceáil sula gcuirfear chun bealaigh é. Tá mé ag súil le chuile chóipleabhar ón scoil seo a bheith tugtha siar chuig an teach agam le go gcinnteoidh mé go bhfuil an obair seo déanta chun mo shástachta. An bhfuil muid beirt soiléir faoin méid sin?"

"Tá," arsa an Máistir de ghlór íseal.

"Gabh mo leithscéal?" arsa Father Folan.

"Tá, a Athair," arsa an Máistir.

"Go gcumhdaí Dia thú, a Mháistir," arsa Father Folan, é ag siúl i dtreo an dorais. "Agus má chloisim gur chaith tú leis an gcailín bocht sin ar bhealach ar bith seachas le cúirtéis agus le ceart agus cóir, ní bheidh aon leisce orm gearán pearsanta a dhéanamh leis an Easpag fút ná leis an Roinn Oideachais thuas i mBleá Cliath ach oiread. An dtuigeann muid a chéile?"

Ní raibh Muraed ag iarraidh go mbeadh a fhios ag an sagart go raibh sí ag cúléisteacht taobh amuigh. D'oscail sí an doras, mar ó Dhia go raibh sí díreach tagtha ar ais ón leithreas taobh amuigh. Sheas sí siar agus choinnigh sí an doras ar oscailt do Father Folan.

"Bhfuil tú i gceart anois, a Mhuraed?" a deir sé léi, é ag stopadh os a comhair.

"Tá, a Athair," a deir Muraed, a dhá pluic ag deargadh arís.

Chuimil an sagart gruaig a cinn, rinne gáirí cairdiúil léi agus bhailigh leis an doras amach.

Ag bun an halla, bhí an Máistir ina sheasamh ag an doras, é geal san éadan ag breathnú. Chonaic sé ag teacht isteach í.

"Tusa," a deir sé. Dhírigh sé a mhéar ar an lochán fuail a bhí fós ar an urlár.

"Glan suas é sin ar an bpointe boise. Nó is duitse is measa."

* * * * *

An Mhaighdean a sheol isteach é, bhí sí cinnte dó. Níor chuimhin le Muraed riamh Father Folan a theacht ar cuairt i dtús na seachtaine cheana. Dé hAoine a thagadh sé i gcónaí. Murach an Mhaighdean, ní bheadh sé tagtha. Murach í, bheadh an Máistir Óg ag béiceach ar Mhuraed féin go fóill.

Anois, bhí a fhios ag an Máistir Óg go gcaithfeadh sé a bheith go deas léi, nó bheadh Father Folan thar a bheith crosta leis. Bheadh sí féin ag scríobh isteach a cuid scéalta sa leabhar a ghabhfadh go Bleá Cliath. Agus bheadh ainm Dheaide curtha le chuile cheann beo díobh.

Thosaigh sé ag cur báistí, brádán bog isteach ón bhfarraige. Ba chuma léi. Bhí an ceart ag Neil. Bhí Dia láidir agus bhí máthair mhaith aige. Bhí an Mhaighdean in ann cúrsaí an tsaoil seo a stiúrú agus aire a thabhairt do dhaoine a d'iarr a cúnamh. Bhí sí ag coinneáil súile ar Mhuraed ar feadh an ama.

Agus í ag siúl i dtreo tigh Neil, rith smaoineamh léi a chuir gliondar ar a croí. Má bhí an Mhaighdean ag faire anuas go grámhar ar Mhuraed, bí cinnte go raibh sí ag cuimhneamh ar Pháraic chomh maith. Bhí plean aici dó – chaithfeadh sé go raibh. Mar má bhí sí in ann Father Folan a chur ag an scoil le smacht a chur ar an Máistir Óg, ní fios céard eile a bheadh sí in ann a dhéanamh. B'fhéidir go dtiocfadh an lá go fóill go socródh an Mhaighdean go raibh sé in am Páraic a leigheas. Go ndéanfadh sí míorúilt mhór agus go dtiocfadh caint aige chomh maith is a bhí ag Muraed nó Bid. Go mbeadh sé in ann ag dul ar scoil agus é ag cur iontais ar chuile dhuine faoin éirim aigne a bhí ann. Go mbeadh sé ag foghlaim leis agus ag breith suas gan stró ar na scoláirí ab fhearr san áit a bhí ar scoil ó bhí siad ina ngasúir bheaga. Go mbeadh codáin agus roinnt fhada agus ús iolraithe agus gach a raibh i leabhar na sumaí crua ar bharr a ghoib aige. Go mbeadh scéalta gaile agus gaisce aige agus amhráin mhóra fhada agus orthaí leighis.

Bheadh caint ar Pháraic Timín Johnny an uair sin. An buachaill simplí a leigheas an Mhaighdean Bheannaithe. B'shin míorúilt a mbeadh trácht uirthi go ceann i bhfad.

Hana, Páras, 1996

An chéad uair a tháinig Páraic ar ais chuig Hana, thóg sé cúpla lá uirthi an íomhá ghlan, shoiléir dá éadan a ruaigeadh as a haigne. Go mion minic ó shin, bhíodh sé ag sleamhnú isteach ina cuid brionglóidí, gan bealach ar bith aici lena choinneáil ó dhoras a hintinne. Muraed ag réiteach béile bairneach, Páraic ag diúltú iad a ithe, Bid á gcaitheamh ag an gcat. Na céadta is na céadta bairneach, carnaithe faoin mbord. An Máistir Óg agus Father Folan ag troid i gclós na scoile, iad ag plancadh a chéile, fuil ag úscadh óna mbéal. Muintir an oileáin ar fad bailithe thart, Neil agus Eoin Éamoinn agus Michael Mharcuis agus gach a raibh ann. Muraed agus Páraic ina seasamh le balla ag breathnú, iad ag breith lámh ar a chéile. Ach ní cailín óg scoile a bhí sa Muraed seo, ach Hana, an duine fásta. Agus bhí a fhios ag chuile dhuine cérbh í féin.

Deaide agus Muraed, í ina cailín óg arís, amuigh i nGaillimh. Iad i dteach tábhairne ann, agus Páraic in éindí leo. Bid ag leaindeáil isteach an doras, a rá leo Páraic a thabhairt abhaile sula náireodh sé iad os comhair mhuintir na Gaillimhe. Páraic ag béiceach agus ag leagan buidéal agus gloiní ina thimpeall. Iad ag iomramh ar ais isteach go hÁrainn, Páraic ag gleo leis. Faitíos a báis ar Mhuraed go léimfeadh sé amach as an gcurach.

Í ina suí sa suíochán tosaigh i séipéal Chill Rónáin. An áit lán le Giúdaigh, *tallit* thart ar a muineál acu, *kippah* ar a gcloigeann, iad ag paidreoireacht leo in Eabhrais. Father Folan ina shuí ina measc, é ag caint is ag gáirí. Isteach leis an Máistir Óg, Páraic in éindí leis. "A Mhuraed Uí Dhioráin," a deir sé os comhair chuile dhuine, "an tusa a thug iad seo isteach anseo? An tú? Tabhair freagra orm!" Páraic ag stánadh uirthi, olc ina shúile.

"Tabhair freagra orm, a deirim," a bhí ag an Máistir Óg. "A Mhuraed? A Mhuraed?"

* * * * *

Otharcharr ag dul de sciuird síos an Rue du Chemin Vert a dhúisigh í. Bhí an leaba folamh lena taobh. D'éist sí. Bhí deireadh leis an dordán leanúnach tráchta a bhíodh go hiondúil ann taobh amuigh agus í ag éirí. Bhí píosa maith den mhaidin caite.

Chuardaigh sí thart dá spéaclaí agus chaith súil ar an gclog. Ocht nóiméad roimh an deich.

"A Samuel?" a d'fhógair sí. "Cén fáth nár ghlaoigh tú orm?"

Bhí leaba Levana folamh chomh maith céanna. Ar bhord na cistine, bhí nóta fágtha ag an mbeirt di. Ag a bharr, bhí pictiúr tarraingthe ag Levana de sheanchailleach, í sínte ar a droim sa leaba agus líne ZZZZZZZanna ag teacht óna béal. Faoina bun, breactha ina peannaireacht amscaí, bhí na focail 'La Belle Mémé au bois dormant'.

Codladh Céad Bliain. Mémé a bhí in áit an bhanphrionsa a chodail sa scéal.

Faoin bpictiúirín, bhí peannaireacht phointeáilte Samuel ann chomh maith:

Tabharfaidh mise Levana ar scoil agus pioc tusa suas í, ceart go leor? Ghlaoigh mé ar an Centre agus dúirt mé le Muriel go mb'fhéidir nach mbeifeá istigh inniu. Bisous, S x

Faoina bhun sin ar fad arís bhí líne bhreá bisous breactha ag Levana, gach uile phóigín acu ina X mór dearg, mar a bheadh marc ann ar sheanmhapa a thaispeánfadh an áit ar cuireadh pota óir i bhfolach.

"Cén fáth nár dhúisigh sé mé mar a dhéanfadh duine ciallmhar?" a deir sí os ard.

Chroch sí an fón agus ghlaoigh ar an Centre. D'fhág sí teachtaireacht, ag gabháil leithscéil faoi bheith deireanach agus ag gealladh go mbeadh sí ann taobh istigh de dhaichead nóiméad, ar a dheireanaí.

Cén mí-ádh a bhí uirthi le gairid maidir le héirí in am? Í ar an gcéad duine ag an Centre ar feadh na mblianta fada. Bheadh Clothilde ag ceapadh gur chuma léi cén t-am a bhainfeadh sí an áit amach.

Maidin gheal a bhí inti, í bog go maith don tráth bliana. Agus Hana ag deifriú léi i dtreo an métro, d'eitil snag breac os a cionn, cipín ina bhéal aige dá nead nua.

Ní thaitníodh turas na traenach ar maidin riamh léi, an chaoi a mbíodh daoine brúite isteach i mullach a chéile, gach uile dhuine ag iarraidh gnó éigin a aimsiú dá súile seachas iad a leagan ar dhuine eile. Ach an tráth seo den mhaidin, bhí compord ann le hais mar a bheadh go hiondúil. Fuair sí suíochán gan stró, le taobh bean ard Mhoslamach. Trasna uaithi, bhí fear céile na mná ina shuí, léine mhór fhada air.

Tháinig chuici go tobann cuimhne dá hathair, léine oíche air, coinneal ina láimh, oíche a raibh Páraic ag gleo. Rinne a croí sciuird reatha ina cliabh.

* * * * *

Nuair a bhain sí an *Centre* amach, bhí doras oifig an stiúrthóra ar oscailt leath bealaigh. Bhí Clothilde taobh istigh, í ina seasamh le taobh a deasc néata, í féin chomh néata céanna leis. Ag labhairt le máthair duine de na gasúir a bhí sí. Bhí an bhean sin ina suí, a lámha crosáilte ar a hucht agus cuma mhíshásta ar a héadan.

Sula bhfuair Clothilde an jab mór, bhí muintir na bpáistí cleachtach ar bheith ag bualadh isteach chuig Sylvie, an bhean a bhí ann roimhe sin, agus comhrá réchúiseach a dhéanamh léi. Duine mórchroíoch a bhí in Sylvie agus bhíodh an binse carntha i gcónaí le páipéir aici. Bhí deireadh leis an nós sin anois – le coinne amháin a raibh cead ag daoine labhairt le Clothilde. Na laethanta seo, bhí Muriel, an rúnaí, mar a bheadh gadhar teann i mbéal an dorais ann, í ag coinneáil cuairteoirí amach ón stiúrthóir.

Ach ní raibh Muriel ag a deasc féin sa halla ar maidin. Chonaic Clothilde Hana agus í ag iarraidh brostú léi thar bráid i ngan fhios. Choinnigh Hana uirthi gan beannú di.

Thíos sa seomra lae, bhí Muriel agus Jean-Michel ina suí ag an mbord díreach taobh istigh den doras. Thart ar an seomra, bhí gasúir eile ina suí, a bhformhór go deas socair, iad ag obair leo le baill éagsúla d'fhoireann an *Centre*.

Ach ní mar sin a bhí ag Jean-Michel. Ó tharla go mbíodh Hana ar an gcéad duine isteach an doras go minic ar maidin, agus ó tharla gur le Hana a bhíodh Jean-Michel ag iarraidh a bheith i gcónaí, bhí cleachtadh aigesean ar bhord a roghnú le suí ann. Thaitníodh sé le cuid de na daltaí a bheith ag bogadh thart ó áit go háit, ach an boirdín le taobh na fuinneoige an rogha a bhíodh ag Jean-Michel. Ní fhéadfá feiceáil tríd an ngloine a bhí san fhuinneog ann, ach d'fhéadfá torann na gcarranna amuigh ar an tsráid a chloisteáil. Tharraingíodh na fuaimeanna sin a aird, rud a thugadh deis do Hana ceisteanna a chur air faoin gcineál feithicle a bhí ag gabháil thar bráid agus faoin áit a bhféadfadh sí a bheith ag imeacht ann.

Dheifrigh Hana isteach agus bheannaigh do gach duine. D'éirigh Muriel ina seasamh le go dtógfadh Hana a háit. Leag sise a lámh go cineálta ar lámh Jean-Michel, ach tharraing sé siar uaithi í agus dhiúltaigh breathnú idir an dá shúil uirthi.

"*Alors*, a Jean-Michel," arsa Muriel go gealgháireach. "Tá Hana tagtha. Dúirt mé leat go dtiocfadh sí!" Stán Jean-Michel ar an urlár agus thosaigh sé ag baint smeacha as a mhéara, rud a dhéanadh sé agus é míshuaimhneach ann féin. Bhailigh Muriel amach an doras.

Chonaic Hana gur cluiche meaitseála a bhí ar bun ag Jean-Michel agus Muriel sular tháinig sí isteach. Bhí sí féin agus é féin ag imirt an chluiche seo ón gcéad lá ar tháinig sé chuig an *Centre*, é ina bhuachaillín beag cúig bliana d'aois. B'álainn an comhluadar é agus spion maith air, an cnaipe beag buí á chur sa bhosca buí aige, an ceann gorm sa bhosca gorm agus an ceann dearg sa bhosca den dath céanna. Anois is arís, stopadh sé, díreach agus é ar tí cnaipe gorm a chur sa bhosca buí agus d'fhéachadh anonn uirthi. B'in an seans ag Hana lena dhá shúil a leathadh le teann uafáis. Nuair a dhéanadh sise é sin, tharraingíodh Jean-Michel siar an cnaipe agus leagadh isteach sa bhosca gorm é, é chomh sásta go raibh sé tar éis dallamullóg a chur uirthi aon uair amháin eile. Ligeadh sise gáire aisti, agus ní gáire bréagach a bhíodh ann ach oiread, ba chuma cé chomh minic is a d'fheicfeadh sí an cleas seo uaidh.

Ach ní raibh fonn gáire ar bith ar Jean-Michel an mhaidin sin.

"*Vas-y!*" arsa Hana, go spraíúil. "Cé acu dath anois?"

Choinnigh sé air ag baint gleo as na méara, gan breathnú anall uirthi.

"Meas tú cén áit ar ceart an ceann gorm a leagan?" arsa Hana, go séimh anois. "Sin é an dath is ansa linn beirt, mé féin is thú féin, nach ea?"

Níor thug sé aird ar bith uirthi.

"Cé acu bosca ar mhaith le *Monsieur Bleu* cuairt a thabhairt inniu air, a Jean-Michel?" a deir sí, an cnaipe crochta os cionn na mboscaí aici.

Stop Jean-Michel d'obair na méar agus tharraing anáil throm isteach trína shrón.

"Feictear domsa go mbeadh sé an-sásta anseo," arsa Hana, an cnaipe á chrochadh os cionn an bhosca ghoirm aici. "Bhuel? Cad a cheapfá féin?"

Lig Jean-Michel gnúsacht chorraithe as, tharraing sé lasc lena chiotóg agus chuir a raibh de bhoscaí agus de chnaipí os a chomhair ag eitilt ina chith ildaite trasna an bhoird. Chas gach duine san áit ina dtreo.

D'éirigh Jean-Michel ina sheasamh. Bhí fás mór déanta le bliain anuas aige, é anois ag bordáil ar na sé troithe. Bhrúigh sé siar an bord, rud a bhain geit as cailín a bhí ina suí ag an gcéad bhord eile. Thosaigh sise ag caoineadh go hard, í ag greadadh a héadain lena bosa. Lig buachaill óg ag an gcéad bhord eile sian as. Choinnigh Jean Michel air ag béiceach, a dhá lámh ag lascadh is ag luascadh. D'oscail an doras agus isteach le Clothilde. Bhreathnaigh sí thart go dtí gur thuirling a súile géara ar Hana.

* * * * *

Bhí a croí fós ag rásaíocht agus í ina suí os comhair Clothilde amach ina hoifig néata, gan eatarthu ach binse leathan an stiúrthóra. Bhí Clothilde go hiomlán ar a suaimhneas, í ag insint do Hana faoi na plandaí beaga cachtais a bhí ina suí ina líne ealaíonta ar leac na fuinneoige ar a cúl.

"Abair liom," a deir Clothilde, nuair a d'éirigh tost beag eatarthu, "conas mar atá ag do ghariníon. Levana, nach ea?"

Tháinig an cheist aniar aduaidh ar Hana. Níor nós le Clothilde comhrá pearsanta den sórt seo a dhéanamh.

"Tá sí go breá," a d'fhreagair Hana go borb, rud nach

raibh i gceist aici a dhéanamh. "Go breá, i ndáiríre."

Sméid Clothilde a ceann go tuisceanach. "Ní foláir nó gur buille uafásach a bhí ann, mar sin féin, is gan aici ach – a sé, an ea, nó a seacht de bhlianta?"

"Seacht mbliana," arsa Hana, chomh réchúiseach is a bhí sí in ann. "Beidh sí ocht mbliana d'aois i ndeireadh na Bealtaine."

"Ach cuimhnigh air, a Hana," arsa Clothilde. "Tá a máthair caillte ag Levana bheag. Tá d'iníon caillte agatsa – an t-aon duine clainne a bhí oraibh."

"Níl lá a théann thart nach gcuimhním míle uair air," arsa Hana go réidh.

Bhreathnaigh Clothilde uirthi, an dearcadh muinteartha séimh sin a chuireadh olc ar Hana.

"Táim cinnte nach bhfuil. Bheadh duine ar bith againn ar an gcaoi chéanna faoin scéal. Agus anois, tú féin agus Samuel – is tuismitheoirí an athuair sibh, d'fhéadfá a rá. Agus mar is eol daoibh go rímhaith, is mór an ní páiste a thógáil."

"Níor chodail mé go maith aréir," a dúirt Hana, chomh staidéarach is a bhí sí in ann. "Agus níor dhúisigh m'fhear céile in am mé. Ní tharlóidh sé arís."

"Bhí ciall ag d'fhear céile gan tú a dhúiseacht."

D'éirigh tost arís. Bhreathnaigh Clothilde sa dá shúil uirthi.

"A Hana," a deir sí. "Tá a fhios againn beirt go bhfuil níos mó i gceist ná an mhaidin seo amháin."

D'oscail Hana a béal ach níor tháinig aon fhocal amach. Tharraing Clothilde anáil, í ag breathnú síos ar an dá fháinne ar a lámh chlé. Chas a héadan aníos i dtreo Hana arís agus tháinig an meangadh mealltach sin ar a béal, an ceann a chuireadh sí ann nuair nach nglacfadh sí le freagra ar bith seachas a ceann féin.

"*Chère* Hana," a thosaigh sí. "Tá do chroí is d'anam curtha isteach agat san áit seo – le breis mhaith agus deich mbliana fichead. Is tú is faide ann. Níor spáráil tú tú féin riamh ón obair is déine nó is deacra. Tá teaghlaigh iomlána sa chathair seo ar athraigh tú …"

"Le do thoil," a deir Hana, ag briseadh isteach uirthi. "Le do thoil. Abair a bhfuil le rá agat."

Stop Clothilde.

"A Hana," a deir sí, an mealladh imithe as a glór anois. "A Hana, ní mór dom labhairt leat mar chara, seachas mar chomhghleacaí oibre. Ní in óige atá duine ar bith againn ag dul. Agus an casadh seo gan choinne i do shaol le bliain anuas, an fhreagracht atá anois ort le cailín beag a thógáil, sin ualach mór ann féin, ní áirím an bhris a bhfuil tú féin agus Samuel ag déileáil léi."

Ba léir go raibh an píosa cainte seo réitithe aici. Ag faire a seans a bhí sí le Hana a tharraingt isteach ar an gcaoi seo agus an méid seo a rá.

Thriail Hana anois smacht a choinneáil ar a cuid anála a fhad is a bhraith sí Clothilde ag snámhaíl ina treo, amhail sionnach ag teannadh le seanghiorria sáraithe.

"A Hana, ní fios cé chomh buíoch is atáimid faoin obair dheonach ar fad atá déanta agat dúinn ó d'éirigh tú go hoifigiúil as do phost san áit seo. Ach creidim go bhfuil sé in am a bheith ag féachaint an athuair anois ar an socrú."

"Ach Jean-Michel …"

"Tá leas thar na bearta bainte ag Jean-Michel as na blianta fada de chúram foighneach dílis atá déanta agat dó. Ach anois is ar Levana is gá d'aird a dhíriú. Níl ach méid áirithe uaireanta an chloig sa lá ag duine ar bith againn. Nach fíor dom?"

Chrom Clothilde anall ina treo, an dá shúil lách sin ag iarraidh í a cheansú.

"Feicim nach bhfuil sé seo éasca ort, a Hana. Tá tú sractha ina dhá leath. Ach creid uaim é – táimid ag dul sa treo ceart."

* * * * *

Ar ball is í ina suí aisti féin ar an traein, ag breathnú amach ar an tollán dubh taobh amuigh den fhuinneog, ar éigean a bhí Hana in ann cuimhneamh ar an tsiúlóid ón *Centre* chuig an stáisiún, nó ar an nóiméad ar bhordáil sí an carráiste. Bhí giotaí den chomhrá le Clothilde á bualadh an athuair ar feadh an ama.

'*Ní bheadh an Lá Oscailte mar a chéile gan tú féin a bheith ina lár!*'

'*Ba bhreá linn do chúnamh leis na bronntanais Nollag.*'

'*Ba mhór againn i gcónaí do thacaíocht maidir le hairgead a bhailiú don áit.*'

Agus ansin, í ina seasamh os comhair Hana, an gáire milis sin uaithi a chasfadh an bainne, a dhá géag spréite amach agus í ag tathant ar Hana druidim ina leith. Agus Hana, ag éirí ina seasamh, an chaint bainte di, a cliabh ina chnapán oighir. Dhá lámh curtha ag Clothilde timpeall uirthi. Boladh plúchtach a cuid *eau de toilette*. Smig Hana ag cuimilt le holla mhín a seaicéid.

*****

Bhí na huaireanta fada an chloig le caitheamh sula mbeadh sé in am Levana a phiocadh suas ón scoil. Thriail Hana an t-am a chur thart ar bhealach a chuirfeadh ar a suaimhneas í: shiúil sí tríd an Jardin de Luxembourg, lucht oifigí ina suí ar na binsí ag caitheamh toitíní, corr-sheanmháthair agus bugaí á bhrú aici. Ach ní raibh aon sólás ar fáil inniu ó bheith ag fánaíocht i measc strainséirí nár chuir suim ar bith inti, ná ó na duilleoga úra a bhí á nochtadh féin ar ghéaga na gcrann.

Níor oibrigh an chuairt ar an siopa leabhar ar an Rue de Sèvres ach oiread. Fiú nuair a phioc Hana suas leabhar lena bholadh nuadhéanta a fháil, boladh a thaitin níos mó léi ná rud ar bith a chruthódh Coco Chanel riamh, fiú ansin, bhí sí ciaptha ag glór Clothilde, í ag cogarnach fós go caoin ina cluais.

Agus í i bhfoisceacht céad slat de shráid na scoile, bhí am le meilt aici i gcónaí. Ní raibh fonn uirthi a bheith ann go luath – ní raibh sí in ann inniu ag an mionchaint mhúinte a bhíodh ag tuismitheoirí chairde Levana. Chuardaigh sí áit éigin le dul i bhfolach ann.

Isteach léi i gcaifé ar chúlsráid in aice láimhe. D'ordaigh sí tae dubh agus d'aimsigh cóip d'eagrán na maidine sin de *Le Figaro*. Sciorr a súile thar scéalta faoi thoghchán na hUachtaránachta, achrann idir iascairí na Spáinne agus rialtas Cheanada, agus cur is cúiteamh faoi chúrsaí síochána sa Bhoisnia. Ach níor bhain ceann ar bith de na scéalta sin a haird de thubaiste na maidine.

Taobh léi, bhí fear ag ithe lóin. Bhreathnaigh sí air is é ag folmhú *carafe* d'fhíon dearg isteach ina ghloine, a shrón sáite ina nuachtán féin aige. Shamhlaigh Hana í féin ag caitheamh siar deoch den fhíon sin, bolgam i ndiaidh bolgaim, gloine i ndiaidh gloine; buidéal nua á oscailt nuair a bheadh an chéad cheann tráite. Shamhlaigh sí an chaoi a nglanfadh an t-alcól an chuaifeach a bhí ag réabadh ina hintinn, an chaoi a gcuirfeadh sé stop leis an rith is an rás seo gan stad, ó chuimhne go cuimhne gan iarraidh.

Nuair a shiúil an freastalaí ina treo, d'ordaigh sí pota eile den tae dubh.

Tháinig éadan Jean-Michel chuici arís – ní raibh sí tar éis slán a fhágáil i gceart leis, go fiú. Dá mbeadh féin, ar éigean a thuigfeadh sé a raibh i gceist aici. Cén bhrí ach b'annamh riamh a mbíodh olc air, ní hionann agus cuid de na buachaillí a raibh plé aici leo i gcaitheamh na mblianta. Malrach suaimhneach grámhar a bhí ann ón gcéad lá ar tháinig sé isteach chuig an *Centre*, cé go raibh an nádúr séimh sin faoi cheilt anois i gcolainn ard chaol an déagóra. Faoi cheann trí bliana eile, bheadh na hocht mbliana déag aige agus d'fhágfadh sé an t-ionad le haghaidh a thabhairt ar *Centre* do dhaoine fásta. Ní raibh riamh ó Hana ach fanacht ann ar feadh na dtrí bliana sin agus é a thabhairt go ceann scríbe. Bhí sé déanta roimhe sin aici le Sebastien, an buachaill caoin a bheireadh lámh go grámhar uirthi go dtí an lá deireanach a d'fhág sé. Agus le Claude, an leaidín cúthail nach raibh in ann breathnú sa dá shúil ar dhuine ar bith ach í féin. Agus le Benoit, roimhe siúd. Bheadh Jean-Michel tugtha go deireadh a thréimhse chomh maith aici, murach …

Chuir sí stop léi féin. Bhí leisce uirthi é a admháil, ach bhí an fhírinne déanta ag Clothilde. Bhí sé in am a haird a dhíriú feasta ar Levana. Bhí sé in am dearmad a dhéanamh ar Jean-Michel. Ach conas? Conas a d'fhéadfadh sí maireachtáil gan a chomhluadar, gan duine dá chineál a thabharfadh di grá a chroí, gan oiread agus ceist achrannach amháin a chur uirthi riamh?

* * * * *

"A Mémé!"

Bhí Levana ag deifriú ina treo, strainc ar a héadan. Shiúil sí de dheifir thar a cara Rebecca, gan féachaint uirthi, fiú. Bhí Rebecca ag caint lena máthair, iad beirt ag féachaint anall ar Levana, smuilc ar an gcailín eile chomh maith. D'fhéach Hana agus máthair Rebecca ar a chéile, an mháthair óg ag cur cuma cheisteach ar a héadan. Thóg Hana mála Levana, d'ardaigh a lámh le slán a fhágáil ag an mbeirt eile agus shiúil lena gariníon i dtreo an *métro*.

"*Je déteste Rebecca*," a deir Levana ar ball agus iad ina suí ar an traein.

"An ea?" a deir Hana. "Shíl mé go raibh tú féin is í féin an-mhór le chéile."

"Bhuel, níl níos mó. Bhí sí fíorghránna liom inniu."

"Bhí?"

"Bhí. Agus dúirt sí rud uafásach fútsa."

"Fúmsa?"

"Dúirt. Ní chreideann sí go raibh tusa … tá's agat – an rud a tharla do do Mham is do Dhaid nuair a bhí tú beag."

"Labhróimid faoi sa bhaile," arsa Hana, í ag ísliú a glóir.

"Ní anois."

"An rud atá ann," arsa Levana, í ag socrú a cuid spéaclaí ar a srón, "ná go mbeidh seanfhear ag teacht chuig an scoil an tseachtain seo chugainn. Bhí sé i gceann de na campaí sin. Tá a fhios agat … an áit ar tharla …"

"A Levana, le do thoil …"

"Bhuel, ní bheidh an seanfhear ag caint leis an rang s'againne. 'I gceann cúpla bliain,' a dúirt Madame Montel linn, 'nuair a bheidh sibh níos sine.' *Ach* beimid ar fad ag dul chuig an halla an lá a thiocfaidh sé, le hamhráin a chasadh dó. Agus phioc Madame Montel Rebecca leis an gcéad véarsa den *Shalom Chaveirim* a chanadh aisti féin – tiocfaidh gach duine eile isteach ina diaidh. Agus bhí Rebecca ag tógáil mo chuid peann daite ar fad nuair a bhíomar ag déanamh pictiúir de na colúir don amhrán. Agus dúirt mé léi gur liomsa na pinn. Agus dúirt sise go raibh éad ormsa mar go mbeadh sise ag canadh an amhráin aisti féin agus nach mbeinnse ag déanamh faic ach teacht isteach le gach éinne eile. Agus dúirt mise léi siúd go raibh sise in éad liomsa mar nach raibh duine ar bith dá muintir sise sa *Shoah*. 'Ní raibh duine ar bith de do mhuintirse ann ach oiread,' ar sise. 'Bhí muintir Mémé ar fad ann,' arsa mise 'agus maraíodh gach uile dhuine acu. Agus bheadh Mémé í féin maraithe ach amháin gur éalaigh sí!'"

Bhí bean ina suí ar a n-aghaidh amach. D'ardaigh sí a súile óna hirisleabhar.

"A Levana, éist," arsa Hana. Ach bhí olc ar an gcailín beag.

"Ansin, dúirt Rebecca go raibh mise ag insint bréag. 'Deargbhréaga gan náire atá a thabhairt!' Dúirt sí é sin, a

Mémé – suas le mo bhéal!"

"*Tais-toi*!" a bhéic Hana.

Gheit bean an irisleabhair. Stán sí orthu beirt. Chas Hana agus dhírigh a haird ar an tollán dorcha taobh amuigh.

* * * * *

Nuair a bhain siad an t-árasán amach, ní raibh an fuinneamh ag Hana scéal Rebecca a phlé a thuilleadh. Chuir sí Levana ag cóiriú a seomra. Ba mhór idir an cailín beag agus a máthair ó thaobh néatachta de – ní bhíodh barrchleite amach ná bunchleite isteach ag Brigitte ag an aois chéanna sin. Ach maidir le Levana, bhí an donas uirthi le héadach a chaitheamh ar fud na bhfud, leabhair a bheith fágtha ar fud an urláir agus í go seasta síoraí ag cuardach rudaí a bhí imithe amú uirthi.

Thóg sé uair an chloig uirthi an áit a chur ina ceart, í ag gearán ar feadh an ama agus ag iarraidh cead an chuid eile den obair a dhéanamh ar ball.

"Anocht tús an *Shabbat*, *metuka*," arsa Hana. "Tá's agat féin go maith go gcaithfear an glanadh ar fad a dhéanamh roimh luí na gréine." Lig Levana osna agus dhírigh an athuair ar an obair. Ghéill Hana agus chrom ar an nglanadh in éineacht léi.

Ní raibh súil ar ais le Samuel go dtí níos deireanaí. Níor chuimhin le Hana cé acu coiste deonach a raibh sé gafa tráthnóna leis. Nuair a bhí seomra Levana ina cheart, réitigh Hana dinnéar simplí pasta agus glasraí di agus lig di é a ithe agus í ag faire ar VHS de *Les Supers Nanas*, an clár teilifíse a raibh na cailíní beaga ar fad splanctha ina dhiaidh.

Isteach sa chistin le Hana. Chuir sí eagar ar a raibh tarraingthe amach aici leis an mbéile a réiteach do Levana. Luigh a lámh ar bhuidéal fíona a bhí oscailte an tráthnóna roimhe ag Samuel. Phioc sí suas é. Bhain de an corc. D'ardaigh sí lena srón é. Líon a polláirí leis an mboladh. D'ardaigh sí an buidéal ar a ceann agus shlog siar a raibh ann.

* * * * *

Bhí lámh ar a gualainn, á croitheadh go séimh. D'oscail sí a dhá shúil. Bhí Samuel roimpi, é ag breathnú anuas uirthi agus cuma beagáinín buartha air. Ar an leaba sa seomra codlata a bhí sí. Tháinig sé ar ais chuici, í ag teacht isteach, ag dúnadh na ndallóg.

"Levana!" a deir sí, í ag suí aniar de gheit. "Cá bhfuil sí?"

"Chuir mé isteach sa leaba í. Bhí sí ina cnap os comhair na teilifíse."

Phioc Hana suas a huaireadóir ón mboirdín le taobh na leapa. Ceathrú chun a naoi. Thriail sí tabhairt le fios nach raibh meadhrán ina ceann, Samuel ag breathnú uirthi go ceisteach, gan aon cheist a chur.

"Ar ith tú sa chathair?" a deir sí.

"Níor ith. Bhfuil rud ar bith ann?"

"Tá neart ann. An íosfá uibheagán?"

"An bhfuil rud ar bith réitithe? Tá an ghrian imithe faoi anois."

Lig Hana osna.

"Níor bhacamar riamh leis na rialacha sular tháinig Levana."

"Tá's agam, ach ..."

"Tá sí ina codladh. Ní bheidh a fhios aici a mhalairt."

"*Bon*," arsa Samuel, é ag cur deireadh leis an gcomhrá. D'éirigh sé agus amach leis chuig an gcistin.

Shuigh Hana aniar, d'aimsigh sí a bróga agus lean amach é. Ní raibh sí ag iarraidh a bheith ag troid leis.

Bhí sé ina sheasamh ag an sorn, ag doirteadh uibheacha meascaithe isteach sa fhriochtán. Dhá riail *Shabbat* briste in éineacht. Las sé an solas os cionn an tsoirn go bhfeicfeadh sé a raibh ar siúl aige. Riail eile briste.

D'aimsigh Hana cúpla píosa cáise agus roinnt duilleoga glasa sa chuisneoir. Thosaigh sí ar *vinaigrette* a mheascadh. Bhí blas an fhíona fós ina béal.

"Cogar," arsa Samuel, é ag tiontú an uibheagáin go cúramach ar an bhfriochtán. "Maidir leis seo ar fad …"

"É seo?"

"An saol nua seo. Tá brú ag baint leis. Aithním ort é."

"Cailleadh an t-aon iníon amháin a bhí againn," a deir Hana, a súile dírithe ar an leacht sa bhabhla. "Chuirfeadh sé sin brú ar chuid mhaith daoine." Bhí nimh ina glór a d'éalaigh uaithi dá buíochas.

"Ach an *Shabbat*," arsa Samuel go staidéarach, "na rialacha go léir …"

"Nílimid ag cloí anois leo, an bhfuil?"

Shuigh siad go ciúin, gan mórán airde acu ar a chéile, a gcuid forc ag gluaiseacht ó phláta go béal, iad ag cogaint agus ag slogadh. Níor labhair siad ar an nglór otharchairr ar an tsráid amuigh, ná ar an ráig bháistí a bhuail an fhuinneog. Líon Samuel a ghloine fíona an athuair. Bhain Hana súmóg as a gloine uisce.

Bhí sí ag iarraidh a raibh tarlaithe sa *Centre* a roinnt leis. Bhí sí ag iarraidh a rá leis go raibh deireadh ré tagtha. Eisean, an t-aon duine ar an saol a thuig go hiomlán an tábhacht a bhí le leithéidí Jean-Michel di. Ach mhair an tost agus lean clingeadh an sceanra ar na plátaí dinnéir.

*****

An mhaidin dár gcionn, bhí Hana dúisithe go moch. Ghléas sí í féin, chuaigh amach chuig an gcistin agus rinne cupán tae dubh. Shuigh sí ag an mbord agus bhreathnaigh amach an fhuinneog. Maidin gheal a bhí inti, an duilliúr úr ar an gcrann ar aghaidh na fuinneoige amach á bhogadh go séimh ag leoithne ghaoithe.

Shuigh sí síos ag an mbord agus tharraing chuici *Le Parisien* an lae roimhe sin, gan mórán suime a chur i scéal ar bith ach súmóg a bhaint as an gcupán tae agus sásamh a bhaint as an suaimhneas.

Ba dhuine í riamh anall a bhaineadh taitneamh as bheith ina suí le fáinne bán na maidine, a bheith aisti féin sa saol sula dtosódh duine ar bith ag corraí.

Bhreathnaigh sí timpeall ar bhallaí na cistine. Thuirling a súile ar phictiúr a bhí crochta le seachtain anuas ag Samuel, an chéad phictiúr nua a crochadh ann le fada. Nuair a tháinig sé féin agus Levana air i seanalbam a bhí tarraingthe amach oíche amháin aici, bhí Levana fíorthógtha leis mar ghrianghraf. Fuair Samuel cóip mhéadaithe de priontáilte agus fráma curtha air.

Pictiúr de Brigitte a bhí ann, ceann a tógadh in Iosrael i

ndeireadh na seachtóidí, an bhliain ar chaith sí seal ar *kibbutz* thall ann. Bhí cuma álainn fholláin uirthi, a craiceann buí ag an ngrian, treabhsairín gearr uirthi agus T-léine, í ag gáire amhail is go raibh rud éigin fíorbharrúil ráite ag an té a bhí ag tarraingt an phictiúir.

Taobh thuas den phictiúr nua, bhí seancheann de Samuel a tógadh am éigin i ndeireadh na ndaicheadaí. An buachaill bán sin ar thit sí i ngrá leis is gan inti féin ach gearrchaile. Is iomaí uair a chuimhnigh sí go mba mhór an feall dó siúd gur leag sé súil riamh uirthi. An mbeadh saol níos sásta caite aige dá bpósfadh sé bean de phobal Giúdach Pháras tar éis an chogaidh? Bhreathnaigh sí suas arís ar Brigitte, í ina seasamh i measc crainn oráistí. Duine óg, ag tosú amach sa saol. Rith sé anois le Hana go raibh an bheirt, Brigitte agus Samuel, thart ar an aois chéanna sa dá phictiúr. Gan iontu beirt ach gasúir.

"*Mémé! Non!*"

Gheit Hana. Doirteadh sconnóg tae ar a blús. Sheas an cailín beag i mbéal an dorais, uafás ar a héadan.

"Inniu an *Shabbat*! Níl cead caife a dhéanamh go dtí go mbeidh an tríú béile caite!"

"Gabh isteach a luí!" arsa Hana.

"Ach an *Shabbat*! Bhí muid ceaptha na coinnle a lasadh aréir! Agus na paidreacha a rá ag an mbord!"

"Beidh *Shabbat* ár ndóthain againn nuair a éireoidh tú."

Thug Levana an-drochshúil di. Stán sí ar a seanmháthair ar feadh meandair le tabhairt le fios di nach raibh aon fhaitíos uirthi roimpi. Chas sí ar a sáil agus bhailigh léi.

Leag Hana uaithi an cupán. Bhí a nóiméad suaimhnis

millte. D'éirigh sí ina seasamh agus lean Levana.

Ina suí ar imeall a leapa a bhí sí, á luascadh féin, an *siddur* beag oscailte os a comhair agus í ag paidreoireacht léi in Eabhrais. Níor bhreathnaigh sí aníos ón leabhairín, ach d'airigh Hana go raibh a fhios ag Levana go raibh sí ann.

"A Levana?"

Nuair a thiontaigh sí, chonaic Hana go raibh deora ar a grua. Shuigh sí ar an leaba le taobh an pháiste. Rug sí greim barróige uirthi, is d'fháisc lena hucht í, Levana ag snagaireacht go bog, Hana ag cogarnach léi.

* * * * *

Faoin am a raibh Samuel ina shuí, bhí cuma air go raibh dearmad déanta ag Levana den olc a chuir sí féin agus a seanmháthair ar a chéile. Thosaigh sí ag tarraingt amach gúna i ndiaidh gúna as a cófra, ag iarraidh an ceann ab fheiliúnaí a roghnú don tsionagóg. Bhí sí ag iarraidh 'seó faisin' a dhéanamh an uair sin, ach d'éirigh le Samuel í a mhealladh, a rá léi nach raibh an t-am ann dá leithéid, go raibh gealltanas tugtha aige dá Maman go dtabharfadh sé i gcónaí chuig an tsionagóg í agus go mbeidís i gcónaí ann in am.

* * * * *

D'fhág siad Samuel ag an doras le dul isteach ar thaobh na bhfear. B'fhearr le Hana go mór fada a bheith áit éigin chun deiridh, Samuel lena taobh. B'in mar a bhíodh nuair a chuir siad fúthu sa chathair seo an chéad uair, duairceas an chogaidh fós san aer. Théidís chuig an teampall go rialta an uair sin, Samuel ar a mhíle dícheall ag iarraidh áit a aimsiú dó féin sa phobal Giúdach. Hana – a chéile cúthail – lena thaobh, í leochaileach, tostach, mar a bhí cuid mhór den phobal basctha a tháinig slán. D'airigh sí sábháilte i measc na ndaoine sin, fadó. Ní raibh duine ar bith ag déanamh breithiúnais ar dhuine ar bith eile. Ní raibh caint ar an riail seo ná ar an riail siúd. Bhí siad ar fad chomh croite sin ag an gcogadh, ag an gcaoi ar loic an Fhrainc orthu, ar an gcaoi ar ligeadh do na Naitsithe a bplean uafásach a chur i gcrích. Formhór mór an phobail, maraíodh daoine muinteartha leo sna campaí báis. Thuig siad go rímhaith don té nach raibh in ann labhairt faoin méid a tharla. D'fhan Hana ina tost agus glacadh léi, Samuel lena taobh i gcónaí, é ann le labhairt ar a son.

Stiúir Levana í chuig suíochán sa tríú sraith ar thaobh na mban, an spota a ndíríodh sí gach seachtain air. Is ann a shuíodh sí féin agus a máthair i gcónaí agus ní shásódh rud ar bith an cailín beag ach go suífeadh sí féin agus Mémé sa tríú sraith chun tosaigh chomh maith. Shocraigh siad síos, Levana ag oscailt a leabhairín urnaí, ag scrúdú na leathanach.

Ar éigean a bhí súilaithne ag Hana ar na daoine ina timpeall. D'airigh sí súile duine éigin sáite inti – bean shlachtmhar, ar comhaois le Brigitte nó mar sin, í féin agus beirt iníonacha bheaga léi ina suí dhá shraith chun deiridh uaithi féin agus Levana. Rinne an bhean miongháire cairdiúil a thug le fios go raibh sí ag déanamh comhbhróin le Hana.

Ansin, amach leis an *rabbi*, dhírigh sé é féin ina sheasamh taobh thiar den *bimah,* thosaigh na veidhleadóirí sa chúinne ag casadh agus cuireadh tús leis an tseirbhís.

Ba bhreá léi a bheith in ann Samuel a fheiceáil. Ach bhí *mechitzah* sa teampall seo a scar na mná agus na fir óna chéile agus bhí sé ró-ard le duine ar bith a fheiceáil ar an taobh eile de. D'éist sí le glórtha na bhfear ag freagairt na bpaidreacha, ach bhí glór Samuel báite sa dordán domhain a tháinig anall uathu. Bhreathnaigh sí arís ar an mbean óg agus a cuid cailíní beaga. Bhí an chuma uirthi go raibh sí chomh cráifeach inti féin is a bhí Brigitte i ndeireadh a saoil.

Tháinig Brigitte chuici go tobann ina hintinn, an lá sin ar thug sí an píosa cainte faoin slabhra de mháithreacha Giúdacha. Chuimhnigh Hana ar an bhfonn a tháinig uirthi féin an cur i gcéill a chur ar leataobh agus an fhírinne a insint di.

Bhí sí i gcónaí ar tí é a dhéanamh. Ach gach uair a bhíodh sí faoi réir le tabhairt faoi, bhíodh Brigitte ag réiteach do sheisiún ceimiteiripe, nó ag iarraidh teacht chuici féin ina dhiaidh, é sin nó babhta radaiteiripe, nó cibé cineál plean nua eile a bhí ag na dochtúirí leis an mbás a choinneáil ó dhoras. Ar feadh an ama, bhí colainn a hiníne ag sleabhcadh mar a bheadh planda tí ann a raibh dearmad déanta uisce a choinneáil leis, Hana ag faire uirthi, ag cleachtadh ina hintinn an méid a déarfadh sí. Gan oiread agus focal a rá os ard riamh ar deireadh.

Lena taobh sa tsionagóg, d'fhreagair Levana paidreacha an *rabbi* go muiníneach, a méar ag bogadh ó imeall deas an leathanaigh os a comhair go dtí an leathanach clé, deas go clé, deas go clé, arís agus arís eile.

An dtiocfadh an lá a mbeadh Hana in ann an fhírinne a insint di? An mbeadh sí in ann an scéal ar fad faoin Eastóin a chur ar leataobh? An mbeadh sí in ann labhairt os ard léi faoi Chill Mhuirbhigh? Faoi Dheaide nó Bid? Nó faoi Pháraic?

Levana, An Bhruiséil, 2015

Bhí fón póca ina lámh ag an Éireannach, é ag scríobh ar an scáileán lena mhéar. Bhí grian íseal an earraigh ag caitheamh gathanna fada gréine anuas ar an seanséipéal trasna na plásóige ón triúr acu, turasóirí ag tógáil féiníní, grúpa déagóirí ina suí i gciorcal ar an talamh, iad ag gáire agus ag sacadh ar a chéile.

Chas an tÉireannach scáileán a ghutháin i dtreo Levana agus Irja, an t-aistritheoir Eastónach, go léifidís beirt an t-ainm a bhí scríofa aige ann.

PÁRAIC

"*C'est un prénom irlandais*," a deir sé, sa chanúint gháifeach Fraincise sin a bhí aige.

Bhí cúpla bealach ann leis an ainm a scríobh, a mhínigh sé. Bhreac sé go tapa ar an scáileán iad:

Pádraic

Pádraig

Pádhraic

Ainm an-choitianta a bhí ann i nglúin Mémé, a dúirt sé. Sa chéad leath den fhichiú haois, bhíodh buachaill i bhformhór tithe ar chósta thiar na hÉireann a raibh leagan éigin den ainm Páraic mar ainm air, in ómós do naomhphátrún na hÉireann.

Nuair a chrom sé chun tosaigh leis an scáileán a thaispeáint do Levana, leag sé an buidéal Badoit os a chomhair. Dhírigh sé an buidéal arís, é ag triomú an bhoird le naipcín páipéir agus ag cuimilt chos a threabhsair, gan moilliú dá laghad sa chur síos a bhí aige ar an gcóras ainmnithe páistí a bhí i réim faoin tuath in Éirinn tráth.

Bhí claonadh ann gach comhrá a chasadh ina léacht.

"Pár-aic. *Porique*," a bhí sé a rá anois. "Sin mar a deirtear i gcanúint an iarthair é. Agus an blúire filíochta sin ar an dara taifeadadh a chuala mé, na línte sin a bhain le foghlaeireacht ar an sliabh? Fíor-dhrochsheans go mbeidís ar eolas ag duine d'aois do sheanmháthar nárbh as an réigiún sin de. Agus maidir le hainm an éin, sa chéad fhocal, chuir sí béim ar an siolla ..."

"Ach ní heol dom go raibh mo sheanmháthair riamh in Éirinn," arsa Levana, í ag briseadh isteach air.

"Ní heol, ach ..."

"Ach bhí sí i Londain aimsir an chogaidh," arsa Irja, í ag iarraidh an teannas a mhaolú. "B'fhéidir gur casadh Éireannaigh ansiúd uirthi? An bhféadfadh sé sin tarlú?"

"Bhuel, b'fhéidir. Go teoiriciúil. Ach ..."

Bhreathnaigh sé anall ar Levana, é ag scrúdú a héadain.

"Féach, bhí smaoineamh agam."

Chrom sé go tobann ar leataobh agus bhain amach leabhar as a mhála, leabhar a raibh dath buí ar an gclúdach agus líníocht gharbh air de chloigeann fir.

"An dán sin a raibh píosa ar eolas ag do sheanmháthair

uaidh – tá sé ar fad sa leabhar seo. Seo iad na línte a dúirt sí agus í ina codladh."

D'oscail sé leathanach a bhí marcáilte aige le *post-it* buí, saighead tarraingthe ann a dhírigh ar véarsa den dán. Thug sé an leabhar do Levana agus dhírigh a mhéar ar na línte. Lean sí gluaiseacht a mhéire agus é ag aithris na bhfocal:

"*Ag fiach ar chnoic, ar mhóin is ar shléibhte,*
Ag rith ar bhroic is ar eilití maola."

Stop sé agus bhreathnaigh sa dá shúil uirthi.

"An rud atá ann – tá cúlra agam sa chineál seo eolais. Ní aistritheoir mé …"

"Ach tá tú fostaithe mar aistritheoir, nach bhfuil? Ar nós Irja?"

"Bhuel, tá. Ach ní hin mo ghairm, i ndáiríre."

Leag sé an leabhar buí ar an mbord eatarthu.

"*Je suis folkloriste.*"

"*Folkloriste?*"

"Sea. Agus … bhí mé ag cuimhneamh."

Stop sé agus bhreathnaigh uirthi ar feadh cúpla soicind, sular labhair sé.

"An bhféadfá mé a chur in aithne do do sheanmháthair?"

"Tú a chur in aithne di?"

"D'fhéadfainn dul ar cuairt chuici agus an dán seo a léamh di. Dá gcloisfeadh sí arís é, cá bhfios céard a tharlódh?"

Bhí a shúile ar lasadh anois.

"D'fhéadfainn Gaeilge a labhairt léi. Is mór an seans go bhfuil cuimhne …"

Phreab Levana ina seasamh. Gheit an tÉireannach.

"*Écoutez, monsieur,*" a deir sí. "Níl suim agam a bheith

ag iarraidh trialacha síceolaíochta – nó, nó … béaloidis – a chur ar mo sheanmháthair."

"Ach seans go mbeadh …"

"A Irja, cuirfidh mé glaoch ort. *Bonne soirée.*"

Chas sí ar a sáil agus shiúil léi, a croí ag preabadh ina cliabh.

* * * * *

Ghluais Levana tríd an gclapsholas, thar dhaoine a bhí ag fágáil siopaí agus comhlaí miotail á ndúnadh don oíche ar a gcúl. Shín bean *gitane* a lámh ina treo ag iarraidh déirce, impí ina súile móra.

Shiúil sí léi, glór an Éireannaigh ag preabadh thart ina ceann.

"*Je suis folkoriste. D'fhéadfainn dul ar cuairt chuici. D'fhéadfainn Gaeilge a labhairt léi.*"

Mheabhraigh sí ar an nglacadh a bheadh ag Mémé leis an scéal dá mbeadh a fhios aici an feall a bhí imeartha ag Levana uirthi. An taifeadadh a rinneadh i ngan fhios di, an comhad fuaime dá glór a scaipeadh ar aistritheoirí Choimisiúin na hEorpa ar fad. Na comhráite agus an comhfhreagras a bhí tosaithe i measc strainséirí. Cad a bhí á rá ag an sean-Ghiúdach mná. Conas. Cén fáth.

Bhí an scéal ar fad ag imeacht ó smacht. Cén fáth ar thoiligh sí bualadh leis an Éireannach seo?

Bhí sí nach mór ag doras an árasáin nuair a bhraith sí an fón ag bíogadh ina mála. Téacs ó Armand a bhí ann.

J'suis chez Churchill, Rue de l'Ecuyer.

* * * * *

As féin a bhí sé ina shuí, i gcúinne den bheár, gloine pionta folamh os a chomhair agus ceann eile, nach mór lán, ina lámh aige. Bhí an áit gnóthach, grúpaí fear agus a n-aird ar chluiche éigin peile a bhí ag bladhradh ó scáileán mór go hard ar an mballa.

Nuair a sheas Armand suas le hí a phógadh, chonaic sí loinnir dhearg ar a leicne.

"Tá tú anseo le tamall."

"Tá sé sin ceadaithe, nach bhfuil?" a deir sé, a ghlór ardaithe aige le gearradh trí ghleo an tseomra. Bhí géire sa fhreagra uaidh nach mbíodh ann ach go hannamh. Dhearc sí go géar air.

"Cad a ólfaidh tú?" a deir sé, é ag iarraidh an dochar a bhaint as a fhreagra.

Lig grúpa fear béic thobann astu.

"Féach, nílim in ann aige seo tráthnóna. Feicfidh mé ar ais san árasán thú."

Leag sé lámh ar a rosta.

"Le do thoil – bíodh ceann amháin agat. Ceann amháin?"

Scrúdaigh sí a éadan, a shúile. Bhí rud éigin tarlaithe.

"*Un apéro?*" a deir sé. "Rachaimid ag ithe in áit éigin eile ansin. Áit éigin ciúin."

Bhreathnaigh sí thart. Bhí an scáileán mór líonta ag éadan peileadóra, stríocaí allais ag rith le fána síos a éadan dorcha.

"*Une Blanche de Namur?*" a d'fhiafraigh Armand

Sméid sí a ceann.

* * * * *

Tar éis ghleo an tábhairne, bhí míchompord ag baint leis an gciúnas sa bhialann Iodálach. D'ordaigh Armand buidéal d'fhíon bán ar an gcéad rud agus bhí gloine caite siar aige faoin am ar tháinig an bia. Shuigh siad ann ag cogaint, gan mórán fonn cainte ar cheachtar acu.

Nuair a thosaigh an tost ag cur as do Levana, labhair sí go ciúin leis agus d'inis dó faoin Éireannach agus a phlean. Lig sé air go raibh sé ag éisteacht, ach ba léir go raibh a intinn ar fán. Faoi dheireadh, d'fhiafraigh sí de cad ba chúis leis an drochspion a bhí air. Bhreathnaigh sé uaidh, amhail is go raibh sé ag meabhrú cad ba cheart dó a dhéanamh. Leag sé uaidh an sceanra, phioc suas an fón a bhí leagtha ar an mbord aige, bhain cúpla smeach as an scáileán agus shín chuici é.

Ríomhphost a bhí oscailte aige, ó mhúsaem ealaíne – an dream a bhí ag eagrú an taispeántais. Léigh sí teideal na litreach: *La Guerre et la Mémoire: Votre Présentation*

Rith a súile thar an oscailt fhoirmiúil le teacht chuig an líne a raibh súil aici léi: diúltú a bhí faighte aige. Ní bheadh éinne ag siúl isteach i spás dorcha i músaem gradamach nua-ealaíne, le suí ann agus éisteacht lena shaothar.

Leag sí uaithi an fón. Chroith sé a cheann, meangadh dóite ar a bhéal, agus d'ardaigh a ghloine fíona chuig a bhéal an athuair.

"Ba chuma liom," a deir sé, "ach an dream a roghnaíodh …"

Thosaigh sé ar chur síos a dhéanamh ar an liosta iarratas ar glacadh leo, eolas a bhí bailithe óna lucht aitheantais aige i gcaitheamh an lae: an t-ealaíontóir coincheapúil nach raibh coincheap dá laghad aige den rud ba choincheap ealaíne ann; an péintéir a chloígh chomh dílis sin leis an téama *La Guerre et la Mémoire* gur imigh sé glan as a cuimhne gur saothar faoin gcogaíocht a theastaigh agus a chuir pictiúr isteach a bhreathnaigh cosúil le píosa páipéar balla; gan trácht ar an dealbhóir a bhí chun corp madra den phór Alsáiseach a reo agus é a thaispeáint i mbloc oighir, físeán curtha leis de pháiste ag casadh 'Claire de Lune' ar phianó a bhí go hiomlán as tiúin.

D'éist sí leis an gcur síos seo, an greann dóite uaidh mar bhindealán fáiscthe anuas ar chréacht na díomá. Dúirt sí go raibh botún déanta ag lucht an taispeántais, go nglacfaí fós leis an saothar. Bhí sí cinnte de.

Tar éis píosa, d'athraigh sé ábhar an chomhrá. Faoiseamh a bhí ann di. Bhí dóthain ar a hintinn féin anocht.

* * * * *

Chaith Armand formhór an lae dár gcionn sa leaba. Nuair a d'éirigh sé, bhí dath dearg ar a éadan agus gan mórán fonn cainte air. Bhí sé ciúin ann féin ar feadh cúpla lá, é ag imeacht leis amach ag siúl thart ar an gcathair. Tráthnóna Aoine na seachtaine dár gcionn, nuair a bhain Levana an t-árasán amach, bhí an trealamh fuaime ar fad curtha i mboscaí aige. Dúirt sé go raibh teagmháil déanta an athuair aige leis an gcomhlacht iompair ealaíne a mbíodh sé leo cheana agus go mbeadh sé ag tosú ar ais leo an tseachtain dár gcionn. Ní raibh fonn air labhairt faoin saothar fuaime agus shocraigh

Levana gurbh fhearr ligean leis. Dhírigh sé an athuair ar a ghiotár leictreach a chasadh, é ag seinm go rialta le drumadóir ón tSeineagáil.

* * * * *

Sna seachtainí a lean, ba chosúil go raibh sé ag iarraidh tarraingt siar chomh maith ó scéal Mémé. An mhistéir a bhain lena cúlra, na focail aduaine a bhí ag sileadh óna cuimhne, bhí siad chomh fite fuaite sin lena shaothar fuaime go raibh barúil ag Levana nach raibh sé in ann idirdhealú a dhéanamh idir an dá scéal. Bhí gá aige iad a chur i leataobh mar scéalta, le deis a thabhairt dó féin déileáil lena dhíomá agus cosán nua a aimsiú.

Lean Levana uirthi ag tabhairt cuairte ar Mémé mar ba ghnách, gan mórán a rá le Armand fúithi. Ach nuair a dúirt dochtúir an tí léi go raibh codladh oíche a seanmháthar éirithe an-bhriste, go raibh sí ag caint go rialta anois ina codladh agus gan tuiscint ag an bhfoireann ar a raibh á rá aici, ní raibh a fhios aici céard ba cheart di a dhéanamh. Neamhaird a dhéanamh dá raibh ag tarlú, nó féachaint an bhféadfadh sí féin an scéal a fhiosrú tuilleadh, ar a bealach féin, ar a luas féin?

Shocraigh sí go ngabhfadh sí isteach ag an deireadh seachtaine chun suí le Mémé agus éisteacht léi. Ní raibh sí cinnte an mbacfadh sí taifeadadh a dhéanamh ar a glór, dá labhródh sí. Bhí leisce uirthi an treo sin a leanúint; bhí na ceisteanna a bhí dúisithe an uair dheiridh chomh mearbhlach sin.

Chaith sí oíche Dé Sathairn le taobh leaba Mémé. Thart ar a dó a chlog, bhí sí féin ag bobáil codlata nuair a dúisíodh í. Bhí Mémé ag caint, a glór go láidir soiléir. D'éist Levana ar feadh cúpla meandar, abairt i ndiaidh abairte. Cad a bhí a rá aici? Tharraing sí amach a fón, d'ardaigh i dtreo Mémé é agus bhrúigh an cnaipe dearg.

Trí nóiméad agus caoga seacht soicind de chaint leanúnach a thaifead sí, na habairtí ag teacht ina ngrúpaí rialta, rithim leo agus ceol le fuaim na bhfocal.

* * * * *

Shuigh sí faoi ghrian na maidine ag bord caifé agus chuir an fón lena cluas. D'éist sí le glór Mémé, an chaint seo uaithi ó shaol rúnda eile. Ní fhéadfadh sí an taifeadadh a sheoladh chuig an Éireannach. Ní raibh sí in ann ag léacht eile uaidh. Mistéir chigilteach a bhí sa rud ar fad dó siúd, píosa aclaíochta dá intleacht. Ach chuaigh an scéal go cnámh na huillinne inti féin. Más Gaeilge na hÉireann a bhí ag Mémé ar an taifeadadh nua seo, ar chruthúnas é sin gur Éireannach a bhí inti ó cheart? Éireannach Giúdach? Giúdach Éireannach? Ón méid eolais a bhí aimsithe ar an idirlíon aici, tháinig pobal bídeach na nGiúdach in Éirinn go hiomlán slán ón *Shoah*. Mar sin, cé as ar tháinig an scéal faoin Eastóin agus a muintir ar fad a bheith curtha den saol?

Agus í ag baint súimín as a cupán caife, rith smaoineamh léi. B'fhéidir gur ábhar eisceachtúil a bhí san ábhar a taifeadadh ó Mémé roimhe, na focail agus na frásaí a bhí mínithe ag an Éireannach. B'fhéidir go raibh an ceart ag Irja, gur bhain an t-eolas sin le cairdeas nó caidreamh lé hÉireannach – scéal grá nár labhair sí riamh air. Cá bhfios? Agus b'fhéidir gur Eastóinis a bhí san ábhar nua a bhí taifeadta aici.

A luaithe is a d'fhill sí ar an árasán, scríobh sí SMS chuig Irja agus sheol chuici an comhad fuaime.

Ní raibh sise i bhfad ag teacht ar ais. Níor thuig sí focal den ábhar nua.

"Le do thoil," a d'fhreagair Levana, "ná seol é seo ar aghaidh chuig an Éireannach go fóill. Braithim faoi bhrú aige."

⁕⁕⁕⁕⁕

Bhí Armand agus an drumadóir ag seinm le chéile go leanúnach i stiúideo cleachta i lár na cathrach anois, agus den chéad uair le píosa bhíodh Levana aisti féin go rialta san árasán tar éis obair an lae. Tráthnóna amháin agus obair na scoile déanta, shuigh sí os comhair an ríomhaire, fonn uirthi a bheith ag fiosrú, gan a fhios aici cá bhfiosródh sí. Ní raibh sí réidh le dul i dtreo na hÉireann lena cuid taighde. Ba ghá di an scéal a d'inis Mémé riamh fúithi féin a iniúchadh mar thús. Bá ghá díriú ar an Eastóin.

Tar éis dhá oíche a chaitheamh ag gluaiseacht ó shuíomh go suíomh idirlín, ní raibh mórán eolas nua aimsithe aici le cur leis an méid a bhí bailithe go ciúin aici agus í ina déagóir. An uair sin agus í ar an *lycée*, ní raibh na hinnill chuardaigh ar líne i bhfad ar an saol. Bhí Levana ite le fiosracht faoi scéal Mémé ag an am agus is ag cur lena fiosracht a bhí an tseanbhean gach uair a sheachain sí ceist nó a d'athraigh sí

172

an t-ábhar cainte. Nuair a labhair Levana lena múinteoir staire ar scoil, mhol seisean di ligean do Mémé. Bhí sé ag dul di nach gcuirfí as dá cuid príobháideachais, a dúirt sé. Níor ghá é sin a dhéanamh chun eolas a fháil ar an bpobal as ar shíolraigh Levana. D'fhéadfadh sí triail a bhaint as scríobh chuig Ambasáid na hEastóine agus eolas ginearálta a lorg.

Tháinig litir ar ais ó *attaché* ann, litir a choinnigh Levana i bhfolach ina seomra ar feadh na mblianta. Bhí na príomhphointí eolais sa litir sin fós ar bharr a goib aici. Ba bheag nuachta a bhí sa mhéid a léigh sí anois ar na suíomhanna ba dheireanaí.

Le cruth a chur ar a cuid póirseála, d'oscail sí cáipéis nua Word agus bhreac na príomhphointí a raibh sí cinnte fúthu, meascán den seaneolas agus corrshonra nua a bhí á aimsiú anois aici:

Thart ar cheithre mhíle Giúdach a bhí ina gcónaí san Eastóin roimh an dara cogadh mór. Nuair a d'ionraigh na Sóivéadaigh an tír in 1940, díbríodh trí chéad duine den phobal chun na Sibéire. Theith na céadta eile chuig an Aontas Sóivéadach an bhliain dár gcionn, rogha níos sábháilte, a bhraith siad, ná fanacht agus na Naitsithe ar an mbealach aneas. Agus bhí an ceart ag an dream a theith. Níorbh fhada éalaithe iad nó gur ghlac fórsaí Hitler seilbh ar an tír. Faoi dheireadh na bliana, bhí ceannaire na bhfórsaí Naitsíoch san Eastóin in ann a mhaíomh go raibh obair an-éifeachtach déanta aige maidir leis an gcúpla céad Giúdach a bhí fós sa tír. Bhí sléacht críochnúil déanta ag a chuid saighdiúirí orthu agus stádas nua bainte amach ag an tír bheag ar mhapaí an Reich: bhí an

Eastóin anois saor ó Ghiúdaigh, an chéad tír ar domhan ar bronnadh teideal nua air, *Judenrein.*

B'in focal nua di. Shamhlaigh sí oifigigh in arm na Naitsíoch, iad ag saothrú leo go dícheallach nó go mbeadh an sprioc sin bainte amach acu sa réigiún a bhí faoina gcúram. Teacht le chéile acu an lá ar baineadh amach an stádas, é ceiliúrtha le buidéal *Sekt* a bhí coinnithe go cúramach dá leithéid de lá suntasach. Céim nó dhó in airde glactha go cinnte acu ar dhréimire an Reich leis an éacht seo a bhí déanta acu. An dea-scéala roinnte go háthasach leis an ardcheannaireacht i mBeirlín. Tír amháin, go hiomlán íonghlanta.

Judenrein.

* * * * *

D'oibrigh Levana uirthi ag an ríomhaire ar feadh na seachtaine, í ag triail bealaí éagsúla a aimsiú isteach san eolas a bhí uaithi. Arís is arís, chlóscríobh sí eochairfhocail san ábhar cuardaigh, féachaint an osclódh ceann ar bith acu doras di:

Estonie; Sepp Hana; Sepp H; Tartu 1928; Estonie; Juifs; Shoah ...

Ba líonmhaire na leathanaigh Bhéarla ná an chuid a bhí ar fáil i bhFraincis. Thosaigh sí ag cóipeáil sleachta Béarla agus Eastóinise isteach chuig Google Traduction agus ag léamh go cúramach trí na haistriúcháin a tháinig amach, í ag iompú thart na n-abairtí nuair nár éirigh leis an gcóras aistriúcháin ríomhaireachta na focail a leagan amach san ord ceart. Bheathaigh sí an meaisín le hailt, leathanaigh agus postálacha ó na meáin shóisialta, a súile ag tuirsiú de sholas an scáileáin, íochtar a droma ag éirí teann ag an iomarca suí.

D'aimsigh sí cathair Tartu ar Google Earth agus shiúil na sráideanna go fíorúil. Dhírigh sí ar cheantar Turu, áit ar sheas Sionagóg Mhór an phobail tráth den saol. Ceantar tráchtála a bhí anois ann, stórais mhóra le feiceáil ar dhá thaobh na sráideanna. Ghluais sí suas síos Sráid Turu, an áit ar bailíodh le chéile, faoi bhagairt gunnaí, a raibh fágtha de phobal Giúdach Tartu in 1941. Iad tugtha ar aon láthair le bheith scuabtha chun siúil, amach chuig na coillte taobh amuigh den chathair le cur chun báis, rois piléir ag macallú trí na crainn bheithe. Cé mhéad de mhuintir Sepp a cailleadh i bplásóg coille den sórt sin, lonta dubha agus meantáin ag teitheadh os a gcionn ó thrup na ngunnaí? Agus na fir, na mná agus na páistí de chuid mhuintir Sepp a thit, an raibh gaol ag duine ar bith acu, le fírinne, léi féin nó le Mémé?

Ar an gceathrú tráthnóna dá cuardach, tháinig sí ar shuíomh nach raibh feicthe aici roimhe. Bunachar sonraí a bhí ann, é foilsithe in Eastóinis, Rúisis agus Béarla, boiscíní ar an scáileán le míreanna eolais a iontráil ann: ainm pearsanta, sloinne, dáta breithe, áit bhreithe. Chlóscríobh sí 'Sepp', 'Hana' agus 'Tartu' agus bhrúigh an cnaipe cuardaigh.

Trí cinn d'iontrálacha a tháinig ar ais. An chéad phéire, leaganacha de shloinne Mémé a bhí iontu: Müürisepp agus Maasepp. Thíos fúthu, an tríú ceann a bhain preab aisti:

Sepp, Johanna (Hana).

Lean sí an iontráil síos an scáileán go bhfeicfeadh sí tuilleadh faoin mbean seo, a croí ag tabhairt léime ina cliabh nuair a chonaic sí dhá fhíric a tháinig le scéal Mémé: 1928 bliain a breithe, agus i gcathair Tartu a tháinig sí ar an saol. Bhí dhá phointe eile eolais ann nár tháinig Levana orthu roimhe: Leib Sepp a bhí ar a hathair agus Hana Schuster ar a máthair.

Leib Sepp. Hana Schuster.

Ní raibh ceachtar ainm feicthe ná cloiste riamh cheana aici. Stop sí. Í ag breathnú anois ar dhá bhlúire eolais in íochtar an scáileáin, dhá iontráil ghearra i mBéarla nár ghá di a chur trí Google Traduction. Píosaí breise eolais faoi Hana Sepp.

Year of Death: 1944
Place of Death: London, England

Rug sí ar an bhfón le taobh an ríomhaire.

*****

Bhí Irja ag freagairt sular chuimhnigh Levana i gceart uirthi féin. An raibh dóthain aithne aici ar an mbean seo le hiarraidh uirthi fiosrúchán íogair den sórt seo a dhéanamh? A dheimhniú go raibh seanmháthair Levana ag úsáid ainm duine eile ar feadh fhormhór a saoil, Giúdach mná a cailleadh breis agus seachtó bliain ó shin?

D'éist Irja lena cur síos scaipthe. Chuaigh sí ar líne í féin agus d'aimsigh an t-eolas a bhí feicthe ag Levana. Bhí tost beag ar an líne, ansin labhair sí.

"Féach," a deir sí. "Fág liom é. Beidh am agam é seo a fhiosrú amárach, seans maith."

"A Irja? Ná habair focal go fóill leis an Éireannach. *D'accord*?"

* * * * *

An tráthnóna dár gcionn, agus í ag rith trí Parc Marc José, chuala sí an fón ag bualadh. Ainm Irja a bhí ar an scáileán. Sheas sí faoi scáth crainn agus d'fhreagair an glaoch. Bhí teagmháil déanta an mhaidin sin ag Irja leis an mbean in Tallinn a raibh taighde agus deimhniú fíricí déanta aici don suíomh idirlín. Bhí an t-eolas ann cruinn agus údarásach, é cros-seiceáilte ag an eagraíocht Ghiúdach i Londain ar oibrigh na hEastónaigh leo ar an mbunachar sonraí. Maraíodh Hana Sepp i bpléasc ar an 14 Meán Fómhair, 1944, lámh le stáisiún underground Clapham South, in iardheisceart chathair Londan. Ionsaí roicéid á bhí i gceist.

"Ionsaí roicéid?"

"Is ea. Ar chuala tú trácht riamh ar na roicéid V-2 a bhí á dteilgean ó chósta na Fraince ag na Naitsithe le linn na bliana 1944?"

"*Les V-2?*" arsa Levana. "Chuala. Chuala."

"Bhí Hana Sepp ar dhuine de thriúr a fuair bás san eachtra sin in Clapham. Bhí daoine ag brostú chun an stáisiún faoin talamh a bhaint amach nuair a thuirling roicéad V-2 ar an tsráid. Shéid an phléasc Hana Sepp isteach príomhdhoras an stáisiúin. Bhain gortú mór di agus cailleadh ar an láthair í."

"Agus is ag rith i dtreo an stáisiúin a bhí sí nuair a tharla an phléasc?" arsa Levana, teannas ina glór.

"Is ea, sin é mo thuiscint ar an scéal. Í féin agus roinnt daoine eile. Nílim cinnte cé mhéad duine ar fad a bhí ann."

* * * * *

Agus í ag cur cos thar tairseach isteach san árasán i bPáras, ní fhéadfadh Levana gan cuimhneamh ar an socrú a bhí aontaithe aici le Mémé. Ní thiocfadh sí ar ais chuig an áit seo riamh gan chead, a bhí ráite aici, sula mbeadh a seanmháthair caillte.

Bhí boladh stálaithe ar an aer san áit agus nuair a d'oscail sí fuinneog, líon leoithne gaoithe an seomra ina timpeall. Bhreathnaigh sí amach ar an tsráid, ar bhean óg ag siúl uaithi, madra beag buí ar iall lena taobh.

Sa seomra folctha bhí braon anuas ann agus an t-urlár báite. Tharraing sí amach seantuáille agus thriomaigh an áit. Leag sí báisín sa spota a raibh an braon ag tuirlingt ar an urlár.

Ina suí di i gcathaoir shócúil Pépé, suíochán folamh Mémé ar a haghaidh amach, bhuail taom uaignis í. Bhí traochadh ag baint leis an rud seo ar fad.

D'éirigh sí agus chuaigh chun na leapa. Chaith sí dhá uair an chloig ina luí ar a droim, a hintinn ag léim ó smaoineamh go smaoineamh. Thit a codladh ar deireadh uirthi, an solas fós ar lasadh.

* * * * *

An *Shabbat*.

An chéad smaoineamh a bhuail í nuair a dhúisigh sí, seomra leapa a hóige ag druidim thart uirthi. Shuigh sí aniar sa leaba, seanfhuadar an lae bheannaithe fúithi. Bhí an tseantarraingt ann i gcónaí – éirí, cuma a chur uirthi féin, agus na cúig nóiméad déag siúil sin a dhéanamh, an t-aistear seachtainiúil a chleacht sí féin, Mémé agus Pépé ar feadh blianta. Beannú do na daoine sin, idir shean agus óg, ar fhás sí suas ina measc.

Bheadh Erzsi ann, í fós chomh díograiseach faoin gcreideamh is a bhí riamh. Agus Madame Strauss, a chónaigh trasna an phasáiste ó árasán Erzsi, í siúd a bhíodh chomh lách sin léi i gcónaí. An duine a mholadh í fadó faoi na hamhráin Eabhraise a bheith chomh maith aici.

Chloisfeadh sí arís na paidreacha á n-aithris, agus thiocfadh na seanfhrásaí ar ais chuici. Ghlacfadh sí páirt i monabhar an phobail, shúfadh sí isteach an amhránaíocht. B'fhéidir fiú go múchfaí an tart sin a d'éiríodh inti anois is arís na laethanta seo, an folús sin nár líon an rith, ná an obair, ná an grá féin.

Ach ní fhéadfadh sí dul ann inniu, seachas lá ar bith. An bealach ar fad ó Pháras an lá roimhe, bhí sí ag streachailt le smaoineamh a chuir mearbhall uirthi. Murar Ghiúdach í Mémé, níor Ghiúdach a máthair féin ach oiread. Agus más mar sin a bhí, ba chinnte nár Ghiúdach í féin, sa tuiscint den chreideamh inar tógadh í. Le páirt a ghlacadh an athuair sa *Shabbat* i measc an phobail a chleachtaidís, bheadh uirthi iompú go hoifigiúil ar an nGiúdachas. Mura ndéanfadh, ní bheadh a fhios ag duine ar bith a mhalairt, ach bheadh fírinne an scéil ag dó na geirbe aici féin.

Ghlac sí cithfholcadh, ghléas sí, chóirigh sí a héadan agus a cuid gruaige agus amach léi, í ag tarraingt ar chaifé ag bun na sráide, áit a dtugadh Pépé ar feadh blianta í. Bhí Bernard, fear an tí, ann roimpi. Ní raibh mórán lá aoise ar bith tagtha air, cé go raibh sé ag teannadh le lár na seachtóidí ar a laghad.

Bheannaigh sé go croíúil di, á pógadh ar an dá leiceann,

greim á choinneáil aige ar a dá gualainn agus é ag seasamh siar lena héadan a scrúdú. Chuir sé tuairisc Mémé agus labhair siad scaitheamh beag ar a sláinte agus eile.

Nuair a d'fhág Bernard í le beannú do chustaiméirí eile, shuigh sí aisti féin, ag baint súimíní beaga as a babhla caife. Bhreathnaigh sí ar chustaiméirí ag teacht is ag imeacht, duine nó beirt a bheannaigh di go fáilteach, cuid mhaith nach bhfaca sí riamh roimhe.

Agus an bricfeasta curtha di aici, shiúil sí timpeall na páirce ar an taobh eile den bhóthar.

Bhí a fhios aici gur ag moilleadóireacht a bhí sí. Bhí obair roimpi san árasán.

✳ ✳ ✳ ✳ ✳

Dhírigh sí i dtosach ar an seomra codlata. Bhí éadach Mémé agus Pépé fós ann – na cultacha a chaitheadh Pépé agus é ag tarraingt ar chruinnithe coiste, an cóta fada geimhridh, an hata gréine a chaitheadh sé sa samhradh agus iad ag siúl na páirce poiblí. Ar thaobh Mémé bhí na gúnaí samhraidh agus geimhridh a chaitheadh sí agus í ag dul amach ag siopadóireacht nó ag obair thart ar an árasán. Bhain Levana amach an t-éadach ar fad agus leag go cúramach ar an leaba é. Bhí cúpla bosca beag in íochtar an chófra. I gceann amháin, bhí cnuasach breá snáthaidí fuála agus snáth ann. I gceann beag eile, bhí cnaipí de gach dath agus gach méid, pé áit as ar tháinig siad. I gceann eile fós bhí burla cáipéisí.

Ar bharr an bhurla bhí bailiúchán pasanna ann. Is le Pépé a bhain a bhformhór, na dátaí orthu ag síneadh siar os cionn seasca bliain, Pépé ag éirí níos óige i ngach grianghraf ar leith.

Bhí dhá sheanphas ann chomh maith a bhain le Levana, ceann a eisíodh di is í ocht mbliana déag d'aois, agus ceann eile is í ceithre bliana déag.

Faoi bhun na bpasanna, tháinig sí ar bheart *cartes d'identité*, cártaí aitheantais a bhain le Pépé amháin. Oiread agus cáipéis amháin a raibh ainm Mémé uirthi ní raibh ann. An mbeidís ar fad scriosta aici?

Chuaigh sí tríd an tarraiceán ar an mbord sa halla, gan mórán dóchais aici go dtiocfadh sí ar rud ar bith. Cúpla admháil Leclerc, burla beag téide, ceithre cinn de phinn luaidhe, b'in a raibh ann.

Bhí tarraiceáin le seiceáil sa chistin agus sa seomra suí ach ní raibh rud ar bith iontu a nocht aon eolas nua. Sheiceáil sí a seomra codlata féin, féachaint an raibh seans ar bith ann go raibh aon bhosca nó cás nó eile nár bhain léi féin ann. Ach ní raibh.

Sa seomra suí, bhain sí anuas na leabhair, ag tosú ar an tseilf ab airde agus ag oibriú anuas.

Tháinig sí ar thicéad traenach Paris-Strasbourg ó 1963, ar thicéad eitleáin go Londain ó 1974, ar chlár ceolchoirme ón mbliain chéanna.

Bhí dhá uair an chloig caite aici ag ransú ar an gcaoi sin, an dusta ag cur dinglise ar a srón nuair a tharraing sí amach leabhairín beag, cnuasach dánta le Rimbaud. Istigh ina lár, bhí cáipéis nach raibh feicthe aici cheana: *Livret de Famille*. An Leabhrán Teaghlaigh.

Scrúdaigh Levana an cháipéis, líne ar líne, a croí istigh ag cnagadh ar chnámha a cléibh. Cáipéis í a eisíodh ar an

27 Samhain, 1945, do Mémé agus Pépé, ar ócáid a bpósta, tráth ar bhunaigh siad teaghlach nua. Dhírigh sí ar an gcuid a bhain lena seanmháthair.

Breactha faoi bhun ainm Hana Sepp, a rugadh ar an 14 Márta 1928, bhí ainm a baile dúchais: Tartu, Estonie. Agus faoina bhun arís, ainmneacha agus sloinnte a hathar agus a máthar, faoi seach: Leib Sepp agus Johanna Schuster.

Sheas sí mar a bheadh dealbh oighir ann, ag stánadh ar an dá ainm. Faoi dheireadh, d'fhéach sí ina timpeall, ag cuardach a fóin. D'aimsigh sí ar an tolg é, ghlac grianghraf den cháipéis agus sheol chuig Irja é.

Samuel, Páras, 2006

Rud éigin ag titim a dhúisigh é. Bhreathnaigh sé ina thimpeall, grian an fhómhair ag soilsiú ar na seilfeanna agus ar scáileán na teilifíse ar an taobh eile den seomra. An t-úrscéal Eabhraise ar an urlár, é tite óna ghlúin. Chrom sé lena phiocadh suas, é ag iarraidh an leathanach a bhí á léamh aige a aimsiú. Chuala sé an doras tosaigh ag plabadh taobh amuigh. Sheiceáil sé a uaireadóir. An mbeadh Levana ar ais ón scoil fós? Nó an raibh sé ráite aici go raibh sí féin agus a cairde ag dul chuig an bpictiúrlann sa chathair tráthnóna?

"*Levana, c'est toi?*" a ghlaoigh sé amach.

D'oscail an doras. Hana a bhí ann, dhá mhála Carrefour i ngach lámh aici, iad ag cur thar maoil le glasraí. Do bhean a bhí i bhfoisceacht dhá bhliain de na ceithre scór, bhí loinnir bhreá na sláinte ar a craiceann agus cuma óigeanta ar a héadan.

"*La récolte,*" a deir sí go bródúil, í ag taispeáint dó an fómhar breá a bhí bainte aici. Bhí lasair ina súile, a bhí buí le haois ach a raibh goirme na spéire fós le sonrú iontu chomh maith.

"Coinneoidh tú glasraí leis an bhfoirgneamh ar fad ar feadh an gheimhridh!" a deir sé de gháire, é ag tógáil céime ina treo go bhfeicfeadh sé a raibh aici. Bhuail freang ina chos é. Shuigh sé siar sa chathaoir arís, strainc ar a éadan.

"Bhfuil tú ceart go leor?" a deir sí.

"An chos," a deir sé. "Sin uile."

"Fan mar atá tú," a deir sí, í ag casadh le tabhairt faoin gcistin. "Déanfaidh mé anraith le cuid de na rudaí seo. Glaofaidh mé ort nuair a bheidh sé réidh."

Shuigh Samuel go socair, é ag tarraingt anála go domhain arís.

* * * * *

Ní mór na pianta a bhí ag goilleadh ar Hana, í ag éirí leis an bhfáinne bán le himeacht chuig an ngairdín glasraí cathrach a bhí tar éis léas nua saoil a thabhairt di. Samuel a fuair gaoth an fhocail go raibh a leithéid ann, nuair a léigh sé alt in *Le Parisien* faoi ghrúpa a bhí ag iarraidh fás bia a chur chun cinn sa chathair. Tharraing sé anuas chuici é, ach i ndáiríre níor shíl sé go mbeadh sí sásta páirt a ghlacadh ann. Bhíodh leisce uirthi a bheith i measc daoine nua riamh anall. Nuair a shíl sé gan mórán suime curtha aici sa tionscadal, rinne sé dearmad arís air mar scéal. Ach coicís ina dhiaidh sin, bhailigh sí léi amach an doras go moch, gan tada a ligean uirthi. Nuair a d'fhill sí tráthnóna, dúirt sí leis go raibh sí ag baint triail as páirt a ghlacadh sa ghrúpa.

Ba léir go raibh sí ar a compord leis an dream daoine a bhí ina bhun, mar gur choinnigh sí uirthi ag dul ann, cúpla maidin sa tseachtain ar feadh an tsamhraidh ar fad. Meascán de dhaoine a bhí éirithe as an obair a bhí páirteach, a dúirt sí leis; bhí sí féin ar dhuine de na garraíodóirí ba shine ar fad. Bhí daoine óga ann chomh maith céanna, ina measc díograiseoirí *eco* a raibh folláine an phláinéid ag déanamh imní dóibh.

Le teacht an fhómhair, agus fiacail sa ghaoth an athuair, bhí an séasúr ag druidim chun deiridh agus Hana ag iarraidh an fómhar glasraí a chaomhnú. Bhí crúscaí trátaí faoi ola agus oinniúin i bpicil á stóráil aici, í ag iarraidh cúnamh ríomhaireachta ar Samuel sna tráthnónta le taighde a dhéanamh ar theicnící nua.

Ach ba é cothú agus fás na bplandaí féin a thug an sásamh ba mhó di, a shíl Samuel. Tar éis dó na blianta a chaitheamh ag moladh di triail a bhaint as ióga, nó machnamh, nó rud ar bith a bhainfeadh di an néal dorcha a bhíodh i gcónaí ag faoileáil os a cionn, cé a cheapfadh gur rud chomh simplí le fás glasraí a thabharfadh suaimhneas intinne di?

An t-earrach roimhe, i ndiaidh do Hana liostáil leis an ngrúpa, chonaic Samuel an sásamh a bhain Levana chomh maith as an eachtra nua seo, an ghné seo de phearsantacht dhúnta a seanmháthar nach raibh feicthe aici roimhe. Na síolta curtha ar leac na fuinneoige, plandaí beaga leochaileacha ag péacadh as sorcóirí cairtchláir a chaití amach roimhe sin nuair a bhíodh an rolla páipéar leithris lenar bhain siad ídithe. An fhaire dhíograiseach a bhí ag Hana ar na gais bheaga fhanna sin, an cothú le huisce agus le dordán íseal fonnadóireachta. An grá a bhí aici do mhisneach na bplandaí beaga, iad ag síneadh chun na spéire; dúchas rúnda an tsíl á leanúint acu agus á chur in iúl chomh maith is a bhí siad in ann. Ansin an t-aistriú amach chuig na ceapóga slachtmhara a bhí déanta ag Hana agus a cairde nua. Bhí ríméad ar Samuel nuair a thug sí cuireadh do Levana chuig an ngairdín lena cuid oibre a thaispeáint agus an dul chun cinn a bhí déanta ag na plandaí a fheiceáil.

"Meas tú an bhfásadh sí glasraí nuair a bhí sí beag?" a d'fhiafraigh Levana de Samuel, lá. Bhí siad amuigh sa pháirc phoiblí áitiúil, iad i mbun na gluaiseachta malltriallaí a dtugadh Samuel fós 'siúlóid' uirthi.

"An bhfásadh sí glasraí? Is mór an seans go bhfásadh," a d'fhreagair seisean, iad stoptha ag suíochán le taobh lochán uisce, leannáin agus grúpaí teaghlach ina suí thart ar an bhféar faoin ngrian.

"Meas tú an raibh gairdín acu?"

"D'fhéadfadh a bheith," a deir sé. "Tá an-scil ag muintir na dtíortha ó thuaidh sna cúrsaí sin."

Ní bhíodh mórán eolais nua sna freagraí seo a thugadh Samuel uirthi. Ach d'éiríodh leis a chur ina luí uirthi, mar sin féin, nach raibh sé ag iarraidh rud ar bith a cheilt.

*****

Bhí sé ina shuí ag an mbord, pictiúirín uiscedhatha á chríochnú aige, nuair a sheas Levana ag an doras.

"A Pépé?"

Bhí a cóta breac le braonta báistí. Bhí bileog pháipéir ina lámh dheas aici, clúdach bán litreach sa lámh eile, giodam ina súile. Chroith sí an bhileog.

"Feicim gur tháinig an litir ón scoil."

An litir. Bhí sé i gceist aige í a chur ar leataobh. Ní raibh an méid a bhí inti pléite go fóill le Hana aige. Ní raibh réiteach déanta aige léi ar a mbeadh i gceist.

"Hmm?" a deir sé, é ag díriú a shúile an athuair ar a chuid péintéireachta. Shiúil sí ina threo.

"Litir ón scoil? Faoin turas?"

D'éirigh sé, phóg ar an leiceann í, agus thóg an litir. Bhreathnaigh sé ar an leathanach, cé go raibh sé léite cheana féin aige.

Shiúil sé chuig an doras, dhún é, thiontaigh ar ais ina treo agus labhair léi go híseal.

"Cogar, *metuka*, ba mhaith liom é seo ar fad a phlé le Mémé," a deir sé. "Tá a fhios agat féin, tá sí chomh sásta inti féin le tamall, níl mé ag iarraidh go mbeadh an rud seo ina …"

"Tá gach uile dhuine ag dul ann, a Pépé," a deir sí. "Níl rud ar bith le plé."

"Éist nóiméad, maith an cailín," a deir sé, é ag breith go séimh ar an dá ghualainn uirthi, ag breathnú uirthi go caoin. "Tuigim do dhearcadhsa, creid uaim é. Beidh gach rud go breá, níl ann ach gur fearr dúinn déileáil leis an scéal go deas réidh."

Dhírigh Levana a súile chun na spéire agus leag póg sciobtha ar leiceann Samuel, í ag tabhairt le fios gur thuig sí nárbh uaidh siúd a thiocfadh aon trioblóid a bhainfeadh leis an scéal seo.

* * * * *

An oíche sin sa leaba, sula ndeachaigh siad a chodladh, shín Samuel an clúdach litreach chuig Hana. Leag sí uaithi an leabhar cócaireachta a bhí ina lámha aici agus bhain amach an litir. Léigh sí í agus bhreathnaigh anall air, teannas ina héadan nach raibh feicthe ann aige le píosa.

"An bhfuil a fhios ag Levana faoi seo go fóill?" a d'fhiafraigh sí.

Chlaon sé a chloigeann mar fhreagra.

"Tá sí ró-óg. Ní ceart ligean di dul ann."

"Aontaím leat. Ach tá an-fhonn uirthi a bheith leo."

"Bhuel, déileáil tusa leis. Coinnigh mise amach as mar scéal."

Shín sí chuige an litir, mhúch an lampa ar a taobh sise den leaba agus chas uaidh i dtreo an bhalla.

* * * * *

Mar is iondúil, bhí Samuel ar an duine ba shine go mór fada sa seomra, oíche an chruinnithe. Chuir Monsieur Lunel, an príomhoide, fáilte chroíúil roimhe ag an doras isteach agus d'fhiosraigh faoina shláinte féin agus faoi shláinte Hana ar bhealach nach ndéanfadh le mórán duine ar bith eile a bhí i láthair. Rinne na máithreacha meangadh muinteartha leis, agus sheas fear óg le suíochán a thairiscint dó ar imeall sraithe chun tosaigh.

Bhreathnaigh sé timpeall agus an cogar mogar fós ar bun sa halla. D'aithin sé cuid mhaith de na tuismitheoirí sa halla, ina measc duine nó beirt a chuaigh ar scoil le Brigitte nuair a bhí sise ina déagóir, daoine eile a raibh aithne curtha aige féin agus Hana orthu le linn do Levana a bheith sa bhunscoil. Le taobh an tseomra, iad ag réiteach le tús a chur leis an ócáid, bhí Monsieur Lunel ag comhrá le haoichainteoir nár aithin sé agus le Madame Caspi, an múinteoir a raibh cúram eagraithe an turais uirthi.

D'aithin sé fear a bhí ina shuí sa tsraith ar chúl uaidh. Bhuail Samuel bleid chainte air in Eabhrais. Iosraelach a bhí ann, fear óg a d'aistrigh go Páras is a phós cailín a bhí bliain nó dhó taobh thiar de Brigitte ar scoil. Chas an fear ar an bhFraincis, lena bhean a thabhairt isteach sa chomhrá. Bhí iníon leo ar an turas dhá bhliain roimhe, a dúirt sé. Bhí a mac ag caint air le cúpla mí.

D'éist Samuel go cúramach le fáiltiú Monsieur Lunel agus le réamhrá Madame Caspi. Bhí cúrsa do theagascóirí Eorpacha déanta aici siúd an samhradh roimhe sin in Krakow, a mhínigh sí, agus bhain an t-aoichainteoir Polannach leis an scéim idirnáisiúnta oideachais sin. Chuir siad a gcás i láthair le sraith sleamhnán agus mhínigh an cur chuige a bheadh acu do na daltaí: go ndéanfaí go leor plé ar Mhúsaem Auschwitz agus ar an ár a thit amach ann sna seachtainí sula n-imeodh na daltaí.

Chuimhnigh Samuel ar Levana, ar an bhfonn a bheadh uirthi é seo ar fad a phlé le paisean an déagóra ag bord an dinnéir. Ar an tost a bheadh ann ó Hana agus í ag díriú a hairde ar an bpláta os a comhair.

"Níl focail ann le cur síos ar an uafás a tharla in Auschwitz," arsa Madame Caspi, go neirbhíseach, í ag tosú ar a cuid sise den chur i láthair. Shuigh bean na Polainne lena taobh ag éisteacht go hairdeallach agus ag claonadh a cinn go tacúil.

Labhair sí ar an tábhacht a bhain le hoidhreacht dhearóil an *Shoah*. Labhair sí ar an gcaoi ar féidir leis an olc bláthú i gcroí daoine, i gcroí náisiún iomlán. Labhair sí ar bheith ag spreagadh na hóige le domhan níos fearr a thógáil do na glúnta atá romhainn. Ba ghá muinín a chothú iontu gurbh féidir leo é sin a dhéanamh. Bhí fíorthábhacht le cuimhne an uafáis, go mórmhór an chuimhne a bhí ag an bpobal Giúdach ar an *Shoah* a chaomhnú agus an chuimhne sin a bheith mar bhunús leis an tuiscint nach bhféadfadh an cine daonna ligean dá leithéid tarlú arís, do phobal ar bith ar chlár na cruinne.

De réir mar a choinnigh an bheirt bhan leis na sleamhnáin agus na pointí snasta plé, ba léir do Samuel gur rud mór i saol na ndéagóirí seo a bheadh sa turas, tionscadal níos mó ná mar a shamhlaigh sé roimhe. Ábhar plé agus machnaimh a bheadh ann a mhairfeadh sciar maith den bhliain scoile.

"Tuigim," a deir bean na Polainne, í ag druidim le deireadh a cuid cainte, " tuigim gur chuir an *Shoah* cor tragóideach i saol cuid agaibhse atá in bhur suí os mo chomhair anseo anocht. Agus tuigim gur ceist an-íogair í daoibhse go háirithe."

Chonaic Samuel Monsieur Lunel ag caitheamh súile ina threo féin agus ag breathnú uaidh arís go sciobtha.

'Eispéireas mothúchánach' a bheadh sa chuairt, dar leis an mbean, agus réiteofaí na daoine óga go cúramach le déileáil lena gcuid mothúchán pearsanta faoin *Shoah*.

Chorraigh Samuel ina shuíochán. Bhuail arraing ghéar sa chos é.

Eispéireas mothúchánach. Cinedhíothú. Cearta daonna.

Tá sé seo ar fad go breá, a dúirt sé leis féin, ach an gcuideoidh sé oiread sin le Levana an lá a mbeidh sí ag siúl tríd an seomra sin a bhfuil na hualaí éadaí naíonán carntha ann?

* * * * *

"Bhuel?" arsa Hana.

Bhí a súile dírithe ar an leabhar ina lámha, an lampa ar a taobh sise den leaba ag soilsiú a héadain.

"Labhair mé le Monsieur Lunel i ndiaidh na gcainteanna. Dúirt seisean gur rogha a bhí ann do gach teaghlach dul ann nó fanacht as."

"Agus an mbeidh mórán acu nach mbeidh ag dul ann?"

"Sin rud nach bhfuil a fhios agam go cinnte, ach ó bheith ag caint le daoine, is cosúil go mbeidh formhór mór acu ag imeacht."

"Uaireanta," a deir Hana, "sílim go mbeadh sé níos fearr ag daoine dearmad a dhéanamh ar an scéal sin."

* * * * *

Tráthnóna an lae dár gcionn, thug Samuel Levana amach chuig Caifé Bernard, trasna an bhóthair. Seans go raibh barúil aici nach díreach ar mhaithe le caighdeán na seacláide te a mheas a bhí siad ann, ach is é sin a bhí mar ábhar comhrá acu don chéad chúpla nóiméad. Ansin, dhírigh Samuel ar an ábhar a bhí le plé.

"Maidir leis an turas seo," a deir sé ar deireadh, é ag triail blas éadromchroíoch a chur ar a ghlór, "conas a bhraitheann tú faoi?"

"Cad atá i gceist agat?"

"Bhuel, an bhfuil tú réidh dó, an dóigh leat?"

"Chomh réidh le duine ar bith eile sa rang."

"Ach …"

"*Écoute*, a Pépé. Tá gach duine ag dul ann. Sheiceáil mé. Gach uile dhuine sa rang."

"Ach cén bhaint atá ag gach duine …"

Dhearg leiceann Levana.

"Ní ar mhaithe leo siúd atá mé ag dul ann, ach ar mhaithe le Mémé."

"Mémé?"

"Tháinig do mhuintirse slán, a Pépé, seachas do dheartháir. Ach muintir Mémé – tá a fhios agat féin céard a tharla. Níl sí in ann labhairt faoi – riamh. Tá mise ag dul ann le saol a muintire sise a chomóradh."

"Ach níor tugadh go Auschwitz iad, go bhfios dúinn."

Bhreathnaigh sí air.

"Ní thuigeann tú!"

"Ach tá mé ag iarraidh a thuiscint, *metuka*."

"Níl a fhios againn cár cuireadh muintir Mémé chun báis. I lár coille, nó ar chúlsráid nó i bpríosún uafásach éigin. Ach in Auschwitz, gach duine a théann ann, téann siad ann le hómós a léiriú dóibh siúd nár tháinig slán. Do gach duine."

"Ach …"

"Caithfidh mé é a dhéanamh, a Pépé. Ar son Mémé. Ar son Maman. Ar mo shon féin. Sin a bhfuil faoi."

D'éirigh sí agus shiúil an doras amach.

* * * * *

Tost ba mhó a bhí eatarthu ag an mbord am dinnéir as sin go ceann roinnt seachtainí, Levana ag cúbadh isteach ina seomra a luaithe is a bhí an béile ite agus na soithí glanta, Hana ag cúbadh siar sa spás príobháideach ina ceann nach raibh cead ag duine ar bith eile thar tairseach isteach ann. Bhí an ghráin ag Samuel ar an gciúnas briosc a luigh orthu, ach in ainneoin a chuid iarrachtaí, ba dheacair an t-atmaisféar a fheabhsú.

* * * * *

Chas an aimsir go tobann chun donais, é ag gleadhradh báistí ó cheann ceann an lae. Bhí deireadh leis an ngarraíodóireacht amuigh agus bhí fómhar na nglasraí próiseáilte ag Hana, an farasbarr dáilte aici ar chomharsana san fhoirgneamh.

Thart ar choicís i ndiaidh do Levana tosú ar an réamhullmhúchán don chuairt ar an bPolainn, leaindeáil Samuel abhaile, thart ar a cúig a chlog tráthnóna. Bhí doras an tseomra suí dúnta, ach bhí ceol ar siúl taobh istigh ann. Sheas Samuel nóiméad agus chuir sé cluas air féin. D'aithin sé an píosa ceoil ar an bpointe. An *Gloria*, ó Aifreann Corónaithe Mozart.

Nuair a d'oscail sé an doras, chonaic sé an bheirt roimhe, Hana agus Levana, ina suí ar an tolg. Ba chosúil go raibh Hana ina codladh, á dhá lámh timpeall ar Levana aici. Bhí gloine leathfholamh de chineál éigin ar an urlár agus an ceol ag bladhradh ón seinnteoir ceirníní. Nuair a chonaic Levana é, chuir sí a méar lena béal. Shiúil Samuel go ciúin i dtreo na beirte. Phioc sé suas an ghloine ón urlár. Chas sé ó Levana lena leagan ar an mbord. Agus a dhroim casta leis an mbeirt aige, chuir sé an ghloine lena shrón agus rinne smúradh. Líon boladh alcóil a pholláirí agus líon cuimhne ghléineach a intinn.

Hana, é féin, agus lánúin óg eile – fear ón bPolainn, cailín ón Eastóin. Iad ina suí ar an urlár i seomra brocach in Clapham, Londain. Gan iontu ceathrar ach déagóirí, iad ag breathnú ó dhuine go duine nuair a thosaigh aláram na ruathar aeir ag sianaíl taobh amuigh.

Leag Samuel uaidh an ghloine agus chas an athuair i dtreo na beirte. Rug sé ar ghualainn Hana agus chroith go séimh í. Nuair a d'oscail sí a súile, leath straois ar a béal nach raibh feicthe le tamall maith de bhlianta aige. D'aithin Samuel go maith an straois ólacháin sin, gáire grámhar nach raibh sí in ann a aimsiú agus í ar a ciall.

Bhreathnaigh Hana ina timpeall, í ag oibriú amach cá raibh sí. Chonaic sí go raibh a lámh timpeall ar Levana i gcónaí aici, amhail máthair éin a raibh a scalltán cuachta isteach le clúmh a boilg aici.

"A Levana, *metuka*," a deir sí agus leag póg ar bhaithis a gariníne. Las éadan Levana.

D'éirigh leo Hana a mhealladh le héirí ina seasamh agus thug isteach sa seomra codlata í. Chuir siad ina suí ar an leaba í agus bhain di a bróga. Nuair a bhí a cloigeann curtha siar ar an bpiliúr aici agus an *duvet* tarraingthe aníos ina timpeall, leath an straois sin ar a héadan arís, an straois a chuireadh olc riamh ar Samuel.

Agus an solas múchta sa seomra codlata, rug Levana greim láimhe ar Samuel agus tharraing amach chuig an tolg sa seomra suí an athuair é.

"Ó, a Pépé!" a dúirt sí, í ag breith barróige air, a héadan fáiscthe isteach lena ghualainn chlé agus í ag caoineadh go fras. Thosaigh sé á bréagadh go bog, a rá léi go raibh Mémé togha, nach raibh aon ábhar buartha ann. Ach nuair a tharraing sí siar óna ghualainn, thuig sé gur deora áthais a bhí ag sileadh síos an dá leiceann uirthi.

Rinne sí cur síos ar an tráthnóna a bhí caite aici le Mémé, ón uair a bhain sí féin an t-árasán amach uair an chloig roimhe. Ba chosúil go raibh Hana caochta faoin tráth sin. Bhí ceol ar siúl ar an *hifi*, é casta suas go hard, rud nach ndéanadh Hana mórán riamh. Agus bhí gloine ina lámh aici. Bhí briathra nár aithin Levana á rá in ard a cinn aici, iad ar eolas de ghlanmheabhair aici. Sheas Levana i mbéal an dorais ar feadh cúig nóiméad, a dúirt sí, sular thug Hana faoi deara go raibh sí ann. Nuair a chonaic a seanmháthair ann í, d'éirigh sí agus anall chuig Levana léi, an ghloine ina lámh aici, barróg mhór leathan aici don déagóir.

Shuigh siad beirt síos ar an tolg, áit a raibh clúdach ceirnín caite, Hana ag casadh corrlíne in éineacht leis an soprán a bhí le cloisteáil ar an gceirnín. B'annamh a sheinntí ceirnín ar bith san áit ón uair a cheannaigh Samuel seinnteoir dlúthdhioscaí, ar a laghad cúig bliana déag roimhe sin. Ach bhí riar ceirníní ar an tseilf i gcónaí agus anois is arís tharraingíodh Samuel é féin amach seancheann a thaitin leis – cnuasach amhrán le Leo Ferré, nó ceann de cheirníní Nina Simone.

Shín Levana chuige anois clúdach an cheirnín a bhí fós ina shuí ar an seinnteoir.

"Tá sé ar fad de ghlanmheabhair aici, a Pépé!" arsa Levana. "An tAifreann Críostaí ar fad – sa Laidin!"

Agus dá aistí é sin do Levana, b'aistí fós an scéal a bhí bainte aici as Hana faoin rud a spreag an ceol agus an t-ólachán. Bhí mioneolas ag Mémé ar bhriathra an Aifrinn óna hóige, a dúirt sí, mar go raibh cara aici in Tartu, cailín Caitliceach. Hana an t-ainm a bhí uirthi siúd chomh maith. Bhí siad an-mhór le chéile. Bhí an tAifreann ar fad le foghlaim i Laidin ag an Hana eile don lá a chuaigh sí faoi lámha an Easpaig. Fuair an Hana eile deacair an rud ar fad a fhoghlaim, agus chuidigh Mémé léi. Bhí cleachtadh aici siúd ar an Eabhrais ón tsionagóg agus bhí na paidreacha sin i bhfad níos deacra ná Laidin an Aifrinn. D'fhan focail an Aifrinn léi ó shin, a deir sí, ó thús deireadh.

"Nach dtuigeann tú, a Pépé?" arsa Levana, í ag cuimilt na ndeor dá grua. "Tá cuimhne aici ar Tartu! Bhí sí in ann insint dom faoin Hana eile seo! B'fhéidir anois go mbeadh sí sásta a thuilleadh a rá liom faoina muintir, nó faoin saol a bhí aici ann agus í beag. Dhéanfadh sé maitheas di labhairt air, tá's agam go ndéanfadh!"

* * * * *

Ceolchoirm a spreag spéis Hana san Aifreann blianta roimhe. Ag an am, bhí Muriel ón *Centre* tosaithe ag glacadh páirte i gcór. Bhí an cór ag réiteach le páirt a ghlacadh i bhféile mhór chóruíl, sa tSlóvaic nó áit éigin, agus eagraíodh ceolchoirm ar mhaithe le taithí stáitse a thabhairt don ghrúpa sula dtabharfaidís faoin bhféile agus le hairgead a bhailiú don *Centre* ag an am céanna. Cheannaigh Hana dhá thicéad ar mhaithe le tacú leis an gcúis. Ach oíche na ceolchoirme, mar a tharlaíodh go minic, bhí leisce amach uirthi. Thaitin ceol córúil riamh le Samuel agus d'éirigh leis í a mhealladh le dul ann – bheadh an-díomá ar Muriel mura dtiocfadh sí, a dúirt sé, rud a bhí fíor. Ní raibh an baile fágtha i bhfad ag Brigitte an uair sin. Bhí sé féin ag iarraidh Hana a spreagadh le taitneamh a bhaint as an tsaoirse nua a bhí acu, gan cúram duine ar bith eile orthu níos mó ach cúram a chéile.

Ní móide go raibh a fhios ag Hana roimh ré cé na píosaí ceoil a bhí idir lámha ag cór Muriel. Nuair a chonaic sé féin go raibh ceann d'Aifrinn Mozart i gceist sa chéad leath, ní raibh a fhios aige cén glacadh a bheadh aici leis. Shocraigh sé gan aon rud a rá. Nuair a phléasc na chéad chordaí d'Aifreann an Chorónaithe chucu ón stáitse, nuair a tháinig an cór iomlán glórtha isteach, ba léir go raibh sí gafa leis an bhfuaim. Chas sí i dtreo Samuel, miongháire sásta ar a béal.

Baineadh siar aisti nuair a thosaigh an t-amhránaí baineann ar an *Kyrie Elison*. Shín Hana a lámh chuig Samuel le clár na coirme a iarraidh. Nuair a thug sé di an leabhrán, leath a cuid súl nuair a léigh sí teidil na míreanna éagsúla den Aifreann: *Gloria, Kyrie Elison, Credo, Alleluia*. Shuigh sí ann, a colainn iomlán ar tinneall. Ní míshásta a bhí sí, ach ba léir gur chorraigh an ceol í ar bhealach nach bhfaca Samuel corraithe í le fada.

Agus iad ina luí le chéile an oíche sin, ní raibh fonn uirthi labhairt faoinar mhothaigh sí. Ach cúpla seachtain ina dhiaidh sin arís, nuair a d'fhill Samuel ón obair, tháinig sé uirthi agus í ina suí os comhair an *hifi*, an *Gloria* ón Aifreann céanna ag bladhradh ó na callairí. Sheas sé i mbéal an dorais. Bhí Hana ag stánadh roimpi, sruth deor ar a leicne.

Ar feadh blianta ina dhiaidh sin, gach sé mhí nó mar sin, thagadh sé abhaile agus chloiseadh sé ceol an Aifrinn ag macallú tríd an árasán. An t-aon mhíniú a thugadh sí ná go raibh laethanta ann a dtagadh fonn millteach uirthi géilleadh don chathú agus dul ar an ól. Bhí rud éigin a bhain leis an Aifreann a tharraing siar ó imeall na haille í. "Pé rud a chuidíonn leat," a deireadh sé, agus chroitheadh sí a ceann, gan focal a rá.

* * * * *

Bhí Levana imithe ar scoil, bhí siúlóid na maidine déanta aige féin agus bhí Hana fós ina codladh. D'fhág sé ann í, rinne braon anraith le cuid dá cuid glasraí potaithe, agus shuigh síos le leathanach nó dhó eile dá úrscéal Eabhraise a léamh. Uair an chloig ina dhiaidh sin, chuala sé cnead ón seomra codlata. Chuir sé isteach a chloigeann. Bhí sí suite suas, dath geal ar a héadan.

Dúirt sí go dtriailfeadh sí an t-anraith. D'airigh sé go raibh sí ag ligean uirthi nach raibh sí chomh breoite sin ar fad, ach a luaithe is a cuireadh babhla roimpi agus a d'éirigh boladh an anraith chuig a polláirí, dhírigh sí aniar agus amach as an leaba léi. Níor éirigh léi an leithreas a bhaint amach in am. Fágadh múisc ar fud urlár an halla. Thosaigh sí ag cuardach ceirte nó rud éigin lena ghlanadh.

"Gabh siar a luí go fóill," a deir sé. "Glanfaidh mise suas é sin."

Nuair a bhreathnaigh sé isteach arís, bhí codladh an athuair uirthi. Lig sé léi go hardtráthnóna, sula mbeifí ag súil le Levana isteach ón scoil. Shuigh sé ar imeall na leapa, bhain croitheadh bog aisti agus nuair a dhúisigh sí, chuir sé i gcuimhne di an scéal a bhí inste aici an tráthnóna roimhe do Levana. Leath a béal.

Bhí sí íseal inti féin, a dúirt sí. Bhí an teannas san árasán ag goilleadh uirthi, ach ní raibh a fhios aici cad ba chóir di a dhéanamh faoi. Agus í amuigh ag siopadóireacht, thug sí suntas do bhuidéal jin san ollmhargadh. Shocraigh sí é a cheannach agus gloine bheag amháin a ól. Chuir sí a bosa suas lena héadan agus chlúdaigh a cuid súl.

"An gcoinneofá Levana amach uaim don tráthnóna?" a deir sí, tar éis cúpla nóiméad. "Nílim in ann aici."

*****

Ba ghearr go raibh an déagóir ar ais. Bhí glac bláthanna ina lámh aici, í ag iarraidh dul isteach chuig Mémé leo. Mhínigh Samuel di go raibh a seanmháthair leagtha amach agus gurbh fhearr ligean léi ar feadh píosa.

Chodail Hana ar feadh an tráthnóna, é sin nó lig sí uirthi go raibh sí ina codladh.

Rinne Samuel dinnéar, *tarte flambée*, mias a dhéanadh a mháthair féin dó agus é óg; mias a thaitin riamh le Levana. Shuigh siad beirt síos, Levana fós tógtha leis an spléachadh nua a bhí faighte aici ar óige rúnda Mémé.

Dúirt Samuel léi go raibh Hana an-tríná chéile faoin méid a tharla an oíche roimhe. Bhí náire shaolta uirthi go raibh sí óltach os comhair Levana – b'fhada an lá ó d'ól sí deoir ar bith. Dúirt sé go raibh an méid a d'inis sí do Levana tar éis geit a bhaint aisti féin. Bhí an ceol tar éis an chuimhne óna hóige a dhúiseacht inti ar bhealach a bhain siar aisti. Bhí uaigneas mór uirthi, í ag smaoineamh ar an saol sin a d'fhág sí ina diaidh na blianta ar fad roimhe.

"Ach cá bhfuair sí an ceirnín, a Pépé?" a deir sí.

"Is liomsa é," a d'fhreagair sé. "Seancheann. Thaitin Mozart riamh liom. Tá a fhios agat é sin."

Scrúdaigh sé éadan Levana. Ba chosúil gur chreid sí an méid a bhí ráite aige.

Agus í ag éirí den bhord, dúirt sé léi gurbh fhearr gan an iomarca ceisteanna a chur ar Mémé faoin scéal. Dá mbeadh fonn uirthi siúd a thuilleadh a rá, roinnfeadh sí féin a cuid cuimhní nuair a bheadh sí réidh leis sin a dhéanamh.

Ba léir gur chuir an chomhairle sin díomá mhór ar Levana, ise a cheap go raibh doras na díchuimhne tar éis oscailt de bheagán. Lig sí osna, thóg a phláta uaidh agus thiontaigh i dtreo an doirtil.

* * * * *

Bhí fón póca nua Nokia ceannaithe aige di sular imigh sí agus bhídís ag cur téacsanna gach maidin chuig a chéile agus glaoch gach tráthnóna. Tar éis dó tamall cainte a dhéanamh léi, shíneadh sé an fón chuig Hana. Chuireadh sise ceisteanna sábháilte faoin aimsir, faoi bhia na Polainne, faoin lóistín. Ní mhaireadh a gcomhrá i bhfad nó go síneadh sí an fón ar ais chuige féin. Bhí an teannas ag bord an dinnéir maolaithe ó d'imigh Levana. Ach an néal a bhí anuas ar Hana, ní raibh mórán cosúlachta air go scaipfeadh sé.

* * * * *

Sheas sé ar an mbalcóin, a chuid anála ina phúir bhán ghaile óna bhéal. Lig sé a mheáchan ar an ráille iarainn agus bhain sásamh as cúpla nóiméad a chaitheamh ina aonar.

Bhí faoiseamh ag baint le himeacht Levana. Bhí sé féin agus Hana róshean ag an tógáil chlainne faoin tráth seo. Bhí dóthain ar a n-aire le meabhair a bhaint as an saol ina dtimpeall, an fichiú haois ag cúlú uathu, luas mire leis na hathruithe a bhí tagtha leis an aonú haois is fiche. Agus bhí brú ag baint le duine chomh hidéalaíoch le Levana a bheith ina dtimpeall i gcónaí. Nuair a bhain sí blianta na ndéag amach, bhí súil aige féin go dtiocfadh maolú ar an idéalachas soineanta, go mbeadh foscadh éigin ar fáil di sa tsoiniciúlacht shábháilte sin a bhaineadh uaireanta le déagóirí. Ach is ag éirí níos idéalaíche a bhí sí, í ag déanamh buartha faoi gach uile chineál ruda. Cás na dtíogar Sibéarach. Creimeadh shaol na mbundúchasach ar bhruacha na hAmasóine. Truailliú sceireacha coiréil na hAstráile. Le cúpla mí anuas bhí sí ag streachailt le ceist chráite na bPalaistíneach agus an gaol achrannach a bhí ag stát Iosrael leo.

Ba mhinic plé díograiseach acu ar an gcreideamh agus iad amuigh ag siúl. Le bliain anuas, bhí sí éirithe amhrasach faoin gcleachtadh docht lenar tógadh í. Thagadh cruacheisteanna uaithi nach raibh freagraí ag Samuel orthu. Dá mhéad a ghrá dá ghariníon agus dá bhródúla é as a hintleacht bhríomhar, ba dheas le Samuel cúpla lá a chaitheamh gan aon cheist chasta a chíoradh.

Thíos faoi ar an tsráid, shiúil grúpa ban thar bráid, cótaí

geimhridh agus scairfeanna orthu in aghaidh fhuacht na hoíche. Chas sé agus d'oscail an doras gloine le dul isteach.

* * * * *

Maidin na cuairte ar Auschwitz, dhúisigh *cling* é. Téacs ó Levana, a rá go raibh sí neirbhíseach faoin lá a bhí roimpi ach go raibh Rebecca lena taobh agus go raibh siad ag tabhairt aire dá chéile. Nuair a ghlaoigh sé uirthi tráthnóna, ní raibh mórán ama aici le labhairt, a dúirt sí, mar go raibh siad ag tabhairt cuairte ar shionagóg in Krakow.

* * * * *

Bhí Aifreann sin Mozart ag dul thart ina intinn ón lá ar shiúil sé isteach ar Hana agus Levana. Tráthnóna agus Hana imithe amach ag siúl, d'aimsigh sé an ceirnín arís agus chuir ar an gcaschlár é. D'ardaigh sé an fhuaim agus shuigh ar an tolg, ag ligean dá intinn na glórtha a shú isteach – an *Kyrie*, an *Sanctus*, an *Gloria*.

Bhí sé spíonta. Cén fáth a gcaithfidís a bheith ar tinneall i gcónaí? Cén sórt saoil a bhí aige féin agus Hana nuair a d'fhéadfadh píosa ceoil ó sheancheirnín a bheith mar a bheadh buama peitril ag pléascadh tríd an bhfuinneog orthu, ag lasadh an tí ina dtimpeall?

Bhí mórtas le cloisteáil sa cheol, mórtas agus umhlaíocht agus fírinne de chineál éigin nár bhain, dar leis féin, le haon chreideamh ar leith. Bhí cothú ann agus faoiseamh dá chroí traochta.

Dhúisigh sé. Bhí Hana ina seasamh os a chomhair, an ceirnín tar éis filleadh ag an tús an athuair. Shuigh sí síos lena thaobh, gan focal a rá. D'fhan siad ann beirt, gan breathnú mórán ar a chéile. Lig siad do thaoide tuile an cheoil iad a bhá, rithim chomhchruinn na nglórtha córúla, ceiliúr neamhspleách na bpríomhfhonnadóirí os a gcionn siúd, fuinneamh agus fís an chumadóra go beo beathach ina dtimpeall. Leag sí a lámh anuas go bog ar a lámh rocach féin. Rinne a gcuid méar fíochán ciúin.

* * * * *

An oíche ar fhill Levana, bhí Samuel roimpi ag geataí na scoile. Rug sí barróg dhocht air agus choinnigh greim air ar feadh píosa fada. Nuair a sheas sí siar arís uaidh, bhí loinnir ina súile a chuir go leor in iúl, smaointe nár ghá a chur i bhfoirm focal labhartha.

Bhí Hana imithe a chodladh faoin am ar fhill siad ar an árasán. Bhí an solas múchta sa seomra codlata, í ag análú go híseal sa dorchadas. Theann sé isteach le teas a colainne. Líon sé a pholláirí leis an aer ina timpeall.

Bhí ól déanta aici.

* * * * *

An mhaidin dár gcionn, bhí sé ina shuí ag an mbord agus cupán caife os a chomhair nuair a tháinig Levana isteach. Leag sí lámh ar a ghualainn agus phóg ar bharr a chinn é. Bhí sí ina suí níos luaithe ná mar a raibh súil aige leis.

Labhair siad go bog faoin turas, faoin maidin a tugadh amach ar bhus ó Krakow go Auschwitz iad, faoin gcaoi ar shiúil siad tríd an áit, na fálta leictreacha, na hualaí bróg, na seomraí gáis, í féin agus Rebecca ag gluaiseacht tríd ar fad, greim docht acu ar lámha a chéile.

Bhí siad saor ón scoil an lá sin agus nuair a bhí bricfeasta ite aici, chuaigh Levana chuig a seomra.

Uair an chloig ina dhiaidh sin, agus Samuel sa seomra suí ag léamh an pháipéir go mí-aireach, chuala sé Hana ag éirí agus tamall ina dhiaidh, Levana ag beannú di amuigh sa chistin. Shocraigh sé ligean dóibh comhrá a dhéanamh, gan briseadh isteach orthu. Ach ba ghearr gur tháinig Levana chuig an doras agus d'iarr isteach é. Shín sí bronntanais chucu beirt: leabhar Fraincise faoi stair Krakow do Samuel, scairf olla do Hana. Roinn siad póga agus bhailigh Levana léi chuig a seomra arís.

Nuair a bhreathnaigh Samuel isteach uirthi roimh lón, féachaint ar mhaith léi teacht ar shiúlóid, bhí sí ina suí ag a deasc, ag scríobh.

Am dinnéir, ní raibh aon dé ar Hana. Agus ó tharla gur dhiúltaigh sí aon bhaint a bheith aici le fón póca, ní raibh aon neart air ach leanúint leis an mbéile agus pláta a chur ar leataobh di. Bhí Levana níos gealgháirí anois, í féin agus Rebecca ag seoladh téacsanna ag a chéile, í ag súil le filleadh ar an scoil ar an Luan.

Nuair a leaindeáil Hana isteach, bhí sí breá cainteach, a rá le Levana gur airigh sí féin agus Samuel uathu í agus go raibh ríméad uirthi í a bheith ar ais slán sábháilte. Nuair a scrúdaigh Samuel a héadan, í ag cabaireacht léi le rithim sheolta nár bhain go hiondúil léi, d'aithin sé an straois sin an athuair, an gáire scaoilte a thug le fios gur deoch ba chúis lena giúmar.

An mhaidin dár gcionn, agus é ag iarraidh péire bróg a aimsiú in íochtar an vardrúis, tháinig sé ar bhuidéal folamh jin.

* * * * *

Tharraing sé anuas an t-ólachán chuici nuair a fuair sé deis, oíche Dé Domhnaigh, i ndiaidh do Levana dul a luí. Dúirt sí go raibh sí ag éirí as arís. Bhí sí ag staonadh le beagnach deich mbliana, a chuir sí i gcuimhne dó, agus ar feadh cúig bliana fichead roimhe sin arís. Bheadh sí in ann é a dhéanamh an athuair.

Ach an tráthnóna dár gcionn, chuala sé monabhar cainte ón gcistin. D'fhéach sé isteach. Bhí Hana ann aisti féin, ag cócaireacht, ag labhairt léi féin, cantal ina glór.

Ag am dinnéir, nuair a d'fhiafraigh Samuel de Levana faoin lá a bhí caite ar scoil aici, d'inis sí dóibh go raibh seisiún déanta acu le Madame Caspi, le plé a dhéanamh ar a gcuid mothúchán tar éis filleadh dóibh ó Auschwitz. Léigh Levana dán don rang a bhí scríofa i gcaitheamh an deireadh seachtaine aici. Bhí Madame Caspi an-tógtha leis, a dúirt sí.

Bhain Levana amach an dán. Bhreathnaigh Samuel ar Hana. Bhí sí ag díriú ar a pláta, ag cogaint a cuid bia, amhail is nach raibh sí i láthair beag ná mór.

"A Levana …" arsa Samuel.

"*Tugadh Anseo Iad,*" arsa Levana, í ag díriú ar a leathanach go diongbháilte, dreach corraithe ar a héadan.

"*Do mo sheanmháthair, Hana Sepp Lazare.*"

Stop Hana dá cogaint.

"*Tugadh anseo iad ó gach aird,*" a thosaigh Levana, a glór ag láidriú de réir mar a léigh sí.

"*Aniar ón bhFrainc, aneas ón nGréig, aduaidh ó Mhuir Bhailt,*

Páistí, déagóirí, tuismitheoirí, seandaoine le bataí siúil.

Tugadh anseo iad ó gach aird,

Iad tarraingthe amach as leapacha,

Nó as spásanna rúnda in áiléir tithe.

Tugadh anseo iad ó gach aird

Ligeadh do chuid acu málaí a thabhairt,

Le dallamullóg a chur orthu go gcaithfí go deas leo

San áit a raibh siad ag dul.

Cuid eile fós, níor seoladh in áit ar bith iad.

Níor bacadh le cleasaíocht dá laghad,

Ná le haistear traenach trasna na hEorpa,

Ach caitheadh iad, le meaisínghunnaí iarainn,

Gan trua gan taise, san áit ar sheas siad,

A gcuid fola ag doirteadh anuas ar thalamh a sinsir.

Orthu siúd a chuimhním chomh maith san áit seo,

Ar mo mhuintir a thit i bhfad ó thithe fuara seo Auschwitz,

Orthu siúd a luíonn áit éigin faoi chré fhuar na hEastóine ó thuaidh.

A gcuid fola siúd atá ag cúrsáil inniu trí mo chuislí."

Bhreathnaigh Levana anonn ar Samuel. Rinne sé meangadh tacúil léi, dreach nár chuir in iúl an tranglam mothúchán a d'airigh sé.

"A Mémé?" arsa Levana go bog, "cad a cheap tú de mo dhán?"

"Bhí sé go deas," arsa Hana, i nglór íseal, neodrach, a súile dírithe i gcónaí aici ar a pláta.

"A Mémé," arsa Levana go neirbhíseach, "A Mémé, tá mé ag iarraidh rud éigin a rá leat. Tuigim go bhfuil brón ag baint le cuimhní. Ach tá rud amháin cinnte. Ní imeoidh an brón uait má choinníonn tú faoi ghlas istigh i do chroí é."

Bhí fonn ar Samuel briseadh isteach uirthi. Ach lig sé di.

"An rud atá ann, a Mémé – níl gach cuimhne brónach. Labhair tú liom faoi do chara, Hana an Caitliceach, agus an chaoi ar chuidigh tú léi. Más cuimhin leat í siúd, caithfidh gur cuimhin leat do Mham is do Dhaid féin."

Stop sí le deis a thabhairt do Hana freagairt. Shuigh sise ann, amhail duine a bhí greanta as bloc oighir.

"A Mémé, is iad do chuidse tuismitheoirí mo shin-seanmháthair is mo shin-seanathair. Ritheann a gcuid fola trí mo chuislí, mar a dúirt mé sa dán. Is muidne na Giúdaigh a tháinig slán, mise agus tusa. Tá dualgas orainne cuimhneamh orthu, ar na daoine ar fad a …"

"Cén uair a bheidh deireadh leis an scéal seo?" arsa Hana de phléasc.

Gheit Levana.

"Cén uair a bheidh mé in ann éirí ar maidin gan bheith ag cuimhneamh air seo ar fad? Cén uair a bheidh mé in ann é a fhágáil i mo dhiaidh? Cén uair?"

D'éirigh sí ina seasamh agus bhreathnaigh go géar ar Levana.

"Bhuel, tá mo dhóthain déanta. Thug mé gealltanas, agus chloígh mé leis. Ach níl mé in ann aige níos mó. Tá mé críochnaithe leis: an *Shabbat*, an teampall, an rud ar fad. Tá mé críochnaithe leis."

Amach an doras léi, trasna an halla, isteach sa seomra codlata, an doras ag plabadh ina diaidh.

"A Levana …" a deir Samuel, é ag síneadh láimhe ina treo.

D'éirigh sise, chas a droim leis agus shiúil i dtreo a seomra féin. Thit an bhileog a raibh an dán breactha uirthi den bhord. Sheol sí anonn is anall ar an aer mar a bheadh féileacán ar seachrán ann, nó gur thuirling sí de shioscadh ar chláir an urláir.

Hana, An Bhruiséil, 2016

Cá raibh sí?

Ballaí bánbhuí, cathaoir le taobh na leapan, cófra. Fuinneog agus dhá rud fhada dhearga crochta chaon taobh di. Cén focal a bhí ar na rudaí sin?

Pictiúr de theach solais ar an mballa agus farraige chiúin ina thimpeall.

Ransaigh sí a hintinn, a súile ag bogadh ó bhalla go cathaoir go dtí na rudaí dearga.

Cá raibh sí?

Agus cérbh í féin?

Muraed ab ainm di. Ach fan. Ní raibh an t-ainm sin ceadaithe. Bhí ainm éicint eile uirthi. Bhí a fhios aici go raibh. Ach ní thiocfadh sé aici.

Dath donn a bhí ar an doras. D'oscail sé. Isteach le beainín dorcha. Culaith uirthi, dath gorm na spéire air. An dath a bhíodh ar róbaí na Maighdine.

"*Bonjour, Madame Lazare.*"

Madame Lazare. B'shin é. Madame Lazare. Bhí an t-ainm sin sábháilte le rá.

Bhí straois ar an mbeainín dorcha.

"Avez-vous bien dormi, Madame Lazare?"

Straois arís uirthi. Bhíodh straois ar Bhid fadó chomh maith. Ach ní ar mhaithe leat a bheadh sí.

"Madame Lazare?"

An bhféadfaí an bheainín seo agus a straois a thrust?

"Avez-vous bien dormi?"

"Oui."

Choinnigh an bheainín dorcha uirthi ag bladaráil. An dtiocfaidh tú liom? a bhí anois aici. Cuirfidh mé isteach sa gcathaoir sin thú a bhfuil na rothaí fúithi. Tabharfaidh mé síos thú. Feicfidh tú daoine eile san áit thíos. Tá an aimsir go hálainn amuigh. Breathnaigh amach an fhuinneog, Madame Lazare. Tá sé ina scaladh gréine. Déanfaidh sé maitheas duit an seomra a fhágáil. An dtiocfaidh tú liom, mar a dhéanfadh bean mhaith?

Chas an bheainín dorcha thart. Chuaigh sí ag an bhfuinneog. Breathnaigh amach, a deir sí arís. Bhí dath róbaí na Maighdine ar an spéir taobh amuigh.

Gléasfaidh mé anois thú, a bhí aici. Beidh tú go hálainn. Fan go bhfeicfidh tú.

Bhíodh uirthi Páraic a ghléasadh fadó, an drár a bhaint dó agus ceann nua glan a chur air anois is arís. Fiú nuair a d'fhás an clúmh ar a ghabhal, bhíodh uirthi é a dhéanamh. Bhí an bheainín ag baint an ghúna oíche di féin anois, seanchlúmh uaigneach liath a gabhail féin á nochtadh aici.

Tháinig fonn uirthi inseacht don bheainín faoin uair a ghléasadh sí Páraic. Ach ní fhéadfaí a ainm seisean a rá os ard. Bheadh sé sin contúirteach.

Amach an doras leo, an bheainín ar chúl, á brú roimpi. Thar thrí no ceithre cinn de dhoirse a chuaigh siad, isteach sa meaisín sin a thabharfadh suas agus síos thú. Fear maol, pusach ina sheasamh istigh ann agus an t-éadach céanna gorm air.

*****

Shuigh sí le balla i lár an tseomra lae, gan hú ná há a rá le duine ar bith. Bhí seanfhear siar uaithi ag breathnú timpeall ar chuile dhuine, a bhéal ar leathadh air. Beirt thall ag bord agus iad cromtha os cionn cluiche éicint, iad ag faire ar a chéile agus ar an gclár os a gcomhair go cúramach. Céard a thabharfá air i gcaint na háite seo?

Un jeu de domino. B'shin a bhí ann.

Bhí triúr seanchailleach ina suí le taobh an dorais, duine amháin acu ag taispeáint colpa a coise don bheirt eile.

Agus bhí duine éicint ag siúl ina treo féin. Bean óg.

"*Mémé! Tu es descendue!*"

Mémé. B'shin ainm eile a bhí uirthi féin. Ainm sábháilte eile.

Chrom an bhean óg isteach agus leag póg ar a leiceann. Bhí boladh deas glan uaithi, a cuid gruaige bog, fíneáilte.

Gruaig den chineál céanna a bhí ar Bhid fadó. Ach níorbh í seo Bid. Bhí ainm uirthi a bhí cosúil le Bid, bhí sí cinnte de.

Bhí sé aici.

"Brigitte," a deir sí.

"*C'est Levana, Mémé,*" arsa an bhean óg. "*Levana. Tu t'en souviens?*" Bhí drad breá fiacal aici nuair a rinne sí meangadh gáire, gan bearna ar bith ann.

"Levana," a deir sí féin. "Levana."

Shuigh an ceann óg síos. Mémé seo agus Mémé siúd aici. Tuilleadh gáirí ar a héadan. Bhí an lá go haoibhinn taobh amuigh, a deir sí. *Les bourgeons* ar na crainnte sa bpáirc. *Les corbeaux* tosaithe ag neadaireacht.

Les bourgeons. Les corbeaux. Bhí na focla sin cloiste cheana aici féin. Ach ní raibh sí in ann cuimhneamh céard a bhí i gceist leo.

Labhair an ceann óg ar Armand. D'aithin sí an t-ainm. Thaithnigh Armand léi, bhí a fhios aici an méid sin. Ach ní raibh sí in ann a rá cérbh é féin.

"*Comment va Armand?*" a deir sí.

Thosaigh Levana ag cur síos ar an dinnéar a bhí réitithe an oíche roimhe aige. Rinne sé béile do Mémé i bPáras uair amháin, ar chuimhin léi?

"Armand," a deir sí féin. "Armand."

Bhí sé go deas í seo a fheiceáil. Ar tháinig sí ar cuairt cheana?

Bhí tráth den tsaol ann go mba gheall le seomra ar leith chuile lá nua, agus ainm ar leith ar chuile sheomra. Shiúil tú leat ó sheomra go seomra agus tú in ann cuimhneamh gan stró ar dhaoine a casadh ort agus rudaí a tharla sna seomraí a bhí fágtha i do dhiaidh agat.

Ach ní seomraí ar leith a bhí sa saol a bhí anois ann ach halla amháin, halla mór fada gan ainm.

Bhí tost anois ann, ach ba chuma. Th'éis píosa, bhreathnaigh an ceann óg anall uirthi, amhail is go raibh buairt de chineál éicint tagtha uirthi. Amhail is go raibh leisce uirthi rud éicint a rá.

"A Mémé," a deir sí ansin, de ghlór cineálta, "*Mémé, j'ai une petite question.*"

Dhírigh sí féin sa gcathaoir. *Une petite question.* Ar tharla sé seo cheana?

"Tá a fhios agat go mbíonn tú ag caint i do chodladh anois is arís?" a deir an bhean óg.

Bhreathnaigh sí féin ar a méaracha, iad fite fuaite ina chéile ar a hucht.

"Bhuel, tá ainm luaite agat agus tú ag caint ar an tslí sin. Tá sé ráite roinnt uaireanta faoin tráth seo agat. Táim beagán fiosrach faoi."

Í seo agus a cuid ceisteanna. *Une petite question.*

"*Porique. Páraic.* An cuimhin leat?"

"*Non.*"

"Ní ainm Giúdach é."

Thosaigh a croí ag cnagadh ina cliabh, mar a bheadh éan sáinnithe ann, éan nach raibh tada uaidh ach éalú leis suas sa spéir ghorm.

"Ní ainm Francach é Páraic ach oiread, a Mémé."

D'fhéach sí féin ar a méaracha an athuair.

"An raibh aithne agat ar dhuine éigin darbh ainm Páraic, b'fhéidir?"

Páraic. Ní raibh sé sábháilte a ainm seisean a lua.

"An Éireannach a bhí ann?"

"*Je suis fatiguée.*"

"Conas go bhfuil eolas agat ar Ghaeilge na hÉireann, a Mémé? Conas go bhfuil dán sa teanga sin de ghlanmheabhair agat?"

"*Je suis fatiguée.*"

"Agus cérbh í Hana Sepp?"

"Je suis ..."

"Ar mharaigh an *V-Two* Hana Sepp i Londain, a Mémé?

Bhí an bheainín dorcha ina seasamh eatarthu anois.

"Et qui est Páraic?" a bhéic an ceann óg. "Cé hé?"

"Madame, s'il vous plait." arsa an bheainín dorcha. *"Vous dérangez ..."*

"Tá freagraí uaim, a Mémé!"

Chuala sí í féin ag béiceach. *"Va-t'en!"*

"Tá freagraí tuillte agam!"

"Va-t'en!"

Chas sí i dtreo na fuinneoige. Ach ní dath róbaí na Maighdine a bhí ar an spéir níos mó.

Muraed, Árainn, 1943

An suaimhneas an rud a mhealladh Muraed as an leaba go moch ar maidin, le gabháil amach faoin aer ag fánaíocht di féin. Le teacht an earraigh, bhíodh Deaide ina shuí roimpi, agus d'fhanadh sí ar an leaba go dtí go gcloiseadh sí plab an dorais agus an ciúnas a lean é. Bhíodh achar uair an chloig nó dhó ansin aici sula ndúisíodh Páraic agus Bid. Seal beag saoirse sula dtosaíodh an lá. Scaitheamh gearr leis na bóithríní a shiúl aisti féin.

Agus an scoil fágtha aici tar éis di na ceithre bliana déag a shlánú an samhradh roimhe, chaitheadh Muraed an lá sa teach anois, rud a thug deis do Neil Chóil Jimí éirí as bheith ag tabhairt aire do Pháraic. Buachaill mór ard a bhí ina dheartháir, agus ní raibh an teacht aniar i Neil níos mó le bheith ag plé leis. I dtús na bliana sin, tháinig olc ar Pháraic le Neil, lá. Bhrúigh sé í agus leag ar chlár a droma ar leacracha an urláir. Baineadh an-gheit aisti agus ní raibh sí ar a compord le Páraic ó shin. Bhí faitíos uirthi go réabfadh sé an doras amach gan choinne uirthi is gan í féin in ann é a stopadh.

D'fhág sé sin go raibh cúram Pháraic ar Mhuraed anois,

go huile is go hiomlán. Bhí Bid gafa le cúraimí eile, mar a chuireadh sí i gcuimhne go minic. Bhíodh an t-iasc le glanadh agus le sailleadh aici, bhí cúram na bó agus na laoidíní uirthi, agus le cois sin bhíodh an maistreadh le déanamh aici. B'fhada léi go dtiocfadh an lá go mbeadh an chuigeann le tarraingt amach i lár an urláir is go luífeadh sí isteach ar an im a dhéanamh.

B'fhada le Bid go dtriailfeadh Deaide blaisín den mhaistreadh ba dheireanaí a bhí déanta aici. Sheasadh sí ag faire go neirbhíseach air is é ag smearadh an ime ar an tslis aráin, amhail is go raibh faitíos uirthi go raibh a ceird imithe ó mhaith uirthi is nach moladh a bheadh ag Deaide do dhéantús a láimhe ach focal géar tarcaisniúil. Formhór an ama ní bhíodh focal ar bith uaidh bealach amháin ná eile.

Maidir leis an gcuid eile de chúraimí an tí, bhí sé ina agallamh beirte gan stad idir Bid agus Muraed maidir le riar na hoibre. Ní raibh scáth ar bith ar Mhuraed roimh obair de chineál ar bith, amuigh ná istigh, ach fuair sí dian go maith é a bheith i gcónaí ag tabhairt aire do Pháraic.

Bhí athrú suntasach tagtha air. Cé nach raibh deireadh ar fad leis an mbuachaillín a bhíodh sásta a bheith ag útamáil ar feadh an tráthnóna le cúpla cloch nó glac sliogán, bhí tuiscint nua aige air féin, a shíl Muraed.

Bhí laethanta ann go ndoirteadh sé ceaintín an bhainne amach ar leacracha an urláir d'aon turas, é ag gleo go trodach nuair a thriaileadh Muraed an slabar a bhí déanta aige a ghlanadh. Laethanta eile, chaitheadh sé é féin ina chnap ar an leaba agus d'fhanfadh ann ar feadh an tráthnóna, é ag olagón mar a bheadh mada ann a raibh léasadh de shlat faighte aige.

Ach laethanta eile fós, an sean-Pháraic grámhar a bhíodh ann, an páiste mór a shuíodh os comhair na tine is a ligeadh do Mhuraed a chuid gruaige a scuabadh, nó a bhaineadh de a bhróg is a shíneadh méaracha a choise aici le go gcomhródh sí iad.

Agus í ag fanacht le go ndúiseodh sé ar maidin, ní bhíodh a fhios ag Muraed riamh cé acu Páraic a mbeadh uirthi déileáil leis: an Páraic achrannach, an Páraic croíbhriste nó Páraic an páistín soineanta. Bhreathnaíodh sí air is é ag análú lena taobh, i leaba a bhí róbheag faoin tráth seo don bheirt acu. Uaireanta d'airíodh sí pian ar a bolg, agus í ag cuimhneamh ar an lá a bhí roimpi. Maidin ar bith nach raibh sé ina ghleáradh báistí amuigh, siúd chun bealaigh léi amach an doras.

Go minic thugadh sí bóithrín an chladaigh uirthi féin, síos go trá Chill Mhuirbhigh. Sheasadh sí ann ar an ngaineamh glan, a polláirí á líonadh le boladh an tsáile agus na feamainne. A héadan á chuimilt ag an ngaoth aniar aneas. A súile dúnta ar mhaithe le héisteacht go cruinn le hallagar na n-éan: an cuirliúin, an roilleach agus – an ceann beag ab ansa léi – an fheadóg chladaigh.

Is ansiúd a thuigeadh sí gur ar an oileán seo a bhí sí ag iarraidh a saol a chaitheamh.

Le sé mhí anuas, bhí sí tosaithe ag scríobh chuig an Uasal Ó hUrmholtaigh, fear an bhéaloideasa i mBleá Cliath. Nuair a d'fhág sí an scoil, d'airigh sí uaithi an scríobh is an léamh. Ní raibh sí in ann an fonn sin inti féin a mhúchadh, an pléisiúr príobháideach a bhain le suí síos agus leathanach bán a líonadh le marcanna breaca. Marcanna a bhí in ann breith ar smaointe agus ar fhocla agus ar chuimhní cinn, mar a bhéarfadh eangach ar bháire ronnacha.

Ní raibh a fhios aici céard a thug uirthi scríobh ag fear an bhéaloideasa an chéad lá. An raibh sí ag déanamh óinsí di féin ? An mbeadh aird dá laghad ag fear chomh foghlamtha leis an Uasal Ó hUrmholtaigh ar litir gan slacht ó chailín scoile? An mbeadh cuimhne aige uirthi féin nó ar Dheaide, agus a liachtaí sin seanchas cloiste ó shin ó chuile áit in Éirinn aige? An gcaithfeadh sé a litir ar an tine, é ag rachtaíl gháirí faoin ngearrchaile díchéillí ar an oileán a raibh sé de dhánaíocht inti a bheith ag scríobh aige?

Bhí a dóthain iontais uirthi nuair a tháinig freagra ó Bhleá Cliath le casadh an phoist. An lá a dtáinig Cóil Eddie leis an litir, d'fhan Muraed píosa fada agus an dronuilleog bán páipéir ina glac, leisce uirthi an rud a oscailt. A hainm féin scríofa ar an gclúdach, an pacáistín páipéir seo a bhí tagtha an bealach ar fad anoir trasna na hÉireann agus amach as Gaillimh ar an Naomh Éanna.

Bhí chuile fhocal a bhí scríofa sa litir sin ar eolas de ghlanmheabhair faoin tráth seo aici. Bhí sí in ann chuile chor agus chuile chasadh i bpeannaireacht ealaíonta fhear an bhéaloideasa a fheiceáil ina cuimhne.

'*Bhí ríméad croí orm do litir bhreá a fháil,*' a scríobh sé. '*Is rímhór an t-údar áthais dúinn anseo sa gCoimisiún duine óg éirimiúil, aigeanta ar do nós féin bheith sásta cúnamh a thabhairt dúinn le hobair thábhachtach an bhailiúcháin. Go mórmhór agus an dúchas saibhir seanchais lena mbaineann tú féin agus d'athair romhat, bail ó Dhia is ó Mhuire ar an mbeirt agaibh.*'

Bheadh míle fáilte roimh ábhar ar bith a d'fhéadfadh sí a chur ar fáil, a scríobh sé, agus bheadh sé ag súil go mór le toradh a cuid oibre a léamh go luath.

Ó shin i leith, bhí raidhse ábhair breactha ag Muraed i gcóipleabhar a cheannaigh sí go speisialta ó Iníon Uí Bhrosnacháin sa scoil bheag. Scríobh sí paidreacha agus mallachtaí ann, seanfhocail agus rabhlóga, tairngreachtaí agus pisreoga. Bhí dánta breactha aici ann agus agallaimh bheirte, liosta fada logainmneacha agus an seanchas a bhain leo, liodán ainmneacha áite eile a bhain le buailte, le carraigeacha agus le bóithríní. Bhí cnuasach leasainmneacha curtha i dtoll a chéile aici, chomh maith le heolas ginealaigh a bhain lena muintir féin agus le muintir an bhaile. Agus bhí scéalta scríofa síos aici, na ceanna beaga giortacha a mhínigh cén fáth go raibh seo mar seo agus siúd mar siúd. Scéalta faoi imeachtaí an tslua sí, faoin olc a d'fhéadfadh a theacht orthu mura léireofaí an meas a bhí dlite dóibh. Bhí amhráin, idir bheag agus mhór, breactha aici agus na scéalta a bhain lena gcumadh. Scéalta faoin Slánaitheoir ag siúl ar an talamh agus an diabhal ag cur cathú air. Giúdaigh ar a míle dícheall ag iarraidh é a mharú agus an Slánaitheoir ag fáil an ceann ab fhearr orthu chuile gheábh. Agus dá n-éireodh léi, ba ghearr go mbeadh iomlán an dáin fhada a bhí ag Deaide breactha aici, an ceann mór a d'inis scéal na hÉireann ó thús ama.

'*Lá éicint go luath, le cúnamh Dé,*' a scríobh sí ag an Uasal Ó hUrmholtaigh, '*beidh mé in ann an ceann sin a chur díom ó thús deireadh. Tá scéal ár muintire ar fad ann, a deir Deaide, agus feictear dhom go bhfuil an ceart aige.*'

Bhí Deaide badráilte aici ar feadh an gheimhridh roimhe

agus í ag gabháil siar is aniar trí véarsaí an dáin leis, í ag fiafrú dó faoin Lochlannach seo is an Sasanach siúd a bhí luaite ann, ná fámairí bradacha ar fad a d'fhéach le hÉirinn a chur faoi smacht riamh anall. Bhí oícheanta ann go mbíodh fonn air cuidiú léi. Oícheanta eile, bhíodh sé sáraithe, gan uaidh ach suí le hais na tine agus a phíopa a dheargadh, racht casachtaigh á thabhairt uaidh anois is arís.

Bhí a dóthain fiodmhagaidh ag Bid faoin gcóipleabhar céanna. 'Lady Folklore' a bhí baistithe aici ar Mhuraed dá bharr, í ag caitheamh spallaí léi uair ar bith a d'fheiceadh sí a deirfiúr suite chun boird, peann ina láimh. Bhí gearán déanta ag Bid le Deaide faoin airgead a bhí á chur amú ar pháipéar agus dúch agus stampaí agus gach a raibh ann, nuair a d'fhéadfadh Muraed a bheith ag cur an airgid sin ar leataobh le himeacht go Meiriceá. Nó le Bid í féin a chur anonn ann.

Ach dúirt Deaide le Bid éisteacht. Bhí a cuid airgid saothraithe go maith ag Muraed agus na héanacha clóis a bhí ag piocadh is ag scríobadh timpeall an tí taobh amuigh aici. Ní raibh éan clóis coinnithe i gceart riamh san áit ó cailleadh Mama, a dúirt sé. Anois bhí cearca ann agus lachain agus trí cinn de ghéabha breátha bána. Anois bhí muintir an bhaile ag triall ar an teach le huibheacha a cheannach, nó iad a bhabhtáil ar chrúsca jeaim nó cibé cén rud eile a bhí le tairiscint acu. Má bhí Muraed ag iarraidh corrphingin den teacht isteach sin a chaitheamh ar scéalta a scríobh síos agus a chur go Bleá Cliath, ní raibh a dhath riamh ina coinne ag Deaide.

*****

Oíche amháin, agus comhluadar seanchais istigh, bhí Páraic ina chodladh sa leaba le taobh Mhuraed sa seomra ó thuaidh, agus Bid ag análú go bog ina leaba sise, monabhar glórtha ann amuigh sa gcisteanach. Nuair a bhí Muraed cinnte go raibh an bheirt eile ina gcodladh, d'éirigh sí agus ghluais go cúramach i dtreo an dorais, an líne solais ina íochtar mar threoir aici. Sheas sí ann is chuir cluas le clár, mar a rinne go minic ó bhí sí ina cailín beag.

Bhí amhrán de chuid Eoin Éamoinn ag teacht chun deiridh, an ceann faoi fhear a bhí dírithe chun báis agus rópa thart ar a mhuineál in áit a charbhata.

D'iarr Michael Mharcuis ar Dheaide an dán fada a rá. Bhí leisce air tabhairt faoi, é a rá go raibh tamall ann ó dúirt sé os comhair comhluadair é agus go mb'fhéidir go ngabhfadh sé amú sna focla. Ach bhí an-fhonn ar Neil an dán a chloisteáil chomh maith.

Bhuail Deaide faoi. Bhí sé ag treabhadh leis, níos fearr ná mar a bhí cloiste ag Muraed le píosa. Bhí Fionn mac Cumhaill caillte agus Brian Bóróimhe maraithe i gCluain Tarbh.

Bhí Strongbó tagtha go hÉirinn. Amuigh san Eoraip in áit éicint, bhí trioblóid mhór tarraingthe ag Mártan Liútar agus é ag cur i gcoinne chreideamh Dé nuair a d'imigh Deaide amú.

"Fan anois," a deir sé. "*Mártan Liútar a thiontaigh na céadta …*"

"Coinnigh ort," arsa Neil go bog.

"*Mártan Liútar, Mártan Liútar …*"

"M'anam gurb eisean an cunús a chuirfeadh amú thú," arsa Michael Mharcuis.

"*Mártan Liútar a thiontaigh na céadta,*" arsa Deaide arís. "*Mártan Liútar a thiontaigh na céadta …*"

"*… a shéan an Pápa is an Sacraiméad Naofa,*" arsa Muraed ón doras.

Thiontaigh an comhluadar thart nuair a chuala siad a glór. Is ansin a chuimhnigh Muraed i gceart uirthi féin, go raibh sí ina seasamh os comhair mhuintir an bhaile ina léine oíche. An mbeadh Deaide crosta?

Ach ní olc a bhí ina éadan nuair a bhreathnaigh sé ina leith, ach mórtas.

"Muise cá bhfágfadh sí é?" arsa Neil, aoibh gháire uirthi. "Teann isteach leis an tine, a Mhuraedín, agus bí ag tabhairt cúnaimh do do Dheaide leis an dán."

Osclaíodh amach an ciorcal agus shuigh Muraed isteach leis na daoine fásta. Luigh Deaide isteach ar an dán an athuair, agus choinnigh an bheirt acu orthu go deireadh, Neil ag breith lámh ar Mhuraed go ceanúil, á fáisceadh nuair a thagadh sí i bhfóirithint arís eile ar Dheaide le líne nó ceathrú a bhí imithe amú air. Bhí sí ann ar deireadh. Bhí sí ligthe isteach i gciorcal an tseanchais.

* * * * *

Nuair a bhí an chéad chóipleabhar líonta go barr bachaill aici, sheol sí chun bealaigh go Bleá Cliath é. Bhí neart eile fós gan bhreacadh ina hintinn. Lá fiáin amháin i ndeireadh an earraigh agus Deaide coinnithe sa mbaile ag an bhfarraige cháite, bhuail sí bóthar chun na scoile, le cóipleabhar nua agus buidéilín eile dúigh a cheannach ó Iníon Uí Bhrosnacháin.

Ní hionann agus an Máistir Óg, a ghreadadh leis an geata amach nuair a bhíodh na scoláirí ligthe abhaile ag a trí a chlog, bhí faisean ag Iníon Uí Bhrosnacháin fanacht siar píosa agus í féin a réiteach don lá dár gcionn. Ba duine í an Mháistreás a thaithnigh riamh le Muraed. Bhí sí dian go maith ar na gasúir a bhí faoina cúram, ach bhí sí féaráilte agus dhéanadh sí cinnte de i gcónaí gur thuig dalta dá cuid cén fáth go raibh pionós ag dul dó nó di. Agus dhéanadh sí rud nár chuimhin le Muraed an Máistir Óg a dhéanamh riamh – mholadh sí gasúr as obair a bheith déanta go maith, nó rud éicint a bheith foghlamtha go cruinn, nó focal spéisiúil a bheith úsáidte.

B'as deisceart na hÉireann d'Iníon Uí Bhrosnacháin agus bhí Muraed riamh an-tógtha leis an mbealach aisteach a bhí aici le focla áirithe a rá.

Bhuail sí cnag go bog ar dhoras oscailte an tseomra ranga. Gheit Iníon Uí Bhrosnacháin.

"Mo chroí ón diabhal!" a deir sí ag casadh timpeall. "Cé atá agam in aon chor?"

Sheas Muraed i mbéal an dorais, meangadh cúthaileach ar a héadan.

"Muraed! Is tú atá ann! Bí istigh, a chroí!"

Isteach léi agus mhínigh sí an t-údar lena cuairt. D'éist Iníon Uí Bhrosnacháin go haireach lena cur síos ar an obair a bhí curtha i gcrích go dtí sin aici.

"Bhís riamh go maith chun peannaireachta," a dúirt sí, "fiú is tú i do leainbhín beag, an chéad bhliain ar tháinig tú anso isteach chugam. Bhí ana-shuim agat sa scolaíocht i gcónaí."

Shín sí cóipleabhar chuig Muraed, clúdach donn air agus pictiúr d'imlíne oileán na hÉireann air.

"Cogar, i leith chugam, a chailín," arsa Iníon Uí Bhrosnacháin ansin, nuair a bhí íoctha ag Muraed as an gcóipleabhar agus an dúch. "Ar chuimhnís riamh ar an múinteoireacht?"

"Cén chaoi, a Mháistreás?"

"Cailín chomh cumasach leat a bhfuil an obair léannta seo ar fad ar siúl aici ar a conlán féin? Dhéanfá ana-mhúinteoir. Bheadh post deas agat agus pá cinnte gach aon mhí den mbliain. Agus pinsean maith ag a dheireadh thiar thall. Agus cailín cineálta, coinsiasach mar thú, bail ó Dhia is ó Mhuire ort, bheifeá ana-mhaith leis na leanaí, táim deimhnitheach de."

Thosaigh Iníon Uí Bhrosnacháin isteach ar chur síos a dhéanamh ar na scoláireachtaí a bhí ar fáil ón Rialtas i mBleá Cliath do chailíní cumasacha ar a nós féin. Dá n-éireodh léi sa scrúdú, d'íocfaí as gach rud. Chuirfí go Coláiste Ullmhúcháin í amuigh i gContae Mhaigh Eo, abair, agus nuair a bheadh na cúig bliana déanta ansiúd aici, ar aghaidh léi go Luimneach nó go Bleá Cliath le bheith traenáilte mar mhúinteoir. D'fhéadfadh sí filleadh ar Árainn an uair a bheadh folúntas ann i gceann de scoileanna an oileáin. Nó b'fhéidir gurbh fhearr léi fanacht amuigh ar an mórthír. Cibé cén áit a mbeadh sí, bhí Iníon Uí Bhrosnacháin cinnte de go mbeadh an t-ádh leis an scoil a gheobhadh mar mhúinteoir í.

Bhí éirithe go hiontach léi an samhradh roimhe sa Teistiméireacht ar Bhunoideachas. Bheadh deis aici cur isteach ar scrúdú na scoláireachta i mí an Mheithimh.

"Beidh áthas an domhain orm cabhrú leat ullmhú faoina

chóir," a deir Iníon Uí Bhrosnacháin. "Briseadh deas a bheadh ann dom ó na leanaí beaga sa rang seo nach bhfuil léamh ná scríobh acu fós, ná suimiú ná dealú, ná mórán eile ina gceann acu!"

Ghabh Muraed buíochas le hIníon Uí Bhrosnacháin faoin ábhar scríbhneoireachta a dhíol léi agus faoin méid a bhí ráite aici faoin scoláireacht.

Shiúil sí siar abhaile, í ag meabhrú ar an aisling nua seo a bhí curtha os a comhair. An Mháistreás Ní Dhioráin. Culaith bhréidín uirthi. Fáinne mór Gaeilge agus snáthaid an staonaire ar chába a seaicéid. A cuid gruaige feistithe ina cocán ar bharr a cinn. Í ag múineadh rannta do na gasúir. Iad ag cleachtadh a gcuid litreacha, gan smál ná smeadar a fhágáil ar an leathanach. Iad ag aithris a gcuid táblaí. Í ag míniú dóibh gurbh é Dia a rinne an domhan.

Bheadh sí ag fágáil an oileáin le dul chuig scoil mhór léannta amuigh i gContae Mhaigh Eo. Bheadh sos aici ó Pháraic agus óna chuid taghdanna agus taomanna, ó Bhid agus an saighdeadh agus sacadh a bhí aici. Ó Dheaide, agus an dreach trodach a bhíodh air scaití nuair a d'fhilleadh sé ón bhfarraige agus gan mórán aige de bharr an lae.

Shiúil sí ar ais i dtreo an tí, í ag samhlú a mhalairt de shaol. An phá mhaith múinteora, ar obair ghlan, shábháilte a dhéanfaí sa seomra ranga, istigh ón mbáisteach agus ón doineann. Boladh na cailce. Cuairteanna ar Ghaillimh le héadach scoile agus éadach Domhnaigh a cheannach. Í ag stiúrú cóir scoláirí óga sa séipéal. Buíochas an phobail faoina gcuid gasúr a réiteach go maith don saol, cibé cén áit a gcaithfidís é.

Ach bhí a fhios aici ina croí istigh nach mbeadh a leithéid de shaol aici. Ní fhéadfadh sí Páraic a fhágáil. Míorúilt a theastódh le go bhféadfadh sí imeacht ar scoil amuigh ar an mórthír. Agus b'fhada an lá í ag fanacht ar mhíorúilt dá shórt.

*****

Má bhí Muraed ag glacadh leis go bhfanfadh sí ag baile ar feadh a saoil, a mhalairt glan de dhearcadh a bhí ag Bid. B'fhada uaithi sin go mbeadh Árainn agus Éire fágtha ina diaidh aici. Ach ní raibh aon ghlacadh ag Deaide leis sin mar phlean. Ní raibh cead aici imeacht go dtí go mbeadh na hocht mbliana déag aici. Ba mhinic iad ag achrann faoi. Bhí cailíní an bhaile ag greadadh leo go Meiriceá agus gan acu ach ceithre bliana déag. Agus gan Jude ar bith acu siúd thall i Rochester, a bhí an-sásta go dtiocfadh Bid anall is a thabharfadh aire mhaith di agus í ag tosaí amach ann.

Ach ní fhéadfaí intinn Dheaide a athrú. An fáth go raibh cailíní níos óige ná Bid ag imeacht ná go raibh a gcuid máithreacha beo le haire a thabhairt don teach. Agus ní raibh leithéidí Pháraic mar ualach ar an gcomhluadar. Bheadh an iomarca oibre ann go fóill le Muraed a fhágáil ina bun aisti féin.

Sin é an uair a tharraing Bid anuas plean eile. Sular chuir sí faoi bhráid Dheaide é, thriail sí Muraed a mhealladh ina threo.

Dá bhfaighfí áit do Pháraic i *home* deas amuigh i nGaillimh, a deir Bid, bheadh chuile dhuine níos fearr as: bheadh Páraic i measc a chineáil féin agus daoine ag tabhairt aire dó a raibh cleachtadh acu ar shimpleoirí cosúil leis. Bheadh Muraed níos fearr as dá uireasa, agus neart ama aici a bheith ag plé le scéalta beaga deasa agus véarsaí agus gach a raibh ann. Agus bheadh saol níos réidhe ag Deaide agus gan le beathú aige ach é féin agus Muraed nuair a d'imeodh Bid anonn ag Jude i Rochester. Níor chuir Muraed suim ar bith ann mar phlean. Ach níor stop sé sin Bid.

An chéad uair a tharraing sí anuas an plean ag Deaide, d'éist sé go cúramach léi. Scanraigh Muraed. Ab é gur thaithnigh an smaoineamh seo leis?

"Fan anois go fóilleach," a deir sé, é ag cuimilt a chroiméil le muinchille a gheansaí. "Bheadh airgead mór i gceist le *home*, nach mbeadh? Cén chaoi a mbeinnse in ann íoc as sin, abair liom?"

D'íocfadh Bid í féin as, a d'fhreagair sí. Chuirfeadh sí airgead ar ais as Meiriceá chuile sheachtain. D'íocfadh Jude chomh maith as, mar go mbeadh sise sásta go raibh cás Pháraic réitithe agus nár ghá do Dheaide a bheith ag déanamh buartha faoi níos mó. Agus d'fhéadfadh Muraed cúnamh a thabhairt chomh maith, leis an airgead ar fad a bhí sí a shaothrú ó na huibheacha. Nárbh fhearr go gcaithfí na pingneacha sin ar fad ar Pháraic a chur i *home* deas seachas ar an ealaín a bhí aici leis na scéalta agus litreacha go Bleá Cliath?

"Níl Páraic ag dul isteach i *home* de chineál ar bith," arsa Muraed. "Agus sin a bhfuil faoi."

"Mise a shocrós cé a bheas ag déanamh cén rud thart anseo," arsa Deaide, a ghlór breá réidh.

"Ach tá na *home*-annaí sin iontach," arsa Bid. "Tugtar

togha na haire do chuile dhuine ann, is cuma cén cineál amadáin é féin. Tá na mná rialta is na bráithre sin in ann jab i bhfad níos fearr a dhéanamh ná mar a dhéanfadh Muraed s'againne nó duine ar bith i bprochóigín de theach ar nós na háite seo."

"Tá do dhóthain ráite anois agat," arsa Deaide, a ghlór ag éirí níos géire. "Agus más prochóigín féin an teach seo, is ann a fhanfas Páraic s'againne. Agus is ann a fhanfas tusa go dtí go mbeidh na hocht mbliana déag agat. Sin é an socrú atá déanta. Féadfaidh tú féin bheith ag piocadh faochan nó cibé céard is maith leat agus airgead a chur ar leataobh idir an dá linn do do thicéad. A fhad's atá do chuid oibre déanta thart sa teach seo, is cuma liomsa. Ach idir seo agus an lá a mbeidh na hocht mbliana déag slánaithe agat, is sa teach seo a fhanfas tú. Agus sin a mbeidh faoi."

Chas Bid ar a sáil agus réab sí an doras amach. Chas Deaide thart i dtreo an tinteáin agus chaith seile mhór isteach sna lasracha.

* * * * *

Ón lá sin amach, chaith Bid oiread ama imithe ón teach agus a d'fhéadfadh sí. D'éirigh léi obair pháirtaimseartha a fháil leis an sagairtín nua a bhí tagtha isteach ag an oileán nuair a cuireadh Father Folan ag paróiste i gConamara. Fear óg é a bhí díreach tagtha amach as an gcoláiste, is gan aon chailín tí go fóill aige. Chaitheadh Bid píosaí maithe den lá thoir aige ag glanadh agus ag cócaireacht agus ag iarraidh a bheith ag labhairt Béarla leis. Bhí cleachtadh go leor de dhíth uirthi ar an mBéarla sula dtabharfadh sí a haghaidh ar Mheiriceá. Dochtúir amuigh i gContae Mhaigh Eo a bhí in athair an tsagairtín agus bhí *radio* ceannaithe aige dá mhac. Le teacht an tsamhraidh, d'fhanadh Bid píosa maith den tráthnóna ag glanadh an tí, mar ó Dhia. Ach is sa *radio* a bhí a spéis i ndáiríre. Agus thaithnigh an sagairtín léi freisin.

"Nach breá slachtmhar an feairín é?" a dúirt sí de chogar le Muraed lá agus iad ina suí le chéile ag an Aifreann. Dheargaigh Muraed go bun na gcluas leis an uafás a bhí uirthi. Bhreathnaigh sí thart go neirbhíseach, í cinnte go raibh a deirfiúr cloiste ag duine de na mná ina dtimpeall, í ag cur síos go drúisiúil ar dhuine de shagairt Dé. Nuair a chonaic Bid an dath a bhí tagtha ar Mhuraed, leath strais ar a béal.

An rud ab fhearr go mór fada ar an *radio*, de réir Bhid, ná fear a thagadh air amach sa tráthnóna agus é ag cur síos ar an gcogadh amuigh sa nGearmáin.

"*Germany, calling! Germany calling!*" a bhíodh aici agus í ag déanamh aithris ar fhear an *radio*. 'Lord Haw Haw' a bhí air agus bhíodh sé i gcónaí ag cur dó faoi Hitler, é siúd a bhí ag tabhairt bascadh an diabhail do na Sasanaigh.

"Bhí sé in am ag duine éicint é a dhéanamh," arsa Deaide faoi agus cur síos eile cloiste aige ó Bhid. Ba léir do Mhuraed go raibh an-suim ag Deaide sna scéalta nua seo anoir.

Nuair nach raibh Bid ag cur síos ar na glórtha sa *radio*, chloiseadh Muraed í ag cleachtadh cainteanna Béarla a bhí pioctha suas ón sagairtín aici.

"*That's terrific, Páraic,*" a dúirt sí nuair a d'ith sé a dhinnéar, gan ligint d'fhata ná rud ar bith titim ar an urlár. "*That's absolutely terrific.*"

* * * * *

Le teacht an fhómhair agus na n-oícheanta fada, cuireadh tús an athuair leis an airneán. Bhí Muraed ag súil leis le fada, ón uair a tháinig deireadh leis an teacht le chéile i ndeireadh an earraigh, tráth ar dhírigh muintir an oileáin ar an obair taobh amuigh, ar muir is ar tír.

D'airigh sí beo, ar chaoi éicint, agus í ina suí leis an lucht airneáin ar bhealach nár airigh sí beo in aon chomhluadar eile. Chuirtí iontas uirthi an chaoi go bhfeicfeá taobh nua de dhuine i gciorcal an airneáin uaireanta, gné dá nádúr nach mbeadh nochtaithe mórán riamh, murach gur shuigh siad síos is gur chuir siad díobh amhrán nó scéal nó cibé cén rud a bhí acu le tabhairt. Fear chomh láidir lúfar le hEoin Éamoinn, cuir i gcás, fear a chaith a shaol ag plé leis an talamh agus le beithígh, le haoileach agus le feamainn. Ach le theacht an airneáin, nuair a thugadh sé faoin amhrán ab ansa leis a rá, bhí sé in ann saol sin na sclábhaíochta a chur ar leataobh ar feadh scaithimhín. Bhí sé in ann é féin a chailleadh in amhrán agus dearcadh an té a bhí i gceist ann a ghlacadh aige féin. Bean óg a bhí i gcroílár an amhráin ab fhearr uaidh, cailín a chuir síos ar an tubaiste a d'athraigh cúrsa a saoil. Agus Eoin Éamoinn ag casadh an amhráin, véarsa i ndiaidh véarsa, bhí sé in ann a thabhairt le fios ar bhealach éicint gurbh eisean an bhean óg. An chuimhne ghlé a bhí ag cailín an amhráin ar an lá go raibh an tsráid lán d'eachraí, lán de shagairt is de bhráithre is iad ag trácht ar a bainis. An lá ar fágadh ina baintreach í is í fós ina maighdean. An cur síos a bhí aici ar chorp fuar a leannáin bháite, a chorp ag titim go grinneall. A shúile ag na péiste, a bhéilín ag na portáin.

Bhíodh nóiméidín ann i ndeireadh amhráin a dtugadh Muraed suntas i gcónaí dó, i ndiaidh d'Eoin an líne dheireanach a rá. D'osclaíodh sé a shúile, a bhí dúnta ar feadh an ama, é ag teacht ar ais aige féin. Leathnaíodh dreach cúthaileach ar a bhéal, amhail is gur brionglóid de chineál éicint a bhí san amhrán a bhí ráite aige, brionglóid a chreid sé inti agus é ina lár. Bhíodh néal pléisiúir anuas ar an gcomhluadar ar fad, iad ag cur in iúl le monabhar beag moltach an meas a bhí acu ar an nochtadh croí a bhí déanta ag an bhfonnadóir.

Agus na laethanta ag éirí gearr, b'fhada ó Mhuraed go mbeadh an comhluadar sin bailithe isteach sa teach an athuair is go mbeadh sí féin ina lár, í ag tabhairt cúnaimh do Dheaide dá ngabhfadh sé amú, ag inseacht scéil nó ag aithris ceathrú filíochta í féin.

Agus í ag beathú na n-éan clóis ar maidin, nó ag baint na meacan bán is na meacan dearg a bhí curtha sa mbuaile ó dheas aici, dhéanadh Muraed aithris ina ceann ar scéal a bhí roghnaithe aici le haithris, arís agus arís eile. B'fhada léi anois go gcloisfeadh an comhluadar an greim a bhí aici ar eachtraí tragóideacha Dheirdre agus chlann Uisne. B'fhada léi go gcloisfeadh sí chomh maith an moladh a bheadh ag an gcomhluadar agus an scéal inste aici.

Ach le theacht na hoíche móire, ní ar Mhuraed a bhí an aird ba mhó ach ar Bhid.

Agus an lucht airneáin bailithe isteach, tine mhóna ina lasracha, cúpla amhrán ráite, scéilín giortach curtha de ag Deaide, bhí Muraed á réiteach féin lena scéal sise a chur di.

Díreach is í ag tosaí isteach ar an scéal faoi Dheirdre, an

bhean ba bhreáchta ar domhan, ligeadh sian sa seomra thiar. Bhí Páraic dúisithe.

Bhreathnaigh Muraed thart. D'ardaigh Deaide bos a láimhe, é ag tabhairt le fios di éisteacht go fóillín. Scaití, ligeadh Páraic liú den chineál sin as agus é ina chodladh.

Ach ní mar sin a bhí an iarraidh seo. Lig sé sian eile uaidh, agus ceann eile. Lean glór Bhid é trí chláracha an dorais ó dheas.

"Gabh a chodladh, a phleota. Gabh a chodladh!"

Bhreathnaigh Deaide ar Mhuraed. Bhí a fhios aici nach raibh aon rogha aici ach an ciorcal teolaí a fhágáil agus dul siar aige.

Agus í beagnach ag an doras, ghlaoigh Deaide uirthi.

"A Mhuraed, abair le Bid a theacht amach anseo againn."

"Bid?"

"An cailín céanna."

Isteach le Muraed sa seomra. Bhí Páraic ina shuí ar imeall na leapan, é ag luascadh anonn is anall, crónán cráite óna bhéal. Shuigh Muraed síos lena thaobh agus chuir a lámh thart ar a ghualainn.

"Dúirt Deaide leat a dhul amach acu," a deir sí.

"Mise?"

"Sin a dúirt sé."

Agus í ag cogarnaíl go suaimhneach i gcluais Pháraic, ag iarraidh é a bhréagadh le go luífeadh sé siar lena taobh, ní raibh Muraed in ann a raibh ar siúl thart ar thine na cistine a fheiceáil. Ach bhí sí in ann Bid a shamhlú ag socrú isteach taobh le Neil, san áit a suíodh Muraed i gcónaí.

Ní hionann agus Muraed, a bhíodh neirbhíseach faoi

theacht i láthair na ndaoine fásta seo, ní bhíodh amhras ar bith ar Bhid fúithi féin. Agus ba ghearr gur tháinig glór Bhid isteach tríd an doras.

"*Germany Calling! Germany Calling!*"

Scairtíl gháirí ó na fir amuigh an chéad rud eile a chuala sí.

* * * * *

Tráthnóna amháin agus Muraed ag teacht isteach ón tsráid le hualach uibheacha ina naprún, tháinig sí ar Bhid agus cóipleabhar seanchais Mhuraed ina lámh aici.

"Hé!" a bhéic Muraed. "Liomsa é sin. Tabhair dhom é!"

Rith sí i dtreo Bhid agus shín a dhá láimh ina treo. Thit na huibheacha ar fud an urláir, iad ag pléascadh ar chuile thaobh. Léim Bid anuas den bhord.

"Cén sórt óinsín thú féin?" a deir sí. "Bhí luach cúpla scillinge ansin agat."

"Tabhair dhom mo chóipleabhar!" arsa Muraed, a leicne ar lasadh.

"Déan go réidh, maith an bheainín!" arsa Bid, í ag síneadh géag fhada san aer, Muraed ag léimneach ina timpeall mar a bheadh coileáinín ann. "Ní raibh uaim ach bileog páipéir."

"Tabhair dhom é!" arsa Muraed.

Thug sí léim uaithi le breith ar an gcóipleabhar. Chas Bid uaithi. Sciorr Muraed ar an mbuíochán uibhe faoina cosa agus thuirling ar a droim i lár an urláir.

"Tuige nach bhféadfaidh tú ligint liom?" a bhéic Muraed. "Tuige a gcaithfidh tú chuile shórt a scriosadh orm?"

Chlúdaigh Páraic a éadan lena dhá bhois.

"Is tusa atá ag scriosadh," arsa Bid. "Bhí an áit seo sciúrtha glanta agamsa agus ní raibh gíog ná míog as siúd. Breathnaigh anois air."

Bhí Páraic ag luascadh anonn is anall ar a chorróg, é ag cneadaíl go híseal.

Sheas Muraed suas. Chaith Bid an cóipleabhar ar an mbord. Rug Muraed air is d'fháisc lena hucht é.

"Glan suas an áit thú féin," a deir sí le Bid. "Is tusa is ciontaí lena bheith ina chiseach."

Réab sí an doras amach, deora lena súile.

* * * * *

An lá dár gcionn, cheannaigh Muraed cóipleabhar ó Iníon Uí Bhrosnacháin agus thug do Bhid é. Ghlac Bid leis an gcóipleabhar, a rá gur ag iarraidh a cuid nathanna Béarla a scríobh síos a bhí sí, ar fhaitíos go ndéanfadh sí dearmad arís orthu. Ghlac sí buíochas faoin gcóipleabhar. Thairg sí gruaig Mhuraed a fhí ina dtrilseáin. Bhí an tsíocháin déanta.

Ach níor sheas sí i bhfad mar shíocháin.

An sagairtín ba chúis leis an gcéad bhabhta eile achrainn. Murab ionann agus Father Folan, gnáthshagart a bhí sa bhfear nua. Thaithnigh leis gúna fada de chóta a chaitheamh agus é ag siúl an bhóithrín tráthnóna, leabhar dubh á léamh aige agus é ag breathnú uaidh anois is arís ar fhaitíos go mbuailfeadh sé faoin sconsa.

Bhí an-ómós aige do mháthair Dé, a deireadh sé i gcónaí. I ndeireadh an earraigh, thosaigh sé ag caint le linn an Aifrinn

faoin tábhacht a bhí le bheith ag guí do Mhuire agus gan
an aird ar fad a bheith i gcónaí ar Dhia an tAthair agus ar
an Slánaitheoir. Dúirt sé gur cheart do chuile theach san áit
altóir Bhealtaine a dhéanamh do Mhuire. Chuir sé fios ar
bhosca mór deilbhíní de Mhuire agus leag sé ar bhord iad
i dtóin an tséipéil. Chuir sé bosca lena dtaobh agus an té a
raibh cúpla pingin aige le híoc as an deilbhín cuireadh sé
isteach sa mbosca cibé cén t-airgead a bhí le spáráil aige. An
té a bhí gann an tráth seo bliana, ná bíodh náire ar bith air
ach an deilbhín a chrochadh leis agus an t-airgead a chur i
gciseán an bhailiúcháin Domhnach éicint nuair a bheadh na
pingneacha níos fairsinge.

An Domhnach dár gcionn agus na deilbhíní scaipthe,
labhair sé faoi Chnoc Mhuire, an baile naofa láimh leis an áit
ar tógadh é féin i gContae Mhaigh Eo. Labhair sé ar an gcaoi
a dtáinig Muire ar cuairt ann, tráth go raibh an pobal in ísle
brí de bharr an mhéid daoine a cailleadh san áit aimsir an
Ghorta Mhóir, tríocha bliain roimhe. Ach d'ardaigh Muire a
gcroí agus thug sí misneach dóibh.

Nuair a thosaigh sé ag caint an tseachtain dár gcionn ar
na míorúiltí a tharlaíodh i gCnoc Mhuire, bhioraigh Muraed
a cluasa. Is iomaí duine a raibh an siúl caillte aige, a deir sé, a
d'fhág maidí croise ina dhiaidh ag binn an tséipéil is a shiúil
abhaile. B'shin cumhacht na Maighdine.

D'éist Muraed go haireach. Agus an tAifreann ráite,
d'fhan sí sa séipéal, í ag déanamh na stáisiún mar a dhéanadh
cuid de na seandaoine. Nuair a bhí chuile dhuine eile imithe,
shiúil sí go barr an tséipéil agus isteach an geata beag chuig an
altóir. Chnag sí go neirbhíseach ar dhoras an tseomra ar chúl,

an áit a ngléasadh an sagairtín é féin sna róbaí a chaitheadh
sé leis an Aifreann a léamh.

Tháinig an sagairtín ag an doras.

"A Athair," arsa Muraed. "Tá mé ag iarraidh ceist a chur
ort."

* * * * *

"Cén tseafóid a bhí agatsa le Father Garvey?" arsa Bid, í ag
pléascadh isteach an doras tráthnóna. Gheit Deaide, a bhí ag
déanamh néal codlata dó féin le hais na tine.

"Cén fáth gur inis tú dó faoi siúd?" Chraith sí a cloigeann
go leataobh le Páraic a chur in iúl, áit a raibh sé ar an urlár ag
crónán go bog leis an *dolly* ab ansa leis, á cur ag siúl thart ar
na clocha míne.

"Cén t-achrann sa diabhal atá anois agaibh?" arsa Deaide.

Chas Muraed ina threo.

"Tá mé ag iarraidh Páraic a thabhairt go Cnoc Mhuire,
a Dheaide. Labhair mé leis an sagairtín. Shíl sé gur plean
iontach a bhí ann. Dúirt sé gur cheart dúinn ar fad a dhul
ann."

"Ó, níos fearr fós!" arsa Bid.

"Tugtar daoine ar nós Pháraic go Cnoc Mhuire as chuile
cheard den tír," arsa Muraed. "Dúirt sé liom é. Daoine atá
tinn le fada, daoine a chaill radharc na súl, chuile chineál."

"Tá Páraic simplí," arsa Bid. "Níl leigheas ar bith air sin
agus is maith atá a fhios agat é."

"Leigheastar go leor daoine ann."

Bhí Bid ag éirí dearg san éadan.

"Thabharfá duine gan chiall, nár fhág an t-oileán seo riamh, amach go Gaillimh agus an bealach uilig síos go Maigh Eo – le lá a chaitheamh ag éisteacht le paidreacha nach dtuigeann sé?"

"Tarlaíonn míorúiltí. Agus tá míorúilt tuillte ag Páraic chomh maith le duine ar bith."

"Cé méad a chosnódh an t-aistear seo ar chaoi ar bith?" arsa Deaide.

"Níor labhair muid air sin."

"Beidh ort dhá thicéad a íoc ar an mbád go Gaillimh. Agus cén chaoi a ngabhfaidh sibh go dtí an áit sin uaidh sin?"

"Tá glaicín airgid sábháilte agamsa ó thús na bliana. Idir airgead na bhfaochan agus airgead na n-uibheacha, tá dóthain agam."

Stop Muraed. Scrúdaigh sí a éadan. Dá mbeadh drochspion air, d'fhéadfadh sé an t-airgead a bhaint di ar an bpointe boise.

Leath meangadh gáirí thar a éadan.

"Bhuel, níl locht ar bith agamsa ar do phlean."

Bhreathnaigh sé anall ar Bhid, a raibh a béal ar leathadh.

"Agus má tharlaíonn míorúilt," a deir sé, é ag meangadh gáirí anois le Bid, "bhuel …"

"Beidh ciall ag Páraic," arsa Muraed.

"Beidh ciall ag Páraic, muis," arsa Bid. "Ag iarraidh an créatúr bocht sin a tharraingt ar fud na tíre, seachas an t-airgead atá cruinnithe agat a úsáid lena chur i *home* in áit éicint, san áit is ceart dó bheith le fada!"

Bhuail Deaide a bhos anuas ar an mbord.

"Breathnaigh anois," a deir sé. "Tá sé socraithe mar scéal."

* * * * *

An lá dár gcionn, tháinig Bid abhaile ón obair agus í réidh le pléascadh. Bhí céad ceist ag an sagairtín uirthi faoi Pháraic, a dúirt sí. Bhí sé ag iarraidh bualadh isteach ag an teach agus é a bheannú. Thriail sí Deaide a chur ina choinne sin, ach dúirt seisean nach bhféadfaí a bheith ag sáraíocht le sagart.

Cúpla tráthnóna ina dhiaidh sin, an chistineach sciúrtha glan ag Muraed, tháinig an sagairtín ar cuairt. Níor chuir sé suim ar bith san arán bán a leagadh roimhe, ná in im Bhid. Labhair sé go múinte le Deaide. Thug Muraed faoi deara go raibh bealach eile aige le daoine fásta le hais mar a bhíodh ag Father Folan. Bhíodh sé siúd ag iarraidh a thabhairt le fios gur ghnáthfhear é, gur mhar a chéile iad, an sagart agus an t-iascaire. Bhí a fhios ag Deaide gur mhór idir é féin agus an sagart – bhí seisean in ann corp Chríost a dhéanamh den arán Dé Domhnaigh ar an altóir. Ní raibh cead ag Deaide breith ar an arán sin lena láimh. Ach chuir sé suas leis an gcur i gcéill a bhí ag Father Folan mar go raibh oiread spéise ag an mbeirt acu sna scéalta.

Ach ní fear scéalta a bhí sa sagairtín. Agus bhí sé óg – a cúig nó a sé de bhlianta níos sine ná Bid ar a mhéad. Labhair sé le Deaide go múinte, amhail is gurbh eisean an duine ba thábhachtaí, amhail is gur aige siúd a bhí léamh agus scríobh agus eile seachas é féin. Mhol sé Bid agus an obair a bhí sí a dhéanamh dó sa teach.

Bhí Páraic ina shuí ar an urlár, é ag faire ar an strainséara. Chas an sagairtín ina threo agus labhair os íseal leis. Níor iompaigh Páraic uaidh mar a dhéanfadh sé go minic le daoine. Choinnigh sé air ag breathnú ar éadan geal an tsagairtín, eisean dírithe anois go hiomlán ar Pháraic. Anonn leis an sagairtín, céim ar chéim, é ag monabhar go séimh, Páraic ag faire air ar feadh an ama. Nuair a bhí an bheirt i bhfoisceacht síneadh láimhe dá chéile, chrom an sagairtín síos agus chuaigh ar a dhá ghlúin os comhair Pháraic. Bhreathnaigh Muraed ar an mbeirt, iontas uirthi faoin mbua a bhí ag an bhfear óg seo a dheartháir a mhealladh. Faoi dheireadh, leag an sagairtín a bhos chlé go séimh ar bhaithis Pháraic agus thosaigh ag aithris paidreacha os a chionn. Chroch sé a lámh dheas, agus ghearr fíor na croise san aer os cionn chloigeann Pháraic. Fíor-chorrdhuine a ligfeadh Páraic dó lámh a leagan air, go mórmhór ar a chloigeann. Ach d'fhan sé socair ar feadh an achair do bheannú an tsagairt.

Th'éis dó cupán tae a ól agus im Bhid a bhlaiseadh gan aon suntas a thabhairt dó, bhí an sagairtín réidh le fágáil.

"A Mhuraed," a deir sé, "ar chuma leat labhairt liom taobh amuigh?"

Bhreathnaigh Bid agus Deaide ar a chéile. D'fhág an sagairtín slán acu agus thug faoin doras, Muraed ag siúl go neirbhíseach ina dhiaidh.

"Siúil píosa den bhóthar liom," a deir sé.

Shiúil Muraed lena thaobh, í ag breathnú síos ar a cosa, ag coinneáil rithime le spága móra an tsagairtín.

"A Mhuraed," a deir sé ar deireadh. "Maidir le Páraic. Tá Dia láidir agus tá máthair mhaith aige, nach shin a deirtear?"

"Sé, a Athair," arsa Muraed.

"Ach tá teorainn leis an méid atá ceachtar acu in ann a dhéanamh."

"Ach tá Dia uilechumhachtach, a Athair. D'fhoghlaim

muid é sin ar scoil."

"Agus tá, ach … bhuel, an rud atá ann ná …"

Bhreathnaigh an sagairtín roimhe, amach ar an gcuan. Lig faoileán scréach os a gcionn.

"An rud atá ann ná gur tháinig Páraic ar an saol ar bhealach áirithe. Nílim a rá nach bhféadfadh Dia é a athrú ina bhuachaill a raibh caint aige mar atá agatsa nó agamsa. Ach ba mhór an gníomh é. An dtuigeann tú an rud atá mé ag iarraidh a rá?"

"Cineál, a Athair."

"Bhuel, smaoinigh ar an gcaoi seo air – tá plean ag Dia dúinn ar fad. Uaireanta, leigheasfaidh sé daoine …"

"Nó leigheasfaidh Muire iad," arsa Muraed.

"Sea. Leigheasfaidh Muire iad. Ach uaireanta ní leigheasfaidh ceachtar acu é. Agus sin cuid den phlean. Sin cuid den aistear atá leagtha amach dúinn. Cé gur deacair é a thuiscint, uaireanta cuideoidh Dia nó Muire linn glacadh leis an saol mar atá. Is míorúilt atá ansin chomh maith, nuair a chuimhníonn tú air."

Stop sé, amhail is go raibh sé ag iarraidh smaoineamh ar an gcéad rud eile a déarfadh sé.

"An rud atá ann, a Mhuraed, agus iarraim ort cuimhneamh air seo – an rud is tábhachtaí faoi mhíorúilt ná bheith in ann í a aithint."

Stop an sagairtín. Chas sé ina treo agus bhreathnaigh sé sa dá shúil uirthi.

"Tá tú le moladh, a Mhuraed. Tá creideamh láidir agat. Ach smaoinigh ar an méid atá ráite agam. Sin an méid a iarraim ort a dhéanamh."

* * * * *

"Bhuel?"

Bhí Bid mar a bheadh cat ann a bhí réidh le léimneach ar éan agus breith air.

"Ní bhaineann sé leat mar scéal."

"Mise atá ag obair sa teach aige."

"Idir mise agus Father Garvey atá sé."

"Father Garvey anois agat é, ab ea?"

Chas Muraed uaithi. Rug Bid greim uillinne uirthi.

"Ní raibh sé ag iarraidh Páraic a thabhairt ann, an raibh?"

"Lig dom."

"Bhí a fhios agam é! Tá ciall aige siúd. Agus is mór an mhaith go bhfuil."

* * * * *

An mhaidin dár gcionn, d'éirigh Muraed sula raibh Deaide ina dhúiseacht. Amach as an teach léi, agus siar an bóthar ag teach an tsagairt. Chnag sí ar fhuinneog na cistine agus faoi dheireadh tháinig sé amach.

In ainneoin a cuid iarrachtaí labhairt go tomhaiste, tháinig an chaint ó Mhuraed ina tonn bháite. Bhí sí ag iarraidh Páraic a thabhairt go Cnoc Mhuire. Bhí sí an-mhór le Muire ó bhí sí ina cailín beag. Níor dhúirt sí paidir le duine ar bith riamh sna Flaithis ach amháin ise agus a máthair féin. Nuair a tháinig Muraed ar an saol, a dúradh riamh léi, thóg Muire a Mama féin suas ar neamh le bheith ag obair léi agus fágadh í féin i bhfeighil Pháraic. Ní raibh sí cinnte an raibh sé sin fíor níos mó, ach d'airigh sí go gcaithfeadh sí Páraic a thabhairt go Cnoc Mhuire.

Is ansin a thug sí faoi deara go raibh deora lena súile. Chuimil sí anuas iad, náire uirthi go raibh sí th'éis cailín beag seafóideach a dhéanamh di féin os a chomhair. Leag an sagairtín lámh ar a gualainn.

"Aithním an creideamh domhain atá ionat, a Mhuraed," a deir sé. "Gabhfaidh muid ann. Agus guífidh muid go nglacfaidh tú le cibé cén rud a tharlóidh ann. Guífidh muid go n-aithneoidh tú an mhíorúilt. Ceart go leor?"

* * * * *

Níor shuigh Muraed í féin riamh i gcarr. Bhí mótar feicthe amuigh i nGaillimh an bhliain roimhe aici, an chéad uair riamh aici cos a leagan ar thalamh na hÉireann. Bhí gleo an diabhail ag an mótar céanna agus é ag teacht anuas an tsráid. An mbeadh Páraic in ann ag torann den chineál sin gan choinne? An mbeadh sé in ann ag an turas amach go Gaillimh ar an Naomh Éanna? Mar, ina croí istigh, bhí faitíos ar Mhuraed – ach an oiread le Bid – go náireodh Páraic í.

Ach ar an lá mór, a luaithe is a bhuail siad leis an sagairtín ar chéibh Chill Rónáin is a shuigh siad isteach in éindí sa gcurach le bheith tugtha amach chuig an Naomh Éanna, d'airigh Muraed ar chaoi éicint go mbeadh chuile shórt ina cheart. Bhí an fharraige ina gloine, bhí an ghrian ag scaladh sa spéir. Agus bhí an sagairtín ina shuí le taobh Pháraic, é ag labhairt os íseal leis, ag baint gáirí as fiú, á chur ar a shuaimhneas.

Shuigh Muraed agus Páraic ar deic an Naomh Éanna, Páraic ag breathnú ina thimpeall go neirbhíseach nuair a bhog an stímear chun siúil. Choinnigh Muraed uirthi ag caint os íseal leis, ag aithris na rannta ab ansa leis ó bhí sé ina leaidín beag. D'éirigh léi é a shuaimhniú agus an t-oileán ag dul i laghad ar dhromchla na farraige taobh thiar díobh. Bhí an sagairtín ag dul thart ag labhairt le muintir an oileáin a bhí ag dul amach go Gaillimh, ag beannú do chuile dhuine go cairdiúil. Choinnigh sé súil ar Pháraic agus stop chun labhairt leis cúpla uair ar an aistear isteach tríd an gcuan.

Bhí carr ag fanacht leo ar chéibh na Gaillimhe, sagart maol trom ina shuí chun tosaigh inti. D'oscail Father Garvey doras do Mhuraed agus Páraic agus chuir ina suí chun deiridh iad. Shuigh sé isteach le taobh an tsagairt eile agus chas seisean an meaisín ar siúl. Ghluais an carr trí na sráideanna, daoine ag seasamh siar, caiple á dtarraingt ar leataobh don mhótar a raibh beirt shagart chun tosaigh inti.

Bhreathnaigh Páraic amach an fhuinneog ar feadh an bhealaigh, é ag gnúsachtach go sásta nuair a chonaic sé garraí mór millteach leathan a raibh na scórtha caora agus uan ann, nó fear ag treabhadh goirt agus dhá chapall bhána ag tarraingt an chéachta. Lig sé béic as nuair a chonaic sé crann mór millteach ard le taobh an bhóthair, culaith ghlas an earraigh air. Bhain Muraed í féin lán a dhá súil as an airde a bhí ann.

Chuaigh siad thar Gharda a bhí ag rothaíocht in aghaidh cnoc crochta, fear agus bean i gcarr capaill, beirt ógánach ag seoladh bó agus lao beag dubh nach raibh i bhfad ar an saol. Sna bailte ar shiúil siad tríothu, sheas daoine ar thaobh na sráide le breathnú ar an gcarr glórach ag gabháil thar bráid.

Talamh réidh a bhí ann cuid mhaith den bhealach ach tamall gearr roimh dheireadh an aistir, d'airigh Muraed go raibh saothar ar an gcarr agus iad ag tiomáint suas in aghaidh cnoic. Ar bharr an aird, bhí amharc ó thuaidh ar réimse talún nach bhfaca Muraed a fhairsingeacht riamh – má leathan, féarmhar, crainnte agus claíocha, cnoic agus sléibhte gorma ar íor na spéire.

Baile beag gnóthach a bhí i gCnoc Mhuire. Bhí daoine chuile áit ann, iad gléasta in éadach an Domhnaigh, mná a raibh cótaí móra agus hataí orthu mar a chaitheadh Iníon Uí Bhrosnacháin maidin Aifrinn sa mbaile. Bhí seanbhean ag trasnú an bhóthair a raibh seál uirthi mar a bhíodh ar mhná an oileáin, í cromtha ag an aois. Sheas sí nuair a chonaic sí an carr agus an dá shagart chun tosaigh ann agus ghearr fíor na croise uirthi féin.

Tharraing an carr isteach i gclós mór le taobh séipéil. Bhí seandaoine á mbrú thart ar chathaoireacha a raibh rothaí fúthu agus daoine eile sínte ar chróchair, á gcrochadh ag fir a raibh saiseanna glasa thart ar a nguaillí orthu. Bhí slua mór daoine ag siúl timpeall ar an séipéal go mall, iad ag leanacht sagairt a raibh mothall catach rua air, iad ar fad ag paidreoireacht go díograiseach, paidríní ar sileadh ó ghlac gach duine díobh. Shiúil grúpa ban rialta trasna an chlóis, róbaí dubha orthu agus bibeanna móra bána, paidríní móra fada casta thart ar a gcoim mar a bheadh rópaí iontu.

Sheas Muraed amach as an gcarr agus thug a lámh do Pháraic lena threorú anuas ar an talamh slán. Bhreathnaigh seisean ina thimpeall, ar an domhan aduain seo a raibh siad leaindeáilte ina lár.

"Tá muid ann, a Pháraic," arsa Muraed leis de chogar gealgháireach. "Tá muid i gCnoc Mhuire."

Dúirt an sagairtín léi go raibh sé féin agus a chara ag imeacht ag an gclochar le lón a chaitheamh. Sular imigh sé, thaispeáin sé an áit do Mhuraed: an áit a bhféadfaí uisce coisricthe a fháil; an áit a gcuirfí na heasláin nuair a bheadh dealbh na Maighdine á tabhairt timpeall ar ball; agus binn an tséipéil, an áit ar sheas an Mhaighdean í féin ann, tráthnóna ceathach, trí scór bliain roimhe.

Choinnigh Muraed greim ar Pháraic, á mhealladh le páirt a ghlacadh sa méid a bhí ag tarlú ina dtimpeall. D'éirigh léi é a thabhairt ag siúl trí huaire timpeall an tséipéil, í féin ag aithris na bpaidreacha i nGaeilge, os íseal, ar fhaitíos go gcloisfeadh duine ar bith í. Chomhairigh sí na deicheanna ar a méaracha, Páraic ag fáisceadh na láimhe eile go teann, é ag breathnú ina thimpeall gan gíog ná míog as.

Sheas siad ag binn an tséipéil, san áit ar sheas an Mhaighdean í féin an lá a dtug sí cuairt ar an áit. Más ag seasamh a bhí sí, a chuimhnigh Muraed, nó ar snámh os cionn na talún. Leag sí a lámh ar an mbinn, agus gan spreagadh ar bith uaithi, shín Páraic amach a lámh seisean nó gur leag sé a bhos anuas ar phlástar na binne. Scrúdaigh sí a éadan. An raibh glas ar bith á scaoileadh? An raibh sé ag aireachtáil rud ar bith? An raibh fuinneamh nó dinglis nó creathán de chineál ar bith ag teacht ó bhinn an tséipéil? An raibh a chuid smaointe á n-eagrú féin istigh ina chloigeann, á ndíriú féin suas agus ag cur caoi orthu féin?

Go tobann, bhain Páraic a lámh anuas den bhalla agus chuimil a rosta dá shrón. D'fhág sé smeadar smaoise ar mhuinchille a bháinín. Bhí dóthain aige den seasamh socair.

Thug Muraed ag siúl amach geata an tséipéil é agus síos an tsráid, é ag gleo leis go clamhsánach. Le taobh siopa a bhí lán de phaidríní agus dealbha den Mhaighdean, chonaic sí comhartha i bhfuinneog: *HOT MEALS.*

Isteach leo. Bhí bord mór i lár an tseomra agus daoine ina suí thart air, iad ag ithe plátaí móra brúitín agus gabáiste.

Tháinig plubaire mór mná ina dtreo a raibh éadan deargaithe uirthi.

"Two of ye that's in it, is it?"

"It is, ma'am," arsa Muraed.

Threoraigh an bhean i dtreo dhá chathaoir iad agus leagadh dhá phláta os a gcomhair gan mórán achair. Stán cailín beag fionn trasna uathu ar Mhuraed agus í ag beathú Pháraic, eisean ag gnúsachtach go bog agus an t-ocras á shásamh.

Nuair a bhí siad beirt súch sách, d'íoc Muraed agus ar ais leo ag an séipéal. Chonaic sí an sagairtín uaithi, é ag comhrá le fear a raibh sais ghlas air. Sméid siad ar a chéile trasna an chlóis.

Threoraigh fear na saise iad ag an áit a raibh na heasláin ar fad ann, iad istigh faoi dhíon íseal canbháis, ar fhaitíos na báistí.

"Beidh dealbh na Maighdine ag gabháil thar bráid anseo," a mhínigh an sagairtín di. "Agus beidh an tArd-Easpag ag tabhairt beannacht Mhuire don slua. Seo é an spota is fearr daoibh."

Bhailigh an sagairtín leis arís agus shuigh Páraic síos go drogallach ar shuíochán sa tríú sraith. Bhí máthair óg ina suí lena thaobh agus cailín beag i ngreim láimhe aici. Bhí uisce le súile an chailín, agus bhí mar a bheadh scamall bán sna súile féin. A hocht nó a naoi de bhlianta d'aois a bhí sí, a cloigeann crochta ar leathmheaing aici, í ag éisteacht go haireach lena raibh ag tarlú ina timpeall.

Lena taobh bhí fear óg, a chraiceann chomh geal le cúr na trá, a shúile sáite siar ina cheann. Bhí fear eile in éineacht leis – deartháir, ba chosúil – pluiceanna dearga air siúd agus loinnir ina shúile móra gorma nach raibh le feiceáil i súile a dhearthár.

D'oscail na spéartha, an bháisteach ag lascadh an chanbháis os a gcionn.

Choinnigh Muraed uirthi ag cogarnaíl le Páraic, eisean ag luascadh ar an gcathaoir.

Thosaigh bean rialta ar an gCoróin Mhuire a rá i mBéarla. D'fhreagair gach duine a raibh caint acu, an monabhar rithimiúil á n-aontú ina bhfoireann dóchais amháin ann.

Agus í ag freagairt na bpaidreacha os íseal, thriail Muraed díriú ar an atmaisféar speisialta sin a bhí ina timpeall. Ní raibh a leithéid d'atmaisféar in áit ar bith eile ar domhan. B'shin a dúirt an sagairtín an chéad lá ar labhair sé ar an áit. Thriail Muraed é a aimsiú, breith air, a croí a líonadh leis. Thriail sí gan aird a thabhairt ar an gcasachtach agus an cársán ina timpeall. Nó ar an aire neirbhíseach a bhí ag na daoine a bhí ag déanamh cúraim don duine easlán a thug siad ann, iad ar a nós féin, ag faire amach d'athrú ar bith chun feabhais. Iad ar fad ag súil go roghnódh an Mhaighdean a ndeartháir nó a n-iníon féin. Ní móide go leigheasfadh sí chuile dhuine san áit d'aon bhuille amháin. Nó an leigheasfadh? An aireodh

sí gur ag déanamh gaisce a bhí sí dá ndéanfadh sí a leithéid?
Agus dá leigheasfadh, cén chaoi ar cheart glacadh leis? Dá
seasfadh an cailín beag rua sin taobh le Páraic suas agus
gliondar gan teorainn uirthi, í ag feiceáil an domhain ina
timpeall lena súile cinn den chéad uair, céard ba cheart a rá?
Nó an chnámharlach fir níos faide anonn – dá dtiocfadh an
loinnir chéanna folláine ina phluiceanna seisean is a bhain
leis an bhfear lena thaobh, ar cheart buíochas a ghlacadh leis
an Maighdean faoi shaol an strainséara sin a chur ina cheart?

Bhí fanacht orthu sula dtáinig an mórshiúl ina dtreo, na fir
agus na saiseanna glasa orthu, duine acu chun cinn agus crois
Chríost ar iompar aige. Ar chróchar a bhí an Mhaighdean,
ceathrar fear á hiompar. Bhí coróin óir ar a cloigeann, an dá
bhois fáiscthe ar a chéile aici ag guí, í ag breathnú chun na
spéire.

"An Mhaighdean, a Pháraic," a deir Muraed de chogar.
"Nach mór an áilleacht í?"

Thuirling cuileog ar bhaithis Pháraic. Chraith sé a lámh
le fáil réidh léi.

"An Mhaighdean, a Pháraic. Breathnaigh – aici siúd atá
Mama ag obair thuas sna Flaithis."

D'airigh sí seafóideach go raibh sé sin ráite aici. Amhail
is go mba sean-aint i Meiriceá í Muire a raibh Mama imithe
anonn aici. An gcuirfeadh an chaint sin as don Mhaighdean?
Go raibh Muraed ag déanamh gaisce as a gceangal speisialta
léi? Nó an raibh sí in ann smaointe Mhuraed a chloisteáil,
seachas smaointe duine ar bith eile sa slua mór smaointeach
seo ina dtimpeall? An ag Dia an tAthair amháin a bhí an
cumas éisteachta sin?

Bhí smaois le srón Pháraic. Chuimil sé lena mhuinchille é agus leathnaigh an smeadar ar fud a leicinn. Bhain Muraed amach a naipcín póca agus chuimil dá éadan é. Chuir sí an naipcín lena shrón. Tharraing Páraic anáil. Ba bhreá leis an cluiche seo. Sula raibh sí in ann é a stopadh, lig sé séideán trína pholláirí, amhail trumpa i seanscéal a séideadh le doras iarainn a oscailt. Bhreathnaigh chuile dhuine i dtreo Pháraic. Lig sé scairt gháirí as. Dheargaigh Muraed. Tháinig racht casachtaigh ar an bhfear geal, saothar mór anois air anáil a tharraingt agus an ráig chreathánach a bhí ag rith trína cholainn sleabhctha.

* * * * *

Ar feadh an bhealaigh ar ais go Gaillimh, choinnigh Muraed súil ghéar ar Pháraic. Chuile uair a tharraing sé anáil a raibh fuinneamh ar leith inti, bhreathnaigh sí air, féachaint an dtabharfadh sé píosa líofa cainte uaidh nó ceist chiallmhar, nó an mbeadh dearcadh nua ina shúile a thabharfadh le fios go raibh léargas anois aige nach raibh ann cheana. Comhartha ar bith a chuirfeadh in iúl go raibh míorúilt tosaithe ag oibriú.

Ach athrú dá laghad níor aithin sí air, é ag breathnú uaidh go neodrach mar a dhéanadh riamh, gan tabhairt le fios céard a bhí ag dul ar aghaidh ina intinn ná cén t-ábhar machnaimh a bhí aige.

* * * * *

Bhí fanacht orthu go dtí maidin Dé Máirt leis an mbád a

fháil. Bhí socruithe déanta ag an sagairtín le col ceathrar leis a bhí ina bean rialta i gclochar ar imeall bhaile na Gaillimhe. Bhí lóistín acu do Mhuraed agus Páraic, seomra beag ar bharr an tí. Thóg sé an tsíoraíocht Páraic a thabhairt aníos an staighre mór fada, is gan cleachtadh ar bith aige ar an oiread sin céimeanna. Shocraigh Muraed gurbh fhearr é a choinneáil sa seomra beag go dtí go mbeidís réidh le himeacht maidin Dé Máirt. Chuir sí a chodladh é agus thit sí féin ina codladh sa leaba bheag lena thaobh.

* * * * *

Luigh sí ar a droim sa leaba agus an lá ag bánú taobh amuigh. B'fhada léi go mbeidís ag baile. Ní raibh sí ag súil le saighdeadh Bhid faoin turas, iad ar ais ón oilithreacht mhór agus Páraic ina shimpleoir i gcónaí.

Níorbh fhiú a bheith ag éirí go mbeadh Páraic ina dhúiseacht. Bheadh an lá sách fada sa seomra leis gan bheith á bhaint as a chodladh go moch. Dhún sí a súile agus chuir paidir leis an Maighdean. Déan míorúilt, a d'iarr sí. Scaoil saor mé, a Mhaighdean, agus tabhair saol ceart do mo dheartháir.

Dhún sí a súile, í ag déanamh athrá arís is arís ar a paidir. Bhí sí leath ina codladh nuair a chuala sí scríobadh de chineál éicint. D'oscail sí a súile le breathnú anonn ar Pháraic, ach bhí seisean fós ina chnap. Bhreathnaigh sí thart. Bhí francach mór clúmhach ina sheasamh ar an bpluid ag bun na leapan.

Lig sí scréach aisti. Dhúisigh Páraic. Bhí an francach ar an urlár anois, le hais an dorais. Dhírigh Muraed a méar air, í righin leis an scanradh, gan smacht aici ar an mbéiceach a bhí ag teacht óna béal. D'éirigh Páraic. Amach ar an urlár leis, é ag déanamh ar an bhfrancach. Sula raibh deis ag an ainmhí éalú, thug Páraic fogha faoi. Ar chaoi éicint, d'éirigh leis breith air. D'fháisc sé bolg an ainmhí lena dhá láimh.

Bhuail sé cloigeann an fhrancaigh in aghaidh an bhalla, arís is arís eile.

"A Pháraic, stop!" a bhéic sí.

Ach choinnigh sé air, an francach á ghreadadh go míthrócaireach aige go dtí go raibh an balla bánbhuí ina smeadar dearg fola. Stop an drioball fada ag corraí, agus ar deireadh, stop Páraic é féin.

Chas sé i dtreo Mhuraed, meangadh féinsásta ar a bhéal. D'ardaigh sé a raibh fágtha de chorp fuilteach an fhrancaigh go bhfeicfeadh sí an rud gaisciúil a bhí déanta aige lena dheirfiúr a chosaint.

* * * * *

Ina suí ar deic an Naomh Éanna an mhaidin dár gcionn, an bád ag tarraingt amach ó dhuganna na Gaillimhe, tháinig an sagairtín ina dtreo. Shuigh sé le taobh Mhuraed. Labhair siad ar an oibriú beag a bhí ar an bhfarraige, ar na clabhtaí dubha ar íor na spéire, ar an deatach ó shimléar an bháid a bhí á shéideadh anuas ina dtreo.

"Maidir le Páraic," a deir sé faoi dheireadh. "An rud is ceart duit a dhéanamh ná an scéal seo a fhágáil faoin Maighdean. Má shocraíonn sí é a leigheas, beidh áthas ar do chroí. Murab é sin an plean atá ag Dia dhaoibh, iarr ar an Maighdean cabhrú leat fáiltiú roimh an bplean eile sin."

* * * * *

Ar feadh an bhealaigh ón gcéibh go doras an tí, rinne sí cleachtadh ina hintinn ar na freagraí a thabharfadh sí ar Bhid agus ar an magadh a bheadh aici siúd. D'fhéadfadh sise coinneáil uirthi ar feadh na seachtainí le hiompar den tsórt sin, í ag saighdeadh is ag griogadh is ag fiodmhagadh. Bí cinnte go dtapódh sí an deis an *home* a tharraingt anuas arís. Agus b'fhéidir go n-éistfeadh Deaide léi an iarraidh seo.

Bhí an mhaidin caite faoin tráth seo, an ghrian os a gcionn ag druidim léi siar ó thuaidh. Bheadh Bid ar ais ón obair tráthnóna agus an ghrian ag dul i bhfarraige. Bheadh strais ó chluais go cluais uirthi, í ag breathnú go grinn ar Pháraic, ag éisteacht leis go sollúnta, féachaint an gcuirfeadh sé aon ráiteas mór ciallmhar uaidh. Agus nuair nach dtiocfadh óna bhéal ach an pislín agus an monabhar gan chiall, bheadh liosta sáiteán réitithe aici le Muraed a chiapadh leo.

Tharraing sí anáil. Ar a laghad anois bheadh an teach fúithi féin agus Páraic ar feadh cúpla uair an chloig. Bheadh deis aici teacht aici féin sula leaindeálfadh Bid nó Deaide isteach.

Ach nuair a bhain siad an cnocáinín os comhair an tí amach, thug Muraed faoi deara go raibh deatach ag teacht ón simléar. Agus bhí Eoin Éamoinn ina sheasamh ag an doras, é ag seanchas le beirt fhear ón taobh eile den oileán a raibh súilaithne ag Muraed orthu. Tháinig Bid amach an doras, Neil Chóil Jimí taobh amháin di, Annie Eoin Éamoinn an taobh eile. Bhí a lámh thart ar ghualainn Bhid ag Annie, Neil ag breith ar a deasóg. Lean beirt seanbhean amach an doras iad, seálta an Domhnaigh orthu.

Sheas Bid ar an tsráid, í ag éisteacht le pé rud a bhí Neil a rá léi. Nuair a dhírigh sí a cloigeann aníos, chonaic sí Muraed agus Páraic. Dheifrigh Muraed i dtreo an tí, í ag iarraidh Páraic a tharraingt ina diaidh. Sheas Bid agus bhreathnaigh orthu beirt ag teacht. Bhí fonn ar Mhuraed béic a ligint, ach bhí daoine chuile áit thart ar an tsráid.

"Céard atá tarlaithe?" arsa Muraed nuair a bhí siad tagtha suas le Bid. Chonaic sí ó éadan geal a deirféar nach mbeadh aon saighdeadh uaithi.

"Taobh istigh," arsa Bid. "Taobh istigh."

Scaoil Muraed le láimh Pháraic agus isteach an doras léi.

Bhí bord i lár an urláir, bord fada láidir. D'aithin Muraed ó na cosa troma gur bord Neil a bhí ann. Leagtha amach ar an mbord, é sciúrtha, nite, éadach an Domhnaigh air, bhí corp geal Dheaide sínte. É fuar marbh.

Gearailt, An Bhruiséil, 2016

Bhí Gearailt ag tuirlingt den *métro* nuair a d'airigh sé an creathadh ón bhfón ina phóca.

Téacs ó Irja a bhí ann.

"Tá píosa fada soiléir cainte taifeadta ag Levana," a scríobh sí. "Breis agus trí nóiméad ann. Ríomhphost curtha anois chugat."

Bhí brú air an mhaidin sin agus sprioc oibre ag teannadh leis, ach gheall sé di go n-éistfeadh sé leis an taifeadadh a luaithe is a gheobhadh sé deis.

Bhí deireadh an lae oibre ag teannadh leis faoin am go raibh an cháipéis oibre réidh le tabhairt uaidh. A luaithe is a bhrúigh sé an cnaipe seolta, tharraing sé chuige féin a phéire cluasán agus d'oscail an comhad fuaime ó Irja.

Bhí an ceart aici. Taifeadadh breá soiléir a bhí ann. Sliocht leanúnach as an dán stairiúil.

* * * * *

An oíche sin, nuair a bhí Scáthach curtha a luí, chuir Gearailt an taifeadadh ar siúl do Sharon.

Stán siad ar a chéile, iad ag éisteacht arís agus arís leis an nglór seo aniar. Ná véarsaí go rithimiúil, cruinn, gan barrchleite amach iontu ná bunchleite isteach.

"Tá an dán feicthe agam mar lámhscríbhinn, ach ní cuimhin liom taifeadadh a chloisteáil roimhe," a deir Gearailt. "As Carna di, b'fhéidir?"

"Gabh siar arís," arsa Sharon. "An cúpla véarsa deiridh."

Chas Gearailt siar nóiméad den phíosa agus chuir ar siúl arís é.

"Uair amháin eile," a deir sí.

Bhreathnaigh siad sa dá shúil ar a chéile, a n-intinn ag díriú ar gach siolla beo dá raibh le cloisteáil.

"É sin," arsa Sharon. "An focal sin. 'Báite'."

D'éist Gearailt arís leis. Níor chuir sé aon suntas ar leith ann, seachas aon fhocal eile roimhe nó ina dhiaidh.

"Ní as Conamara í sin," arsa Sharon, an t-éadan sin uirthi a d'fheiceadh Gearailt nuair a bhíodh a hintinn socraithe aici.

"Tuige?"

"Shíl mé gur tusa an scoláire," arsa Sharon. "Nach gcloiseann tú an rud atá sí a rá?"

Chuireadh an cineál seo sactha uaithi olc air. Aige siúd a bhí an chéim mháistreachta, le honóracha. Ar éigean a bhí sise in ann abairt Ghaeilge a scríobh go cruinn.

"Bhuel?"

"Abair leat," a deir sé, é ag coinneáil guaim air féin.

"'BÁITE'. Sin mar a deireadh na gasúir as Inis Mór a thagadh amach ar scoil againne i gCois Fharraige. An 't' – bhí sé cosúil le 'ch' an Bhéarla acu, 'cheese', nó 'chips'.

'BÁIT*CHE*'. Bhíodh muid ag sacadh fúthu nuair a deiridís
é."

"Agus céard a déarfadh sibhse?"

"Cineál 'tsss' atá againne. 'BÁIT*SSSE*'."

Chas sé an líne uair amháin eile.

"Bhuel?"

"B'fhéidir."

"Níl b'fhéidir ar bith ann," a deir Sharon arís, straois
shásta ar a pus. "Árannach í an bhean sin."

D'éist sé leis an abairt aon uair amháin eile. Má bhí an
ceart aici, ní chloisfeadh sé a dheireadh go brách.

Muraed, Árainn, 1944

Ina seasamh ar an tsráid os comhair an tí a bhí siad, grian
an tsamhraidh ag scaladh anuas orthu, múr gréine ag tuar
sa spéir ó dheas. Bhí Eoin Éamoinn ina shuí ina charr asail
ar aghaidh an tí amach, an t-asal dírithe ar an mbóithrín a
shnigh suas in éadan an chnocáin, trunc Bhid leagtha san áit
a mbíodh ualach feamainne carnaithe go hiondúil. Bhí Bid
ag imeacht.

Ní raibh corp Dheaide fuaraithe sa gcré nuair a bhí a plean
curtha sa tsiúl ag Bid. Bhí litir seolta go beo ag Jude i Meiriceá
aici, inar mhínigh sí go raibh sé socraithe go gcuirfí Páraic i
home amuigh i nGaillimh agus go raibh Bid agus Muraed ag
iarraidh a theacht anall aici go Rochester, Massachusetts. Gan
a dhath riamh ráite aici le Muraed faoin litir chéanna.

Ní raibh céim a dó den phlean i bhfad á cur i bhfearas ach
oiread aici. Thug an sagairtín cuairt ar an teach, le deimhniú
go raibh áit ar fáil do Pháraic in 'ionad álainn' i mbaile na
Gaillimhe. Agus céim a trí: cuairt ó Neil Chóil Jimí, í ag
tathaint ar Mhuraed an seans seo a ghlacadh. Páraic a chur
san áit a dtabharfaí aire cheart dó. Saol nua a dhéanamh di

féin thall in éindí le Bid. Ciall a bheith aici. Gur iomaí leaid deas Éireannach a bhí i Meiriceá a mbeadh ríméad air í a phósadh. Go mbeadh leathscór ar a laghad acu ag sodar ina diaidh, Caitlicigh mhaithe, stuama, a shaothródh pá mhaith is a chuirfeadh díon breá os a cionn.

Ach an t-aon díon a raibh suim ag Muraed é a bheith os a cionn ná an ceann tuí faoinar rugadh í. Dá dtréigfeadh sise an áit, ba ghearr go mbeadh caróga ag déanamh nead sa tuí chéanna. Bheadh an teallach fuar, thiocfadh taise trí na ballaí agus bheadh leic an dorais tosaigh plúchta ag luifearnach. Agus bheadh Páraic i measc strainséirí i nGaillimh, gan duine ar bith ann lena chlár éadain a chuimilt ná cúpla focailín Gaeilge féin a labhairt leis. Agus Muraed thall, ag glanadh tithe daoine uaisle, a cuid scéalta agus dánta á ligint i ndearmad aici, gan deis riamh aici éirí go moch ar maidin agus bóithrín cladaigh a thabhairt uirthi féin, gaineamh mín a aireachtáil idir méaracha a cos, nó boladh feamainne a fháil ina polláirí.

Lig asal Eoin Éamoinn seitreach as.

"Bhuel?"

"Breathnaigh, a Bhid, scríobhfaidh mé agat."

Stán Bid sa dá shúil uirthi. Chraith sí a cloigeann.

"Tá an ticéad ann," a deir sí. "Nuair a bheas tú réidh, féadfaidh tú an dáta a athrú. Tá na mná rialta sin amuigh i nGaillimh faoi réir le Páraic a thógáil. Níl tada beo ag cur stop leat ach do chuid seafóide féin."

Chas sí ar a sáil agus shiúil soir an bóithrín. Bhain Eoin creathadh as an adhastar agus bhog an t-asal chun bealaigh. Shiúil Bid lena thaobh, gan breathnú siar oiread agus uair amháin, go dtí go raibh sí imithe thar an gcnocáinín, as radharc.

* * * * *

Ní raibh Bid imithe dhá lá nuair a d'fhág Páraic súil dhubh ag Muraed. Ag tathaint air a chuid brúitín a ithe a bhí sí nuair a d'ardaigh sé a dhorn go sciobtha agus thug buille gan choinne san éadan di. Leagadh siar ar leacracha an urláir í. Baineadh geit as Páraic. Lig sé sian as a chloisfí amuigh i nGaillimh. D'éirigh Muraed den urlár. Bhí cnapán ag éirí ar chúl a cinn agus ní raibh sí in ann a súil dheas a oscailt. Bhí fonn uirthi slat a fháil agus Páraic a léasadh leis. É a sciúirseáil go dtí nach mbeadh dé fágtha ann.

Chúb Páraic isteach sa gcúinne le taobh dhoras an tseomra ó thuaidh, a ghéaga tarraingthe thart ar a éadan aige, é ag geonaíl amhail is gurbh eisean an duine a fuair an buille. Shiúil Muraed chomh fada leis an doras agus amach léi ar an tsráid. Bhí sé ag gleáradh báistí taobh amuigh. Sheas sí ann, uisce na spéire ag glacadh seilbh, braon ar bhraon, ar a craiceann. Braonacha móra báistí ag sileadh óna smig agus a cuid gruaige. A súil agus a leiceann ag bíogadh leis an bpian. An ghrian ag dul i bhfarraige siar uaithi.

* * * *

An mhaidin dár gcionn, ní raibh fonn éirí as an leaba uirthi. Ach bhí na géabha ag gogallach amuigh agus an coileach ag fógairt go míshásta. Bhí Páraic fós ina chnap. Nuair a chonaic sí an bhail a bhí ar a héadan sa scáthán scoiltithe ar an drisiúr, baineadh siar aisti. Ba bhocht an feic í, a leiceann ataithe, a leathshúil dúnta. Ní fhéadfadh sí dul ar an Aifreann Dé Domhnaigh agus an chuma sin uirthi.

Peaca tromchúiseach a bhí ann fanacht istigh ón Aifreann, ach ní fhéadfadh sí déileáil leis an mbreathnú a bheadh ag daoine. In ionad gabháil ann, d'fheistigh sí altóir Bhealtaine don Mhaighdean. Ní raibh an tAibreán leathchaite fós ach dá gcuirfeadh sí suas an altóir, b'fhéidir go maithfeadh an Mhaighdean di fanacht istigh maidin Domhnaigh.

Nuair a thit an oíche agus Páraic curtha a luí, shiúil sí deiseal thart ar an teach, coróin Mhuire Dheaide ina láimh, í ag iarraidh ar Mhama focal a chur isteach le máthair Dé, le bealach chun cinn a nochtadh di, plean éicint le Páraic a choinneáil amach as *home* agus le hí féin a choinneáil sa mbaile. Míorúilt a theastaigh, agus go luath a theastaigh sí.

Nuair a ruaig an bháisteach isteach í, d'fhadaigh sí an tine agus stán isteach sna lasracha. Bhí ceangal docht ina hintinn idir an tine mhóna os a comhair agus glór Dheaide, é ag stánadh isteach inti agus é ag aithris véarsaí filíochta nó ag inseacht scéil. An boladh éisc a bhíodh óna bháinín, ní raibh sé le fáil sa teach níos mó. An cúpla giobal éadaigh a bhí aige, bhí siad carnaithe go néata i gcliabh sa seomra ó dheas, iad ann ó nigh Muraed iad is a d'fhill iad go néata, ceann ar cheann leagtha anuas ar mhullach a chéile. Ar fhaitíos go bhfillfeadh sé. Ar fhaitíos gur míthuiscint a bhí ina bhás, gur brionglóid ghránna a bhí sa gcúpla mí a bhí caite ó stop a chroí ag bualadh.

* * * * *

Is i ngan fhios di féin, beagnach, a thosaigh sí isteach ar dhán Dheaide a rá. An dán fada sin faoi scéal na hÉireann. An dán sin, seachas amhrán nó scéal nó ortha nó tomhais nó paidir nó blúire seanchais ar bith dar chuala sí riamh, a chruthaigh go raibh scil ag an té a raibh sé aige. Gur seanchaí críochnaithe a bhí ann. Go raibh eolas aige ar a dhream féin agus cé dar díobh iad.

Cé gur scríobh sí síos uaidh an dán, níor chuala Deaide riamh Muraed á rá ó thús deireadh. A dhán seisean a bhí ann agus é beo. Ní bheadh cead aici é a rá agus comhluadar istigh ag seanchas. Ach ba le Muraed anois é. Agus bhí sé ar fad aici, chuile líne de, ó thús deireadh, gan stró ná dul amú.

* * * * *

D'fhan Muraed isteach ón Aifreann go dtí go raibh a súil cneasaithe go maith. D'éiríodh sí agus é fós dorcha taobh amuigh, agus dhéanadh a raibh le déanamh sa ngarraí, gan duine ar bith í a fheiceáil.

Tráthnóna an darna Domhnaigh ar fhan sí sa mbaile, baineadh siar aisti nuair a bualadh cnag ar an doras.

Father Garvey a bhí ann agus dreach díomúch air. Bhí sé ag déanamh iontais cá raibh sí. Agus céard a bhain dá súil?

Dúirt sí leis gur sciorr sí ar an leac amuigh. Go mbeadh sí ag an Aifreann an Domhnach dár gcionn. Bhreathnaigh sé uirthi. Ba léir nár chreid sé í.

"An Páraic a bhuail tú, a Mhuraed? Inis an fhírinne anois."

Bhain an cheist macalla as ballaí na cistine. Stán Muraed ar an urlár.

Labhair sé, go múinte, foighdeach. Bhí sé buartha fúithi. Ba eisean a sagart agus d'airigh sé freagrach aisti. Níor thaobhaigh sí teach an phobail le coicís. Ní raibh aon amhras air ach gur le croí maith mór a roghnaigh sí fanacht san áit agus aire a thabhairt dá deartháir. Ach bhí an iomarca ann di a bheith ag iarraidh déileáil le duine mar é, aisti féin. Chaithfeadh sí breathnú chun cinn ar an saol a bhí ag síneadh amach roimpi féin, le cúnamh Dé. Ní phósfadh fear ar bith isteach sa teach agus Páraic ann. Agus – bhreathnaigh sé féin ar an urlár agus an chuid seo á rá aige – bhí sé cloiste ó dhaoine aige go raibh sí féin agus a deartháir ag codladh in aon leaba amháin.

Bhreathnaigh sé arís uirthi. D'airigh sí an dath ag tréigeadh a héadain.

"Scríobh Bríd chugam arís fúibh," a deir sé. "Tá sí ar aon intinn liomsa. Tá sise buartha faoi Pháraic chomh maith, bíodh a fhios agat. Mura mbíonn tú sásta é a thabhairt amach go Gaillimh agus é a fhágáil faoi chúram na siúracha, beidh orm socrú éigin a dhéanamh. B'fhearr liom do chomhoibriú a bheith agam leis an scéal seo a chur ina cheart. Ach má bhíonn gá leis, tá faitíos orm go mbeidh orm socruithe a dhéanamh in aghaidh do thola. Bíodh a fhios agat go mbeadh an-leisce orm é sin a dhéanamh. Ar mhaithe libh beirt atá mé, a Mhuraed, tú féin agus do dheartháir bocht. Ar mhaithe libh beirt atá muid ar fad."

"Lig dom go deireadh an tsamhraidh," a deir Muraed go tobann. "Más é do thoil é, a Athair. Impím ort. Go deireadh an tsamhraidh."

"Tá go maith," a deir sé. "Mura mbeidh socrú sásúil ar an scéal seo faoi Lá Fhéile Muire sa bhFómhar, bhuel ..."

Bhreathnaigh sé uirthi, thug féachaint bhrónach uirthi, chas ar a sháil agus bhailigh leis.

*****

Bhí sé ag séideadh ina hairicín dearg. Bhí sianaíl mhíthrócaireach anuas an simléar ann. D'airigh Muraed go raibh an ghaoth ar tí an teach a stoitheadh den talamh agus é a scuabadh isteach sa gcuan. Bhí sí chomh giodamach le míoltóg, ag casadh agus ag únfairt sa leaba. Ach chodail Páraic tríd ar fad, gan cor as.

Bhí tuirse ar maidin uirthi, ach má bhí, d'éirigh sí roimh an bhfáinne bán agus thug faoin gcladach. Bhí an stoirm lagaithe go hiomlán faoin tráth seo agus ba léir ón mbrat réaltaí sa spéir amuigh gur lá geal a bheadh ann.

Chroch sí ciseoigín léi agus í ag imeacht, féachaint an bhféadfadh sí glac faochan a bhailiú do Pháraic ar an gcladach. Bhí oiread cangailte sna faochain agus oiread dúile aige iontu go gcoinníodh slám acu socair sásta píosa maith den tráthnóna é. Ní fhéadfaí é a thrust le n-iad a bhaint amach leis an tsnáthaid é féin, ach bhíodh sé chomh sásta iad a fháil gur airigh Muraed gurbh fhiú an stró a bheith ag plé leo, má bhí siad badráilte féin.

Bhí ualaí feamainne séidte isteach ag an stoirm ó cheann ceann na trá. D'oibrigh sí léi trí na locháiníní sáile agus na carraigeacha. Lig crotach fead ó dheas uaithi, agus d'fhreagair roilleach é. Nuair a dhírigh sí aniar, chonaic sí radharc nach raibh feicthe le píosa aici: feadóg chladaigh, a leathsciathán sínte síos le gaineamh aici, í ag cúlú ó fhaoileán mór scadán a bhí á leanacht siar an trá. Sheas Muraed ag breathnú ar an bpéire acu. An t-éan beag ag cúlú go neirbhíseach, mar ó Dhia, ón éan mór bán, í ag gluaiseacht sciobtha go leor leis an bhfaoileán a choinneáil uaithi, ach mall go leor lena spéis a choinneáil inti. Faoi dheireadh, nuair a d'airigh sí go raibh an faoileán meallta sách fada ón nead aici, dhírigh sí aniar a sciathán agus d'eitil chun bealaigh. Sheas an faoileán ina staic, é ag breathnú ina diaidh.

Shiúil Muraed go mall i dtreo an fhaoileáin. Dá n-imeodh sí siar ar chosán an fheadóigín, d'fheicfeadh sí na huibheacha. Ní chuimhneodh sí riamh ar mhéar a leagan orthu, ach ba bhreá lena croí iad a fheiceáil.

Bhí marcanna crúb éan sa ngaineamh tais. Lean sí trasna na trá iad, isteach tríd an bhfeamainn úr a séideadh isteach an oíche roimhe.

Stop sí le héisteacht, féachaint an raibh sí feicthe ag an bhfeadóg. Níor mhaith léi buairt a chur ar an éinín beag.

Chuala sí ladhrán ag glaoch in íochtar trá. Amach ón gcladach, thit geabhróg de luas sa sáile.

Agus ansiúd ó thuaidh, den chéad uair an séasúr sin, bhí cuach ag fógairt. Sheas sí le héisteacht ar feadh meandair lé hamhrán an dá nóta sular chas sí le dhírigh sí an athuair ar an tóraíocht. Shiúil sí léi. Is ansin a chonaic sí radharc a bhain stangadh aisti. Thit an chiseog as a láimh, na faochain ag imeacht ar fud na bhfud.

Sínte os a comhair bhí fear óg, a shúile dúnta, gan cor as. Éide ghormliath air, mar a bheadh ar shaighdiúir.

Shiúil sí ina threo go ciúin. Níor léir di aon chorraí ina chliabh.

Fear óg a bhí ann, a trí nó a ceithre cinn de bhlianta níos sine ná í féin, b'fhéidir. Bhí créacht i mbarr a bhaithise aige agus fuil ag úscadh amach as.

Dhruid sí leis, céim ar chéim, leathfhaitíos uirthi go ndúiseodh sé de gheit. Ach bhí sé go hiomlán gan aithne gan urlabhra. Chuaigh sí ar a dhá ghlúin lena thaobh. Bhí lúb aisteach ina chois chlé.

Leag sí lámh go faiteach ar a chliabh. D'airigh sí tarraingt faon anála ann agus rithim lag óna chroí. Nuair a leag sí a bos go faiteach ar a leiceann, bhíog sé. D'oscail sé a shúile.

Dúirt sé rud éicint, abairt sciobtha nár thuig sí. Bhreathnaigh sé uirthi, ar a cuid éadaí. Dath glas na farraige a bhí ar a shúile. Chuimhnigh sí go raibh a cuid gruaige féin in aimhréidh. Agus raon de mharc dúghorm fós thart ar a súil.

Tháinig cúpla focal eile uaidh, tuilleadh fuaimeanna dothuigthe, a chloigeann ardaithe de bheagán. Thriail sé na súile glasa a choinneáil ar oscailt ach chinn air. Bhí sé ina thost an athuair, ag análú ar éigean.

Bhain sí craitheadh séimh as. D'oscail na súile arís. An uair seo, thriail sé éirí aniar.

"*No police,*" a deir sé de ghlór cársánach. Bhí canúint áirid ar a chuid Béarla.

Chuimhnigh sí céard ba cheart di a rá leis mar fhreagra. 'Éirigh aniar. Ní fhéadfaidh tú fanacht anseo. Beidh sé ina thaoille trá gan mórán achair.'

"*Get up,*" a deir sí go bog. "*The sea will be coming in.*

Get up."

Bhreathnaigh sé uirthi, na súile glasa ag tabhairt timchuairte ar a héadan. Dearcadh leochaileach a bhí iontu mar shúile, amhail is gur duine é nach raibh leisce air a admháil go raibh sé i dtrioblóid, gur theastaigh cúnamh uaidh.

"*Here is England?*"

An chanúint láidir sin arís, blas nár chuala sí cheana.

"*England is over there.*" Dhírigh sí méar ar an aird thoir.

"*Here is Irland?*"

"*Over there is Ireland.*" Dhírigh sí a méar arís, i dtreo chósta Chonamara.

"*Here is not Irland?*"

Ní raibh a fhios aici cén chaoi leis an gceist sin a fhreagairt go gonta.

"*It is and it is not.*"

Is ansin a bhuail an smaoineamh í. Ach ar smaoineamh a bhí ann, nó glór a rinne cogar ina cluais? Agus í ag cuimhneamh air go mion minic ar feadh blianta fada ina dhiaidh sin, shíleadh sí gur glór mná a bhí cloiste aici. Ach focla an tSagairtín a bhí ag an nglór.

'*An rud is tábhachtaí faoi mhíorúilt ná bheith in ann í a aithint.*'

Thriail an saighdiúir a chos chlé a bhogadh. Lig sé cnead as.

"*No police,*" a dúirt sé arís. "*I go to England …*"

Bhí sé ag cailleadh na haithne an athuair.

* * * * *

Bhí faitíos a báis uirthi go bhfeicfí an bheirt acu. Ise agus a lámh thart ar a bhásta siúd, iad ag siúl go mall, místuama. É thar a bheith bacach, strainc ar a éadan ag gach céim a thóg sé. Boladh a chuid allais ina polláirí. An dá shúil ghlasa ag snámh ina cheann.

Bhí coileach Neil ag fógairt agus iad ag gabháil thar a doras sise. Dá dtiocfadh Neil amach is dá bhfeicfeadh sí an bheirt acu, céard a bheadh le rá aici?

Ghabh sí buíochas ó chroí leis an Maighdean go raibh Páraic fós sa teach nuair a leaindeáil siad. Bhí faitíos uirthi go mbeadh sé th'éis éalú amach. Ach bhí sé ina shuí ar an urlár le taobh an tinteáin, é ag spraoi go sásta leis na clocha míne. Nuair a chonaic sé an strainséara, stán sé air ar feadh meandair sular fhill sé ar a chluiche.

Thug sí an saighdiúir isteach sa seomra ó dheas agus chuir ina shuí ar leaba Dheaide é.

"*Your clothes,*" a deir sí. "*They are wet and dirty.*"

Leag sí lámh ar a sheaicéad. Déanta as leathar álainn mín a bhí sé. Ní raibh ach cnaipe amháin air, in íochtar ar fad, dath an airgid air. Bhí ceangal chun tosaigh ann nach bhfaca sí cheana, cineál líne fhiaclach a scar ar oscailt nuair a tharraingeofá ar dhriobaillín beag a choinnigh an dá thaobh den líne le chéile.

"*Open,*" a deir sí.

Níor thuig sé.

Rug sí go séimh ar an deis oscailte agus tharraing go bog. Scar an dá chába den seaicéad.

* * * * *

Tháinig sí ar dhá chlár caol adhmaid i measc na bpíosaí a choinníodh Deaide le caoi a chur ar an gcurach. Ní raibh bindealán ar bith sa teach ach d'aimsigh sí burla corda. Isteach léi arís ag an bhfear óg. Bhí sé fós ina dhúiseacht agus ba léir go raibh pian air.

"*The foot is hurt,*" a deir sí, í ag crochadh an dá chláirín adhmaid. "*I think it is broke. It will fix wrong if I do not tie it straight.*"

Chuir sé meangadh faon ar a bhéal, meangadh a dúirt nár thuig sé í ach go raibh muinín aige aisti.

Leag sí lámh ar a threabhsar.

"*Off,*" a dúirt sí.

*****

Nuair a bhí sé sínte ar an leaba agus tite ina chodladh an athuair, leag sí an tine agus rinne arán an lae. Thug sí Páraic léi amach taobh amuigh, le cúnamh a thabhairt di uibheacha na gcearc a bhailiú. Bhligh sí an bhó, agus shuigh Páraic ar an leic, é ag marú na seangán a bhí ag fánaíocht thart ina thimpeall. Thug sí ag siúl é thart ar na buailte lena thuirsiú amach. Ar feadh an ama, bhí an glór sin ag macallú ina cloigeann.

'*An rud is tábhachtaí faoi mhíorúilt ná bheith in ann í a aithint.*'

Réitigh sí anraith le hoinniúin agus fataí. Dhéanfadh Páraic slabar leis, ach d'fheilfeadh sé go maith don saighdiúir. B'fhada léi go dtiocfadh an oíche is go ngabhfadh Páraic a chodladh arís. B'fhada léi go dtabharfadh sí muigín anraith isteach sa seomra agus é a thabhairt don strainséara óg. B'fhada léi go suífeadh sé aniar, go bhfeicfeadh sí an dá shúil ghlasa sin arís. Go bhfiafródh sí de cé mba leis é nó cé as a d'éirigh sé. Bheadh jab aici an freagra a thuiscint, seans. Dá dtuigfeadh seisean an cheist ar an gcéad dul síos.

Ach nuair a bhí Páraic ina chnap agus é ina oíche dhubh amuigh, bhí an saighdiúir fós ina chodladh.

Chuir sí síos citeal uisce ar an tine lena chuid éadaigh a níochán. Shuigh sí le hais na tine ag scrúdú an tseaicéid. Bhí sé an-déanta, líneáil bhog ann taobh istigh agus riar pócaí. Tháinig sí ar fheadóg airgid i bpóca amháin. I bpóca eile, d'aimsigh sí trí cinn de rudaí miotail. Dath cineál órga a bhí orthu. Chuir siad pinn luaidhe bhioraithe i gcuimhne di ach go raibh an barr maol, an chos gearr agus iad trom dá méid.

I bpóca an chléibh ar chlé tháinig sí ar chárta priontáilte, é fillte ina dhá leath mar a bheadh leabhairín ann. Bhí an focal LUFTWAFFE scríofa i litreacha móra dubha ar an gclúdach. Bhí focla eile ann, an t-iomlán i dteanga nach bhfaca sí cheana. Faoina bhun bhí pictiúr d'éan mór creiche, agus rud aisteach á iompar ina chrág aige, cineál de chrois déanta as ceithre cinn de litreacha móra L.

Faoina bhun sin, bhí pictiúr de mheaisín, mótar de chineál éicint a shíl sí, ach amháin go raibh dhá sciathán mhóra ag gobadh amach chaon taobh as.

Bád aeir a bhí ann, bhí sí beagnach cinnte dó, cé nach raibh ceann riamh feicthe aici lena súile cinn féin.

Nuair a d'oscail sí an cárta, chonaic sí pictiúr den saighdiúir, cuma cineál uaigneach ar a éadan. Ar an leathanach ar aghaidh an phictiúir amach, bhí ainm agus sloinne scríofa de láimh: Wilhelm Lau.

Bhfuil-heilm? An mar sin a déarfaí é?

Nigh sí an seaicéad agus an léine chomh maith agus a bhí sí in ann agus chroch os comhair na tine iad. Shocraigh sí fanacht ina suí go dtriomódh na héadaí, ar fhaitíos go n-éireodh Páraic roimpi agus go mbainfeadh sé leo.

Leis an am a chur thart, thosaigh sí ar an dán fada a rá ós íseal. Shuaimhníodh sé a hintinn é a rá, ligint do na línte agus na ceathrúna a theacht uaithi, tríd síos ó thús deireadh. Ach anocht ní raibh sí in ann a hintinn a choinneáil ar na focla a bhí ag teacht óna béal féin. Í ag cuimhneamh ar an saighdiúir agus cibé cén scéal gaisciúil a bhain leis siúd. Choinnigh sí uirthi leis an aithris, an tine ina gríosach flannbhuí faoin tráth seo.

Bhí sí ag teannadh leis an véarsa faoi Léigear Luimnigh nuair a d'airigh sí cneadaíl ón seomra ó dheas.

Chroch sí an choinneal den mhatal agus siar isteach sa seomra léi.

Bhí sé ina chodladh i gcónaí, ina luí ar a thaobh, a cholainn iompaithe ón gcois ghortaithe. Bhreatnaigh sí air, é ag análú trína bhéal, a éadan mar a bheadh dealbh sa séipéal ann.

Ar bhain sé le dream saibhir, an strainséara seo? Cés moite de na créachtaí úra, bhí a chraiceann an-ghlan, agus bosa a lámh gan smál, gan an chuma air go raibh mórán ama caite aige ag cartadh cré ná ag cruachadh feamainne.

Gheit sé go tobann. D'oscail sé a shúile agus bhreathnaigh uirthi ina seasamh roimhe, lasair na coinnle ag preabarnach le taobh a héadain. Thriail sé suí aniar ach nuair a chorraigh sé an chois ghortaithe, chuir sé strainc air féin. Lig sé cnead as.

"*Lie back,*" a dúirt sí leis go bog. "*Lie back. You are safe here.*"

"*I must go,*" a dúirt sé, é ag déanamh le teacht amach as an leaba. "*I go to aid the …*"

Lig sé cnead as.

"*Stay quiet,*" a deir sí leis. "*Lie back.*"

Chuir sí meangadh ar a béal, le cur in iúl dó gur ar a shon a bhí sí. Ach bhí sé trína chéile. Shuigh sé aniar an athuair.

"*I must go,*" a dúirt sé arís. "*England.*"

"*England is far from us,*" a dúirt sí. "*Lie back now. Are you hungry?*"

Níor thuig sé. Rinne sí geáitsíocht le hithe a chur in iúl.

"*Wait,*" a deir sí. Amach ag an gcisteanach léi. Líon sí muigín súip ón bpota ar an tinteán agus thug síos aige é.

Nuair a fuair sé an boladh, shuigh sé aniar arís, cuma thnúthánach ar a éadan. Nuair a thóg sé an soitheach uaithi ina láimh dheas, chonaic sí gurbh é an muigín a raibh scoilt ann a bhí tugtha dó aici. Shín sí aige spúnóg. Thriail sé breith uirthi, ach chuir sé strainc eile air féin nuair a bhuail pian sa gcois é.

"*Here,*" a deir sí, í ag tógáil ar ais an muigín uaidh, ag casadh na scoilte ina treo féin. Thum sí an spúnóg sa muigín agus thairg dó blaiseadh den súp. Bhí cleachtadh aici riamh ar Pháraic a bheathú le spúnóg, dá mbeadh tuirse nó drochspion air. Ach scéal eile a bhí anseo. Shín sí an spúnóg i dtreo a bhéil. D'oscail a liopaí agus nocht drad geal fiacal. Bhreathnaigh sé sa dá shúil uirthi ar feadh an ama. Bhreathnaigh sí uaidh, teas ag teacht ina leicne.

"*What is your name?*" a deir sé go bog, agus í ag tumadh na spúnóige sa muigín an athuair.

"Muraed," a deir sí.

"*Again, please?*"

"Muraed."

"*Murr-aid?*" a deir sé.

Chlaon sí a ceann le dearbhú gurbh ea, a leicne ag deargadh an athuair.

Ar chóir di a ainm a fhiafraí dó siúd, le bheith múinte? Bhí a fhios aici cheana féin é ón gcárta. Ach níor mhaith léi go dtuigfeadh sé go raibh a fhios. Níor mhaith léi go gceapfadh sé go raibh sí ag ransadh trína phócaí.

"*My name is Samuel,*" a deir sé ansin. "*Samuel Lazare.*"

Levana, An Bhruiséil, 2016

Ní raibh ach leathuair caite agus cheana féin bhí fonn amach as an amharclann ar Levana. Ag iarraidh dul ag rith a bhí sí tráthnóna, seachas a bheith teanntaithe i suíochán i halla dorcha. Ar airigh duine ar bith eile den tríocha duine a bhí i láthair mar a chéile léi? Chaith sí súil ar Armand lena taobh. An mbeadh sé sásta fágáil nuair a bheadh an mhír seo thart?

Mura raibh an fonn ceart uirthi, chuireadh imeachtaí ealaíne den sórt seo traochadh uirthi. Ní raibh sí cinnte fiú cé chomh mór is a thaitin siad le Armand, fiú. An sásamh ba mhó a bhaineadh seisean astu, a cheap sí féin, ná a bheith ag stróiceadh shaothar a lucht aitheantais as a chéile agus iad beirt ag plé na hócáide ar a mbealach abhaile. Alltacht air gur roghnaigh coimeádaí ó mhúsaem in Bologna an duine seo le cur chun cinn, nó go bhfuair an duine siúd cuireadh chuig féile san Fhionlainn, nó deis dul ar chónaitheacht ráithe i gCeanada. Ach mar sin féin, bhíodh fonn ar ais i gcónaí air. Ba gheall le creideamh aige é, saol seo na healaíne. Bhí sé féin ag caint le gairid ar phíosa beo mar seo a dhéanamh, rud éigin a bhain le micreafón speisialta a fheistiú lena chliabh, fuaim a chroí a chur trí chóras fuaime agus drumadóir na Seineagáile a bheith ag déanamh tionlacain leis.

Bhí an tríú cur i láthair ar an ardán agus bhí Levana in ann léirmheas Armand a shamhlú cheana ar an ealaíontóir óg mná seo. Bhí culaith ghnó bainte di aici faoin tráth seo, chomh maith le gach snáth eile dá raibh uirthi, ach ní ar bhealach ar bith a chuirfeadh taispeántas earótach nó pornagrafach in iúl. Bhí tábhacht leis an gcur chuige sin, is dócha. Bhí bailiúchán breá tatúnna ar fud a colainne aici – an raibh tábhacht leo siúd? Anois bhí sí ag déanamh folcadh fadálach uirthi féin i ndabhach fola. Ach an fuil cheart a bhí sa lacht dearg? Seans maith go raibh tábhacht leis sin chomh maith.

Dordán óna mála féin ar a glúine a tháinig i gcabhair ar Levana. Bhíodh leisce uirthi a fón a mhúchadh go hiomlán riamh na laethanta seo, ar fhaitíos go mbeadh éigeandáil thobann ann a bhain le Mémé. Sheiceáil sí an t-ainm ar an scáileán sular bhain sí amach go hiomlán é.

Gearailt.

Chuir sí téacs sciobtha ar ais, a rá go nglaofadh sí air i gceann cúpla nóiméad. Rinne sí neamhaird den drochshúil a fuair sí ó chúpla duine ina timpeall nuair a chonaic siad an solas ó scáileán an iPhone.

Cén fhad eile a mhairfeadh an rud seo?

B'fhada léi go gcloisfeadh sí glór Ghearailt agus an scéala a bhí anois aige. Faoin am seo, bhí sí i dteagmháil go laethúil leis, bhí oiread ábhair ann le haistriú ó bhéal Mémé. Cé go raibh an tseanbhean beagnach balbh ar fad ó thaobh labhairt na Fraincise de, le dhá mhí anuas, bhí breis agus scór píosa cainte i nGaeilge na hÉireann taifeadta ag Levana nó ag

Armand. Agus ní san oíche a bhíodh sí ag cur uaithi an chaint sin níos mó – d'fhéadfadh sé tarlú ag tráth ar bith den lá. Agus é sin ag tarlú, ar éigean a bhí Mémé in ann gnáthchumarsáid a dhéanamh le duine ar bith níos mó.

Fiú dá mbeadh tuiscint ar theanga rúnda a seanmháthar ag Levana, ba bheag ciall a bheadh sí in ann a bhaint as formhór na mblúiríní cuimhne a bhí ag úscadh ó inchinn na seanmhná. Cur síos ar lá bainise agus sráid lán de chapaill – an chéad véarsa d'amhrán cáiliúil, a mhínigh Gearailt.

Uair eile, chuir Mémé cúpla abairt uaithi faoi bhean a dódh ina beatha i dteach déanta as luaidhe. Leagan de sheanmhiotas, ba chosúil, scéal a bhain le dúchas na hÉireann agus na hAlban.

Ba é an chéad scéal frith-Ghiúdach ba mhó a bhain stangadh aisti. Ba gheall le masla di an scéal sin, masla do Levana agus masla do chuimhne a máthar féin. Ba bheag nár éirigh sí as bheith ag tabhairt cuairte ar an tseanbhean ag an bpointe sin. Bhí fonn uirthi í a fhágáil faoi Ghearailt agus a chuid taighde béaloidis.

Ach ní fhéadfadh sí é sin a dhéanamh. Bhí ceisteanna fós le freagairt ag Mémé. Ní raibh mórán dóchais ag Levana go dtiocfadh sí ar fhreagraí, ach bhraith sí gur ghá leanúint ar aghaidh á gcuardach. Ba ghá cur suas leis na scéalta gránna a d'aistrigh Gearailt di, na radhairc fhánacha de bhuíonta Giúdach, gan faic ina gcroí ach mioscais agus iad ar a míle dícheall le Slánaitheoir na gCríostaithe a mharú.

Tharraing bualadh bos a hintinn ar ais chuig an amharclann. Sula gcuirfí tús leis an gcéad seoid taibhealaíne eile, d'ardaigh sí a fón mar chomhartha do Armand agus ghluais i dtreo an dorais, glaoch curtha tríd chuig Gearailt aici sular bhain sí an halla fáiltithe amach.

Bhí oiread fuadair faoina ghlór gur dheacair meabhair a bhaint as a raibh i gceist aige.

"Une patelle?" a deir sí.

"Sin é," arsa Gearailt. "An sliogiasc a ghreamaíonn don charraig. 'Bairneach' atá againn i nGaeilge air. Tá an scéal seo aimsithe agam san ábhar atá curtha ar líne ag Cnuasach Bhéaloideas Éireann. Scéal aisteach é faoi …"

"Ach cén tábhacht ar leith atá leis gur ghlaoigh tú orm?"

"Mar na scéalta eile ar fad atá luaite aici, tá roinnt mhaith leaganacha eile díobh ar fáil ó áiteacha éagsúla ar fud na hÉireann. Tá sé beagnach dodhéanta aon cheann acu a cheangal go cinnte le haon duine nó áit ar leith. Mar a chéile an dán fada. Bailíodh é sin i gcuid mhaith áiteanna. Ach níl ach dhá thagairt ar fáil ar fud an bhailiúcháin don scéal seo faoin mbairneach. Agus is ón teach céanna ar oileán Árann a tháinig siad, ó chailín scoile agus óna hathair. Nílim céad faoin gcéad cinnte, ach creidim gurb í an cailín scoile seo do sheanmháthair."

"Agus conas is féidir linn fios a bheith againn gurb í atá ann?"

"Beidh tuilleadh taighde le déanamh. Tá oiread áirithe den obair sin ar féidir liom a dhéanamh ar líne, ach beidh gá cuairt a thabhairt ar an gcartlann i mBaile Átha Cliath. Nílim cinnte cén uair a d'fhéadfainn dul ann, ach bhí mé ag cuimhneamh gur mhaith leat teacht?"

Bhí oiread eolais nua ann le déileáil leis. Ach ní raibh ach ceist amháin in uachtar a hintinne ag Levana.

"An cailín scoile seo – cén t-ainm a bhí uirthi?"

Muraed, Árainn, 1944

Níor thaithnigh le Muraed go raibh sé ag inseacht bréige faoina ainm. Duine a d'inseodh bréag faoina ainm féin, cén chaoi a bhféadfaí é a thrust? Agus cé acu ainm a bhí ceart, Wilhelm Lau, a bhí breactha ar an leabhairín a raibh a phictiúr ann, nó Samuel Lazare, a tháinig óna bhéal féin?

Ach cé go raibh bréag inste aige, níor airigh sé bréagach di mar dhuine. Nuair a bhreathnaigh sí ina chuid súile glasa, ní fhaca sí iontu ach macántacht – macántacht thuisceanach a tharraing í ina threo.

'An rud faoi mhíorúilt ná bheith in ann í a aithint.'

Ar an tríú lá, d'éirigh Wilhelm, nó Samuel, den leaba. Chuidigh sí leis siúl de bheagán, a lámh seisean timpeall ar a gualainn, a lámh sise thart ar a bhásta. Iad ag siúl in éindí, céim ar chéim, ó thaobh amháin den seomra beag go dtí an taobh eile. Nuair a tháinig siad chomh fada leis an doras, thiontaigh sé aici.

"We go more long?"

"Not now," a deir sí, í ag cuimhneamh ar Pháraic amuigh sa gcisteanach.

An lá dár gcionn, rug Muraed greim láimhe ar Pháraic is thug sí isteach sa seomra ó dheas é, áit a raibh an saighdiúir ina shuí ar an leaba. Bhí sí ag iarraidh go mbeadh an bheirt acu mór lena chéile. Níor thaithnigh strainséirí le Páraic, ach d'éireodh sé cleachtach ar an gcomhluadar nua. Ach cé acu ainm ba cheart a thabhairt air? Shocraigh sí an t-ainm a thug sé air féin a roghnú.

"A Pháraic," a deir sí. "Tá cara nua againn. Beidh sé ag fanacht linn ar feadh píosa. Samuel is ainm dó. Craith lámh leis."

D'éirigh an saighdiúir go deas réidh agus shín a lámh dheas ag Páraic.

Bhreathnaigh Páraic air, amhras air.

"Seo leat, a Pháraic," arsa Muraed. "Bíonn muid ag craitheadh láimhe le daoine atá go deas, nach mbíonn? Agus tá Samuel go deas."

Tharraing sé siar a lámh uaithi.

"Tabhair dó do lámh, a Pháraic," a deir sí arís.

Chlúdaigh sé a éadan lena dhá bhois.

Rinne Samuel meangadh cairdiúil.

"A Pháraic?" arsa Muraed. "Seo leat, maith …"

Lig Páraic sian as agus chas le siúl amach an doras.

* * * * *

An oíche sin, agus Páraic imithe a luí, chuidigh sí leis an saighdiúir a bhealach a dhéanamh chomh fada le bord na cistine. Chuir sí babhla brúitín os a chomhair, agus d'ith sé siar é.

Thosaigh sé ag labhairt, ach ba léir go raibh saothar air

dóthain focla Béarla a chruinniú le chéile lena raibh ar intinn aige a chur in iúl.

"*You have* …?" a d'fhiafraigh sé, é ag déanamh comhartha scríbhneoireachta lena láimh dheas.

Thuig Muraed dó. Bhí sí féin in ann Béarla a scríobh níos fearr ná é a labhairt. Tharraing sí amach an cóipleabhar ba dheireanaí a bhí faighte aici ó Iníon Uí Bhrosnacháin. Ní raibh breactha ann go fóill aici féin ach cúpla scéal. Shín sí aige é. Bhain sí an buidéal dúigh amach as an drisiúr agus d'oscail dó é, peann leagtha lena thaobh.

Shuigh siad ag an mbord, an ghaoth ag sianaíl sa simléar, Muraed réidh le cúnamh a thabhairt dó leis an litriú. Phioc sé suas an peann agus thum sa dúch é.

Ach ní focla a bhreac sé ar an bpáipéir ach pictiúir.

Bhí draíocht ag baint leis an gcaoi a raibh sé in ann íomhá bheag a chruthú, an peann ag sciúrdáil ar fud an leathanaigh, línte á rianadh anonn is anall, suas agus anuas.

Rith sé léi gurbh fhearr a d'fheilfeadh peann luaidhe don obair a bhí ar bun aige.

"*Wait,*" a deir sí. Rith sí siar sa seomra codlata agus tharraing amach a seanmhála scoile, an áit a gcoinníodh sí peann agus pár. Bhain sí amach peann luaidhe, sheiceáil go raibh barr air agus amach chuige arís léi.

Mapa an chéad rud a tharraing sé leis an bpeann luaidhe. Thóg sé nóiméad uirthi cruth garbh na Éireann a aithint. Taobh thoir di, rianaigh sé cósta Shasana agus na hAlban. Taobh thoir arís, cósta na hEorpa. Scríobh sé an focal FRANCE anuas ar thír amháin agus GERMANY ar an gceann taobh thoir de.

"*Germany calling,*" a deir Muraed.

Bhreathnaigh sé go ceisteach uirthi.

"*On the radio,*" a deir sí. "*A funny man.*"

"*A funny man?*"

"*No matter,*" a deir sí. "*Go on.*"

Tharraing sé cruth caol ar an teorainn idir an Fhrainc agus an Ghearmáin. Scríobh sé an focal A-L-S-A-C-E os a chionn. Ní focal é a d'aithin Muraed.

"*I come from Alsace,*" a deir sé. "*Here.*"

Dhírigh sé a mhéar ar an teorainn a bhí tarraingthe aige idir an Ghearmáin agus an Fhrainc.

Alsace. Níor chuala sí caint riamh air mar áit.

"*I am French and Alsace is also French. It is not German.*"

Níor thuig sí an difríocht, ach ba léir gur airigh seisean go raibh sé tábhachtach go dtuigfeadh.

Choinnigh sé air ag tarraingt pictiúr. A athair. Wilhelm Lau.

"*He is not a nice man,*" a deir sé.

A mháthair, Odelia Lazare.

Odelia Lazare. Ag úsáid shloinne na máthar a bhí sé. Chaithfeadh sé go raibh drochthitim amach aige leis an athair go séanfadh sé a shloinne.

Tharraing sé mar a bheadh réalta os cionn an phictiúir dá mháthair agus dá sheanathair, réalta a raibh sé cinn de bheanna uirthi.

"*The family of my mother are good Jew persons.*"

Gheit sí. Giúdaigh. Bhreathnaigh sí ar an sceitse, an bhean agus an seanfhear. Ab shin iad na cineálacha daoine a bhíodh i gcónaí sa tóir ar an Slánaitheoir is é ag siúl an

chladaigh nó ag imeacht thart ag scaipeadh a shoiscéil?
Bhuail smaoineamh ansin í a chuir buairt uirthi. Cén chaoi a
bhféadfadh an buachaill seo a bheith seolta ag an Maighdean
ina treo má bhain sé leis an dream sin a bhíodh ag iarraidh
an Slánaitheoir a mharú? Cén sórt míorúilte a bheadh ansin?

Chas Samuel leathanach eile agus chrom an athuair ar
a chuid líníochta. Beagán ar bheagán, pictiúr ar phictiúr,
chonaic Muraed scéal iomlán ag nochtadh os a comhair.

Chrom sé arís le pictiúr a tharraingt d'áit mhór de chineál
éicint a raibh go leor daoine ag obair ann. Ag déanamh mótar
a bhí siad, ba chosúil, mótair cosúil leis an gceann a bhí ag
cara Father Garvey amuigh i nGaillimh.

Tharraing sé mótair de chineál eile a raibh cruth éagsúil
orthu, cinn a gcuirfeá rudaí isteach chun deiridh iontu, mar a
bheadh carr asail mór millteach ann. Sceitse eile de mheitheal
fear ag cur rothaí faoi na mótair mhóra seo go léir, líne díobh,
seanathair Samuel i mbun na háite.

Ceann eile dá athair ag teacht agus glac bláthanna ina
lámha aige, le máthair Samuel a mhealladh. A mháthair sa
gcéad cheann eile agus seacht gcroí an ghrá uaithi.

An bheirt á bpósadh ag sagart, crois Chríost ar a gcúl.

Leag Muraed méar ar an bpictiúr sin.

"Do the Jews have a priest like that?"

Tharraing an cheist sin cúpla sceitse sciobtha eile – pictiúr
de shéipéal, sagart mar a bheadh in Árainn nó in Éirinn ina
sheasamh taobh amuigh de. Cineál de shéipéal eile lena
thaobh, ach réalta na sé bheann greanta os cionn an dorais, san
áit a raibh crois Chríost socraithe ag an séipéal Caitliceach.
Mhínigh Samuel le meascán d'fhocla agus de gheáitsí míme

go ndeachaigh a mháthair leis an gcreideamh Caitliceach nuair a phós sí athair Samuel agus go raibh a hathair Giúdach féin, Daideo Samuel, croíbhriste. An Daideo ag fáil bháis. An t-athair ag glacadh seilbh ar thógáil na mótar.

"*My father like only money,*" a deir sé.

Chuir sé seo mearbhall uirthi. Nárbh iad na Giúdaigh a bhí ceaptha a bheith santach chun airgid i gcónaí?

"*You are Christian?*" a deir sé, de ghlór múinte.

"*No,*" arsa Muraed, "*Catholic.*"

Tharraing sé pictiúr eile go sciobtha.

"Murr-aid," a deir sé, é ag díriú ar an gcailín a bhí tarraingthe aige, í ábhairín cosúil léi féin.

Rinne sé cúpla sceitse beag den bheirt acu ag teacht ón trá, ise ag socrú a choise, ag tabhairt anraith dó.

"*You are nice Catholique,*" a deir sé. Leag sé a lámh anuas ar a láimh féin le hí a chur ar a suaimhneas. Dheargaigh sí. Ach d'fhág sí ann an lámh.

* * * * *

Faoin am go raibh an tine ina gríosach, bhí leathanach i ndiaidh leathanaigh clúdaithe le pictiúiríní ag Samuel agus eolas níos fearr ag Muraed ar an aistear saoil a bhí tugtha aige sular leaindeáil sé gan choinne isteach ina domhan féin.

Bhí chuile chéim dá scéal léirithe aige di ina sceitse garbh, céimeanna a nocht a chúlra, radharc ar radharc, mar a d'úsáideadh Deaide na focla óna bhéal le seanscéal a inseacht thart ar an tine. Bhí na cineálacha carachtar ann i scéal Samuel a mbeifí ag súil leo in eachtra a chuirfeadh scéalaí maith ar bith i láthair:

An fear santach a phós iníon an fhir shaibhir, gan suim aige inti féin ach in airgead a muintire amháin. Beirt mhac ag teacht ar an saol, é féin agus Paul.

An chéad phictiúr eile ná Samuel agus Paul, á mbaisteadh ina gCaitlicigh.

Gheal croí Mhuraed nuair a chonaic sí an pictiúr sin. Dhírigh sí an athuair ar na sceitseanna a bhí á ndréachtadh os a comhair, féachaint an bhféadfadh sí ábhar míorúilte a aithint sa scéal a bhí á ríomh. Ach ansin, labhair sé arís.

"*I not want this*," a deir sé. "*I am Jew.*"

Sa gcéad phictiúirín eile, bhí an seanathair lách ann, é brúite go leataobh agus ag fáil bháis go croíbhriste. An dá mhac óga á ndíbirt ón mbaile ag an athair santach is á gcur ar scoil chónaithe i gcathair mhór, uaigneach, i bhfad óna bhfód dúchais – mharcáil Samuel an pictiúr seo leis an ainm BERLIN. An t-athair santach ar a mhíle dícheall ag iarraidh a bheith istigh leis an dream a bhí i gceannas i mBerlin, dream gránna darbh ainm na Nazis. Athair Samuel ag díol mótair mhóra leo, málaí airgid ag carnadh ina thimpeall. Crois sin na gceithre chos a bhí feicthe ag Muraed ar an gcárta a d'aimsigh sí i bpóca Samuel, í sin greanta anois ar thaobh na mótar a bhí á ndéanamh.

Choinnigh sé air lena scéal, Muraed bíogtha leis an gcéad radharc eile a fheiceáil nochtaithe ar an leathanach os a comhair:

Cogadh á tharraingt ag na Nazis agus a gcuid saighdiúirí á gcur chun na Fraince acu. A dheartháir Paul ag dul le saighdiúireacht, é breá sásta faoi, ba chosúil. Samuel á bhrú isteach in aghaidh a thola in arm na Nazis chomh maith, le troid ar son na ndaoine a raibh a athair mór leo. É ag iarraidh a bheith ag troid ar son na Fraince. Deis á fáil aige a bheith ag obair leis na saighdiúirí a bhíodh ag troid thuas sa spéir, iad ag eitilt thart sna báid aeir. Plean aige féin eitilt go Londain agus uaidh sin imeacht ar ais mar shaighdiúir Francach. Bád aeir á sciobadh i lár na hoíche i mBerlin aige. É ag eitilt siar. An stoirm á bhualadh. An bád aeir séidte anonn is anall. Í ag gabháil i bhfarraige áit éicint idir Árainn agus Conamara. É ag dúiseacht ar an trá, *Murr-aid* ag breathnú anuas air. É anois ina shuí ag an mbord lena taobh.

* * * * *

Míorúilt a bhí ina theacht, bhí sí ag éirí níos cinnte faoi chuile lá. Fiú dá mba Ghiúdach a bhí ann ina chroí, b'í an Mhaighdean a chuir ina treo é, díreach mar a chuir sí Father Folan ina treo fadó, lá go raibh an Máistir Óg ag caitheamh go gránna léi ag an scoil. Agus nuair a chuimhnigh sí ar an scéal, nár Ghiúdach í an Mhaighdean an chéad lá riamh, sular thosaigh a Mac ag caint ar a chreideamh féin a mhúineadh do na daoine?

Ba dheacair aici srian a choinneáil ar a hintinn agus saol fada á shamhlú aici leis an ógfhear álainn seo a bhí th'éis tuirlingt anuas ón spéir chuici. Ina luí ar a leaba san oíche dhubh, bhreac sí a cuid pictiúr féin ar phár bán a hintinne: í féin agus Samuel ag pósadh, Father Folan ag filleadh ar an oileán leis an Aifreann a léamh; iad ag deasú an tí agus ag cur ceann nua air. Samuel ar an bhfarraige mar a bhíodh Deaide, é ag teacht isteach ar cheird na hiascaireachta, ise thart ar an teach, ag fosaíocht ar na héanacha clóis. Gasúir acu, triúr cailín agus triúr buachaill, Páraic ina lár, é ag spraoi leo thart ar na buailte. Bid ag teacht ar ais as Meiriceá ar cuairt orthu, gan fear ná gasúr ar bith aici féin. Í ag baint lán a dhá súil as an strapaire ard, fionn a fuair Muraed mar fhear. Samuel ag Gaeilgeoireacht le muintir an bhaile, é chomh maith le hÁrannach ar bith. Í féin agus é féin ag scéalaíocht san oíche, ise ag aithris na scéalta lena glór cinn, Samuel ag sceitseáil pictiúiríní de na fámairí, de na gaiscígh, de na Lochlannaigh bhradacha. Iad ag siúl bhóithríní an oileáin agus an ghrian ag gabháil i bhfarraige, ag breith lámh ar a chéile mar a bheadh dhá *Yank* ann, muintir an bhaile ag beannú dóibh, an saol ina cheart ar deireadh.

An mbeadh sé ag iarraidh fanacht ina Ghiúdach i gcónaí? Nó an mbeadh sé sásta a bheith ina *'good Catholique'*, mar a thug sé féin ar Mhuraed?

Ar chaoi éicint, níor airigh Muraed go mbeadh deacracht ansin. Míorúilt a bhí ina theacht. D'fhágfadh sí faoin Maighdean an scéal a stiúrú de réir a tola sise.

An Domhnach dár gcionn, thug sí Páraic tigh Neil agus d'fhág ann é sular thug sí féin aghaidh ar theach an phobail, a croí níos éadroime ná mar a d'airigh sí le fada é. Ba dheacair an corr nua seo ina saol a thuiscint. Ach bhí Dia láidir, bhí sé ráite riamh. Agus bhí máthair mhaith aige.

* * * * *

Den chéad uair riamh, thuig sí go hiomlán na hamhráin

ghrá sin a chasadh Eoin Éamoinn. Roimhe seo, shíl sí nach raibh sa gcumha agus sa gcrá a bhí luaite iontu ach áibhéil na scéalaíochta. Anois a thuig sí an fhírinne a bhain leis an arraing a bheadh trí cheartlár an chroí ar dhuine. Oíche amháin, bhí brionglóid aici gur imigh Samuel uaithi, gur shín sé amach a dhá láimh agus gur ardaigh sé san aer mar a dhéanfadh faoileán trá. Dhúisigh sí de phreab sa seomra dorcha. D'airigh sí brat uaignis mar mheáchan plúchtach anuas uirthi, uaigneas duairc a raibh an sceoin meascaithe tríd. An sceoin chéanna sin a d'airigh an cailín nuair a d'imigh an fear óg uaithi san amhrán, é siúd a dúirt go gcasfadh sé lena ghrá ag cró na gcaorach. Ise a chuaigh ann á chuartú, a croí ag cur thar maoil le cion, is gan roimpi ann ach na huain ag méileach.

Amach léi as a leaba le seasamh ag doras an tseomra ó dheas, le héisteacht lena anáil ag líonadh is ag trá. Bhí sé fós ann. Bhí an mhíorúilt fós ag oibriú ina saol.

* * * * *

Oíche an lae dár gcionn, agus é ina shuí an athuair ag an mbord, é ag tarraingt pictiúir dá sheanathair, dá mháthair, dá dhearthair, dá mada is den teach galánta ceann slinne inar tógadh é in Alsace, níor theastaigh tada uaithi ach go gcuirfeadh sé pictiúr de Mhuraed agus é féin leis an radharc a bhí á chruthú aige. Go ndeimhneodh sé di go raibh sise san áireamh i measc na ndaoine ba ghaire dá chroí. Nuair a bhreathnaigh sé anall gan choinne uirthi, chaithfeadh sé gur airigh sé an tnúthán ina súile. Leag sé uaidh an peann agus leag a lámh ar a leiceann. Bhreathnaigh sé isteach ina súile ar bhealach nár bhreathnaigh péire súl uirthi riamh roimhe. Den chéad uair, níor iompaigh sí a dearcadh uaidh, ach bhreathnaigh ar ais air. Nuair a shín sé a chloigeann ina threo agus nuair a dhún sí a súile, nuair a d'airigh sí a bhéal tais mín ar a béal féin, thuig sí go raibh céim eile tógtha aici ar bhóthar aineoil.

* * * * *

Chuile uair a chuaigh an ghrian faoi is a leath scáileanna na hoíche thart orthu sa gcisteanach, chuile uair a las sí coinneal is a chinntigh sí go raibh Páraic ina chodladh, d'airigh sí an tiomáint ina threo. Níor leor a bhéal ar a béal níos mó. Amhrán a bhí sa saol iomlán anois. Theastaigh uaithi a bheith sínte suas leis, gan fúthu ach fraoch nó luachair, iad ag éisteacht leis na cuacha a bheadh ag ceol gach maidin bhreá. Theastaigh uaithi í féin a thabhairt, idir anam agus cholainn, don mhothúchán seo nach raibh a fhios aici roimhe a bheith inti. Agus í snaidhmthe leis, ghluais a colainn amhail is go raibh a fhios aici a raibh le déanamh, neamhspleách ar a hintinn. Ba chuma gur Ghiúdach é. Ba chuma nach raibh de chaint eatarthu ach Béarla an-bhacach. Bhí ceangal eatarthu agus comhthuiscint. Míorúilt a bhí ina theacht. Bhí sí cinnte gurbh ea.

* * * * *

Bhí a chos ag cneasú go maith agus bhí na créachtaí ar bhaithis a chinn ag glanadh. Thosaigh sí á thabhairt amach ag siúl san oíche, Páraic fágtha ina ndiaidh acu ag srannadh leis. Choinnigh siad leis na bóithríní nach gcasfaí duine ar bith orthu, iad ag sioscarnach dá chéile anois is arís. Oíche amháin, agus gealach mhór os a gcionn, thug sí suas ar an aird é go bhfeicfeadh sé cósta na hÉireann soir uathu.

"*There is the town of Galway,*" a mhínigh sí, í ag díriú a méire i dtóin an chuain, áit a raibh a fhios aici an baile mór a bheith ann. An áit a mbíodh drong soilse le feiceáil sular thosaigh an cogadh.

Oíche eile, thug sí síos go Port Mhuirbhigh é. Thaispeáin sí dó na curachaí ina luí le taobh a chéile. Leag sí a lámh ar an gceann a dtéadh Deaide chun farraige inti. Chuir sé an-suim sna báid fhada chaola chanbháis seo. Thriail sé ceann a chrochadh agus rinne iontas ar a éadroime is a bhí sí.

Nuair a d'fhill siad ar an teach, las sí coinneal agus shuigh siad beirt síos ag an mbord. Shín sí aige an cóipleabhar agus an peann luaidhe. B'fhéidir go dtarraingeoidh sé pictiúr den bheirt againn anocht, a dúirt sí léi féin. Samuel agus *Murraid*, iad ina seasamh sa tsráid, an teach ceann tuí ar a gcúl.

Nuair a thóg sé an cóipleabhar uaithi, leag sé ar an mbord é, é ag scrúdú an mhapa d'Éirinn ar an gclúdach.

"*Here is Galway?*" a deir sé, a mhéar leagtha ar iarthar an Chláir aige.

"*Here,*" a deir sí, í ag taispeáint dó an spota a shíl sise a bheith ceart.

D'oscail sé an cóipleabhar ina lár. Lúb sé coisíní na stáplaí ceangail ina seasamh agus bhain amach go cúramach an dá leathanach láir. Dhún sé an cóipleabhar arís agus dhírigh a aird an athuair ar an mapa d'Éirinn ar an gclúdach.

Thosaigh sé ag tarraingt a phictiúr féin den mhapa, é ag rianadh an chósta amach siar ó bhaile na Gaillimhe, siar trí Chonamara agus ó thuaidh i dtreo Chontae Mhaigh Eo. Stop sé anois is arís le seiceáil go raibh cruth an oileáin á thabhairt go cruinn aige. Rinne a pheann luaidhe imlíne chósta Dhún na nGall a mharcáil ar an bpáipéar, an bior ag leanacht chúrsa na claise roimh leithinis Eoghain agus ina diaidh isteach go baile Dhoire. Stiúraigh Muraed anois is arís é, á mholadh, á stopadh thall is abhus. Faoin am go raibh cúrsa an chósta tugtha timpeall ag an mbeirt acu, bhí an pictiúr a bhí déanta chomh maith agus chomh cruinn le mapa ar bith dá bhfaca sí riamh.

Beidh sé ina Ghael chomh maith le duine ar bith againn fós, a chuimhnigh sí, ach an oiread leis na Normannaigh i ndán fada Dheaide a thit i ngrá le filíocht na mbard fadó.

Thaispeáin sí dó cá raibh Árainn. Cén fhad de bhealach farraige a bhí ann amach go Conamara, a bhí sé ag iarraidh a fháil amach? Thart ar dhá mhíle dhéag, a dúirt sí. Líon siad isteach na bailte móra ar fad timpeall an chósta – Bleá Cliath, Corcaigh, Luimneach, Sligeach, Béal Feirste, Port Láirge. Thosaigh sé ar Shasana a tharraingt, agus cé nach raibh aon mhapa os a chomhair, b'fhacthas do Mhuraed go raibh sé ag déanamh jab maith, ón gcuimhne a bhí aici ar na mapaí a bhíodh acu ar scoil. Chuidigh sí leis na cathracha a líonadh isteach, mar a dhéanaidís sa scoil leis an Máistir Óg.

Chuimhnigh sí arís air thíos i bPort Mhuirbhigh, é ag crochadh na curaí, amhail is go raibh sé á réiteach féin don lá a mbeadh sé ann, é ina bhall de chriú ceathrair, iad ag tabhairt faoin bhfarraige. É ag iomramh amach ar an domhain, ag cur a líne, ag gliondáil arís tráthnóna nó go bhfillfeadh sé uirthi féin agus ar Pháraic, lán cléibh de ronnachaí ar a dhroim aige.

An oíche a dhóigh sé an éide saighdiúra sa tine, rinne a croí damhsa ina hucht. Bhreathnaigh siad beirt ar an treabhsar gormliath á shlogadh ag na lasracha. Ní raibh aon ghnaithe aige dá sheansaol níos mó. Bhí sé i gceist aige fanacht. Is anseo ar an oileán a bheadh sé feasta.

Cé acu duine ba cheart é a chur in aithne dóibh i dtosach, a chuimhnigh sí. Neil, b'fhéidir? Nó Iníon Uí Bhrosnacháin, bean a raibh tuiscint aici ar an saol taobh amuigh den oileán? Bhí laethanta ann gur airigh sí an aisling nua seo ag titim as a chéile uirthi. Shamhlaigh sí an sagairtín ag réabadh ar an doras, é faighte amach aige go raibh fear strainséartha ag fanacht sa teach leo. Garda Chill Rónáin ag teacht le Samuel a ghabháil. Na comharsana ina seasamh thart, ag breathnú air á thabhairt ag siúl, ise ag dul le báiní. Páraic á thabhairt amach go Gaillimh, á chaitheamh isteach i *home*.

Ruaig sí na smaointe sin as a hintinn, chomh maith is a bhí sí in ann. Bhí Dia láidir agus bhí máthair mhaith aige. Ní raibh rogha ar bith aici ach a muinín a chur sa míorúilt a bhí curtha ag oibriú ina saol ag an Maighdean. Ise a bhí ann, an chéad mhaidin sin. Bhí sí cinnte de sin anois. An Mhaighdean a chuir cogar ina cluais.

'*An rud is tábhachtaí faoi mhíorúilt ná bheith in ann í a aithint.*'

Hana, An Bhruiséil, 2017

Toit agus ceo. B'shin a raibh ann den saol anois. Toit agus ceo, gan tús gan lár gan deireadh leis.

Í ag preabadh ina dúiseacht. Cá raibh sí? Cá raibh Páraic? Daoine ag teacht is ag imeacht. Oíche agus lá.

V-2 anuas ón spéir orthu de thintreach. Í ag béiceach, ag éirí as an leaba le dul ar foscadh ó thintreacha ifrinn.

Cá raibh sí? Cá raibh Samuel?

"Chut, Madame Lazare, chut, chut! Tout va bien."

Ní fhéadfaí duine ar bith san áit a thrust. Iad féin agus a gcuid róbaí gorma.

Anois is arís, chromadh éadan anuas aici tríd an aer tiubh.

"Madame Lazare," a bhí ag an mbeainín dorcha. *"Levana est venue vous voir."*

"A Mémé," a deir glór eile. *"C'est Levana. Tu vas bien?"*

Levana. Levana. Cérbh í sin arís? An raibh sí le trust?

"A Mhuraed," arsa glór fir. "Cén chaoi a bhfuil tú?"

Cé a bhí ann? Bhreathnaigh sí air. Fear óg. É slachtmhar.

"Bhfuil tú ag coinneáil go maith, an bhfuil?" a deir sé.

Bhí glór deas aige.

"Tá tú ag breathnú go maith, ar chaoi ar bith, a Mhuraed."
Duine ón seansaol a bhí ann, shílfeá. Ach cérbh é féin?

"Bhfuil siad ag tabhairt aire mhaith dhuit san áit seo, an
bhfuil?"

Bhí faoiseamh ag baint lena chuid cainte. Ba dheas í a
chloisteáil uaidh. É ag comhrá leis faoin aimsir agus faoin
iascach agus faoi chruachadh feamainne agus feadóga cladaigh
agus chuile mhíle ní. Seanchaint an oileáin a bhí aige.

* * * * *

Bhí Brigitte tagtha ar cuairt. Bhí fear slachtmhar in éindí léi.

"Cén chaoi a bhfuil tú inniu, a Mhuraed?" a deir seisean.

Ar chuala sí a ghlór cheana? B'fhacthas di gur chuala,
b'fhéidir. Ach má chuala, níor dhúirt sí hú ná há anois leis.

* * * * *

"Tá leabhar anseo agam, a Mhuraed," a deir fear léi, lá. Fear
óg, slachtmhar.

"Breathnaigh an leabhar. Tá dán inti. Fan go gcloisfidh tú
písín de."

"Ag fiach ar chnoic, ar mhóin, is ar shléibhte,
Ag rith ar bhroic 's ar eilití maola."

An dán fada. Ní raibh sé ag duine ar bith eile san oileán.
Duine ar bith ach Deaide.

Th'éis píosa, tháinig stop leis an nglór.

"Meas tú an mbeadh ceathrú nó dhó agat féin, a Mhuraed?"
a deir sé.

M'anam go mbeadh, a dheartháirín, a deir sí. Ach ní os ard a dúirt sí é.

"Coinnigh ort, a Mhuraed."

Bhreathnaigh sí air. An raibh sé le trust?

Tharraing sí anáil agus thosaigh á rá.

"*Ag fiach ar chnoc, ar mhóin, is ar shléibhte,*
Ag rith ar bhroic agus eilití maola,
Le mire na gcon a cailleadh na tréanfhir
mar nach dtug siad riamh do Dhia ..."

Bhreathnaigh sé uirthi, a dhá shúil ar leathadh.

Duine acu siúd é. Dhá shúil ghéara air. Duine contúirteach. Ní raibh sé le trust.

"Imigh leat," a bhéic sí. "Imigh, a deirim. Imigh leat!"

* * * * *

Shíl na daoine fásta gur sagart áirid a bhí ann. Ach shíl sí féin riamh go raibh sé go hálainn. Nár bhreá an rud é go raibh sé tagtha ar ais ag an oileán? Bhí a fhios aici go dtiocfadh, lá éicint. É chomh hóigeanta ann féin. Agus Brigitte ar cuairt in éindí leis, í ina suí go socair lena thaobh.

Agus nach é an sagart a bhí tógtha leis an dán fada? Thosaigh sé isteach ar cheathrú a rá. Á léamh a bhí sé as rud a bhí ina ghlac aige, an rud sin a léann máistrí scoile scéalta astu. Cén focal a thabharfá ar an rud sin?

"Meas tú an mbeadh an chéad cheathrú eile agatsa, a Mhuraed?" a deir sé.

"M'anam go mbeadh," a deir sí.

"Ba mhaith uait riamh an dán sin, a Mhuraed," a deir sé.

"Ó Dheaide a fuair mé é," a deir sí. "Eisean is fearr lena rá. Beidh sé isteach gan mórán achair má fhanann tú."

* * * * *

"Bhfuil an dán ag Páraic, an bhfuil?" a deir Father Folan, lá.

Páraic. Ní raibh cead tada a rá faoi siúd.

Chuir sé ceist éicint eile uirthi faoi Pháraic, ach níor thug sí aon fhreagra air. Bhí an ceann eile ag breathnú uirthi, cibé cé hí féin.

* * * * *

Bhí sí ag meabhrú ar Pháraic nuair a tháinig an bheirt acu tríd an gceo. Ag iarraidh Páraic a thabhairt leo a bhí siad. Bhí sí cinnte dó.

"Fanfaidh Páraic anseo agamsa," a deir sí. "Seo an áit dhó. Tabharfaidh mise aire dhó. Sin a bhfuil faoi anois. Greadaigí libh, a deirim!"

* * * * *

"Cén chaoi a bhfuil Páraic a choinneáil?" a deir Father Folan, lá eile. "Páraic, a deirim. Cén chaoi a bhfuil sé?"

Páraic, an créatúr. Ní raibh aon dochar ann. Bhí sé go deas a bheith ag caint le Father Folan faoi. É tagtha ar ais lena bheannú.

"Tá Páraic go maith," a deir sí. "Tá sé breá sásta san áit a bhfuil sé."

* * * * *

"Cá bhfuil Páraic?" a deir an sagart. Shíl sí go mb'fhéidir go raibh an cheist sin curtha roimhe aige. "Tá Páraic ina chodladh," a deir sí. "Ná dúisigh é nó beidh fear an *folklore* oibrithe."

* * * * *

"Aon scéal faoi Pháraic?" a deir sé oíche agus iad ag seanchas. Bhreathnaigh an ceann eile uirthi, féachaint céard a déarfadh sí.

Níor dhúirt sí hú ná há le ceachtar acu.

Bhí Eoin Éamoinn ar an taobh eile den leaba anois, cé nach mbeifeá in ann é a fheiceáil. Thosaigh sé ag gabháil fhoinn.

Tá do shúile ag na péiste, tá do bhéilín ag na portáin,

Tá do dhá láimhín gheala ghléigeala faoi ghéarsmacht na mbradán.

Cén tseafóid a bhí anois uirthi? Cé as a dtáinig na deora seo? Tuige nach bhféadfadh sí éisteacht?

"*Ne t'inquietes pas, Mémé,*" arsa an ceann eile, í ag breith lámh uirthi. "*Je suis là. Je suis là.*"

* * * * *

Bhí sí caite i bhfarraige. Í ag titim síos go grinneall, ach ba chuma léi. Í san áit a raibh na muca mara agus na míolta móra, na péiste agus na portáin. Síos léi i gcónaí, craiceann an uisce i bhfad os a cionn. An sáile ina timpeall, bhí sé chomh gorm glan le róbaí na Maighdine. D'airigh sí sábháilte, na róbaí gorma sin a bheith thart uirthi. An Mhaighdean ag cogarnaíl ina cluais.

"Sheol mé Father Folan ar ais agat, a Mhuraed," a deir an Mhaighdean. "Is mé a sheol isteach ag an scoil é fadó, nach cuimhneach leat? An lá sin a raibh an Máistir Óg ag béiceach ort? Mise a sheol Samuel anuas ón spéir agat chomh maith céanna."

Níor ghá di é a rá. Bhí a fhios aici féin an méid sin riamh.

"Tabharfaidh Father Folan maiteanas dhuit, a Mhuraed," a deir sí. "Leigheasfaidh sé do chroí. Labhair leis. Duine maith é, Father Folan. Tá sé le trust."

* * * * *

"Cén chaoi a bhfuil Páraic?" a deir sé.

Focal níor labhair sí.

"Bhfuil Páraic ag coinneáil go maith, a Mhuraed?"

"Tá Páraic caillte," a deir sí, glan amach.

Bhreathnaigh Father Folan ar an gceann eile. Ach má bhreathnaigh, ba chuma léi féin.

"Céard a tharla do Pháraic, a Mhuraed?"

Chuir an Mhaighdean cogar ina cluais.

"Tá Father Folan le trust, a Mhuraed. Bí ag caint leis."

"Abair leat, a stór," a deir an sagart, os íseal. "Céard a tharla dhó, meas tú?"

"Coinnigh ort, a Mhuraed," arsa an Mhaighdean. "Seo'd é do sheans. Tá maiteanas ar fáil."

"Tá mé ag éisteacht," arsa Father Folan. Glór cineálta aige. "Céard a tharla do Pháraic? Abair leat."

Tharraing sí anáil agus chrom ar a scéal a inseacht.

Muraed, Árainn, 1944

Dhúisigh gleo amuigh sa gcisteanach í. Dhírigh sí aniar agus d'éist sí. An raibh Samuel ina shuí? An raibh pian ar a chois an athuair? Ab shin a thug air éirí i gcorplár na hoíche?

Bhreathnaigh sí amach. Bhí coinneal ar lasadh ar an mbord, a éadan geal soilsithe aici – é gléasta ó bhaithis go sáil in éadach Dheaide, ubh chruabhruite ina láimh aige agus an bhlaosc bainte di, é á hithe mar a bheadh úll ann. Bhí ubh eile ar an bpláta os a chomhair, agus slis aráin lena taobh.

Cén t-ocras amplach a bhí tagtha air?

Bhreathnaigh sí ar an gclog ar an mballa le hais an dorais tosaigh – a cúig nóiméad th'éis a dó.

"Samuel?" a deir sí de chogar.

Chas sé thart de gheit. D'airigh sí go raibh cuma cineál ciontach ar a éadan.

"*Murr-aid*," a deir sé, é ag iarraidh meangadh a thabhairt di, meangadh a déarfadh léi go raibh chuile shórt ina cheart.

"*What are you doing up?*" a deir sí.

"*Murr-aid*," a deir sé arís, impí sna súile anois, a shíl sí. "*I go now. I go to England.*"

"*But you can not,*" a deir sí. "*You can not.*"

Shiúil sí ina threo. Chonaic sí anois an cóipleabhar ar oscailt ar an mbord, cnuasach eile pictiúr tarraingthe aige. Taobh leis, i seanmhuga a bhí bainte den drisiúr aige, bhí glac sabhaircíní.

"*I show you,*" a deir sé.

Phioc sé suas an cóipleabhar.

"*Come. I show you all.*"

Shiúil sí ina threo, é ag meangadh uirthi, á cur ina suí ag an mbord. Bhí leathanaigh de phictiúiríní tarraingthe aige. Thosaigh sé á threorú tríothu.

É féin ag imeacht sa gcurach. É gléasta arís in éide saighdiúra. É ina sheasamh ar shráid i mbaile mór éicint, ag caint le fear ard a raibh srón mhór fhada air agus caipín píce. É féin agus bád aeir ar a chúl. É ag eitilt inti, ag caitheamh lasracha le bád aeir eile a raibh crois sin na gceithre chos greanta ar a drioball.

"*You can not,*" a dúirt sí os ard. "*They will kill you.*"

"*No. See,*" a deir sé.

Chas sé an leathanach. Bhí tuilleadh pictiúr ann: é ag filleadh ar Árainn, é ag castáil le Muraed ar an trá, glac bláthanna ina láimh aige.

Bhain sé na sabhaircíní amach as an muga. Shín sé ina treo iad, a lámh ag cuimilt a leicinn.

"*I come back. For you, Murr-aid. For you, alone. We kill the Nazis, my country is free, I come back. For you. Only for you.*"

Shín sé aici na bláthanna.

"*I marry you, Murr-aid. I marry you only, please. You marry me?*"

Bhrúigh sí siar iad.

"*They will kill you*," a deir sí arís.

"*I go now*," a deir sé. "*I come again.*"

Rinne sé ar an doras. Rith sí roimhe agus sheas os a chomhair. Dúirt sé rud éigin nár thuig sí. Chuir sí a droim le cláracha an dorais agus bhreathnaigh air, an impí ina súile mar a bheadh ga tintrí ann. Shiúil sé aici, á lámha sínte amach, dreach séimh ar a éadan.

Labhair sé go híseal ina theanga féin, siollaí ceolmhara nár thuig sí. Leag sé a lámha go bog ar a guaillí agus bhreathnaigh sa dá shúil uirthi.

Ghéill sí agus luigh isteach ina bharróg, a héadan á fháisceadh isteach i mbáinín a hathar.

"Caithfidh tú fanacht," a deir sí de chogar, an Béarla ag cliseadh uirthi féin. "Is tusa an mhíorúilt. An Mhaighdean a sheol agam thú, tá mé cinnte de. Fan, a Samuel. Fan liomsa."

Luasc sé go bog ina bharróg í. Níor thuig sí brí a chuid focla, ach thuig sí a gcuid ceoil, iad a rá léi éisteacht, iad ag cur in iúl di go mbeadh chuile shórt ina cheart.

Chuimil sí a leicne, phóg sí a mhuineál, a chluas, úll a bhráid. Í a rá leis fanacht, gur seoladh aici é, thar muir is thar tír, gur ann a bheidís, sínte le chéile ar leaba chlúmhach. Gurbh eisean a rún is a cumann go buan, gurbh …

"*Murr-aid*," a deir sé de chogar. "*I go. Now.*"

Tharraing sí a chloigeann anuas ina treo agus bhreathnaigh sa dá shúil air, a rá go raibh dul amú air, gur míorúilt a bhí ina theacht.

Rug Samuel ar a cuid rostaí, é ag iarraidh é féin a scaoileadh uaithi.

Lig sí scairt aisti, uaill a tháinig aníos as ceartlár a hanama. Thriail sé í a bhréagadh arís. Rug sí greim docht ar a bhástchóta, ingne a méaracha ag crúcáil a chraicinn.

Eisean anois ag fáisceadh ar a rostaí, a ghlór ag ardú. Deora lena súile sise, a glór féin idir chaoineadh agus scairtíl. Eisean á tarraingt as an mbealach, ag iarraidh guaim a choinneáil air féin. Ise agus a droim le cláracha an dorais, í ag iarraidh seasamh idir a grá bán agus an bhearna bhaoil.

Scréach an chéad rud eile a tháinig óna bhéal.

Bhí Páraic sa mullach orthu, a lámh thart ar mhuineál Samuel aige. Samuel ag lúbarnaíl, ag féachaint le héalú. Páraic á thachtadh. Í féin ag scréachaíl. Páraic ag tiontú cholainn Samuel. Ag bualadh a chloiginn le fórsa in aghaidh an bhalla. Samuel ag triail cic a tharraingt air. Páraic á luascadh timpeall, gan stró ar bith air. É ag díriú chloigeann Samuel i dtreo an bhalla an athuair.

"Stop!" a bhéic Muraed. "A Pháraic, stop!"

Bhuail cloigeann Samuel an balla arís. Lig sé scréach eile as. Rug Muraed ar ghualainn Pháraic. Bhrúigh sé as an mbealach gan stró í. D'fháisc sé cloigeann Samuel faoina ascaill agus dhírigh an athuair ar an mballa.

"A Pháraic!" a bhéic sí arís.

Buile míthrócaireach eile.

Ghread sí a dhá dorn anuas ar dhroim Pháraic. Lig sé sian bagarthach as, ach níor ghéill sé orlach.

Bhreathnaigh sí thart. Í ag cuartú rud éicint. Rud ar bith a bhainfeadh Páraic dá chúrsa mire. Rud éicint a leaindeálfadh buille air.

Crúiscín? Cathaoir? Rud ar bith.

Lig Samuel béic leathmhúchta as.

Luigh a súile ar na clocha míne sa gcúinne. Rith sí anonn. Phioc suas ceann mór. Chas ar ais i dtreo na beirte. Sheas sí taobh thiar de Pháraic. Chroch sí an chloch os cionn a chloiginn. Spréigh sí a méaracha thart ar an gcloch. Anuas leis an gcloch ar chúl a chinn. Lig Páraic béic as, ach níor ghéill sé. D'ardaigh sí arís an chloch, a lámha ag oibriú amhail is nach raibh sí féin i gceannas orthu. Anuas arís leis an gcloch. Anuas agus anuas agus anuas arís le fórsa iomlán a colainne féin.

Scaoil Páraic a ghreim ar Samuel. Thit sé ar mhullach a chinn in aghaidh an bhalla, craiceann geal a éadain á scríobadh agus é ag sciorradh síos go talamh. Bhí fuil ag úscadh ó chúl a chinn.

D'éirigh Samuel ina sheasamh go mall, líne dhearg fola ag sileadh anuas a chlár éadain féin.

Bhreathnaigh Muraed ar an gcloch a bhí fáiscthe idir a dhá bois aici, fuil ina smeadar ar fud a méaracha spréite.

Stán Samuel anall ar an gcloch, a bhéal ar leathadh.

* * * * *

Ní fhéadfaí an corp a thabhairt leo an bealach ar fad go Conamara. Bheadh uirthi áit a roghnú. Agus iad ag tarraingt amach ó Phort Mhuirbhigh, í ag iarraidh rithim a choinneáil le buillí rámha Samuel, ní raibh a dhath riamh eile ar a hintinn. Bheadh uirthi áit a roghnú. Deich mbuille eile sula stopfaidh muid, a dúirt sí léi féin, arís is arís eile. Í ag iarraidh an nóiméad cinniúnach a chur siar. Í ag iarraidh í féin a réiteach le scaoileadh leis.

Anois, bhí sé le déanamh. Leag sí a lámh ar ghualainn Samuel.

"Here."

D'éirigh sí ina seasamh go mall, í ag gluaiseacht siar go mall anois go deireadh na curaí. Chas Samuel timpeall ina treo. Chrom siad síos le corp fuar Pháraic a chrochadh. Bhí an churach ag luascadh ar dalladh fúthu agus corp Pháraic á shleamhnú isteach sa sáile.

A lámh dheas a bhuail an t-uisce ar dtús, ansin a chloigeann, an mothall catach gruaige ar foluain sa sáile mar a bheadh slaod feamainne ann. Chuaigh an leathlámh eile faoi, an dá ghéag ag síneadh amach i dtreo an ghrinnill. Ansin, slogadh an chabhail, na colpaí, agus ar deireadh na cosa isteach sa domhan dorcha fothoinn.

Shuigh siad beirt aniar sa gcurach, dhírigh siad iad féin le breith ar na maidí rámha agus cromadh an athuair ar an iomramh. Thíos fúthu, in uisce ársa an Atlantaigh, áit a raibh bradáin is muca mara, péiste agus portáin, bhí corp Pháraic ag titim go mall i dtreo an ghrinnill; a dhá shúil ar leathadh, a ghéaga spréite, a chroí gan rithim.

Eipealóg

Levana, Árainn, 2018

Bhí an bád chuig an oileán lán go béal agus iad ag tarraingt amach ón gcé. Sheas Levana, Armand agus Gearailt ar an deic chun deiridh, iad ag breathnú siar ar an iomaire bán a bhí á threabhadh ar chraiceann an uisce. Túr Bháibil a bhí ina dtimpeall, meascán de theangacha na hEorpa agus na hÁise. Bhí paisinéirí ina mbeirteanna agus ina ngrúpaí ag comhrá go haerach, aithreacha agus máithreacha ag coinneáil greim ar pháistí, iad ag labhairt leo go hanamúil faoina raibh le feiceáil ina dtimpeall, taobh thiar díobh sa chalafort agus fúthu san uisce.

Agus iad ag tarraingt amach as béal an chuain, leag Gearailt a lámh ar ghualainn Levana agus dhírigh a mhéar i dtreo an talaimh.

"*Regarde* – curach!"

Lean a súile treo a mhéire. Soitheach caol dubh a bhí ann, triúr inti, iad ag rámhaíocht go rithimiúil i dtreo an chalafoirt. Shamhlaigh sí bean agus fear óg – cailín agus buachaill, i ndáiríre – ag iomramh sa treo céanna sin, i dtús an tsamhraidh, 1944. Iad sáraithe tar éis an aistir oíche amach

307

ón oileán. An raibh sé ina lá bán agus iad ag teacht i dtír? An raibh oibriú ar an bhfarraige nó an ciúin a bhí sí? Agus nuair a sheas siad beirt ar deireadh ar thalamh na mórthíre, ar chas an cailín siar le féachaint dheireanach a thabhairt ar an oileán inar tógadh í?

*****

Ba gheall le sráid mhargaidh in Marrakech é, an rírá a bhí rompu ar ché Chill Rónáin. Líne mionbhusanna agus líon carranna capall ag fanacht ar na cuairteoirí, na tiománaithe go glórmhar ag iarraidh paisinéirí a mhealladh le teacht leo, lucht rothar ar cíos ag tairiscint bileoga eolais dóibh, á ndíriú i dtreo a gcuid ionad gnó.

Nuair a bhí an bád fágtha ag formhór na dturasóirí, chuidigh Levana le Gearailt agus le Armand an bailiúchán cásanna miotail a bhí tugtha amach ón mórthír acu a thabhairt anuas den bhád. D'aithin Gearailt fear áitiúil ina sheasamh ag ceann na cé le taobh veain bheag ghorm. D'fhógair sé air agus nuair a bhí plód an bháid bailithe leo, thiomáin an fear go mall anuas an ché ina dtreo.

D'fhág Levana iad le cúram a dhéanamh dá lastas agus bhuail an bóthar, a rá leo go gcasfadh sí leo ag an teach níos deireanaí. Bhain sí amach a fón, d'oscail Cartes Google agus chlóscríobh.

Cill Mhuirbhigh.

Shiúil sí roimpi go réidh, an ghrian ag teacht amach anois is arís de réir mar a ghluais sraith scamall trasna na spéire os a cionn. Bhí daoine i ngach áit ar an mbóthar, cuid acu ag siúl go díograiseach, cuid eile ag breathnú ina dtimpeall óna suíocháin in airde i gcarranna capaill, cuid eile fós ag gliúcaíocht amach as fuinneoga mionbhus. Agus bhí grúpaí daoine ag rothaíocht thairsti ar feadh an ama, teaghlach amháin ag fógairt ar a chéile i Spáinnis, grúpa buachaillí sna déaga ag rásaíocht in aghaidh cnoic, lánúin óg ar rothar beirte ag teacht ina treo thart ar choirnéal.

Agus gach áit, na ballaí cloiche, iad ag síneadh ina ribíní daingne, siar agus aniar, ó thuaidh agus ó dheas, ar fud an oileáin. Iad fite fuaite le chéile ag fórsa a meáchain féin, ionas go mbeidís in ann ag gála ar bith a chaithfeadh an tAigéan Atlantach ina dtreo.

Shiúil sí léi, í ag iarraidh Mémé óg a shamhlú ag coisíocht ar an mbóthar céanna seo. Muraed Ní Dhioráin. Bhí an ghráin ag Levana ar an ainm sin an chéad uair a chuala sí é. Nuair a bhí ainm agus sloinne luaite go cinnte le hóige rúnda Mémé, bhraith sí gur ag dul i méid a bhí an feall a imríodh uirthi féin.

Agus ní raibh Pépé gan locht ach oiread. Eisean a thug le fios riamh go raibh fonn air a bheith oscailte, ionraic. Ach ar feadh an ama, cheil sé an fhírinne. Thuig Levana gur ag triail gan bheith ag cur le bréaga Mémé a bhíodh sé, ach bhí sé deacair an cur i gcéill a mhaitheamh dó.

Chuimhnigh sí ar shochraid Mémé an fómhar roimhe, ar an *rabbi* liobrálach a d'aimsigh sí le paidreacha a rá os cionn na cónra, é ina sheasamh gualainn ar ghualainn leis an sagart cineálta Éireannach a bhí faighte ag Gearailt. An bheirt fhear agus a gcuid liodán sollúnta, iad ag cantaireacht leo in Eabhrais agus i nGaeilge na hÉireann.

Sheas sí. Bhí a hintinn ar fán. Ní le teann feirge a bhí sí

tagtha chuig an áit seo. Tharraing sí anáil agus threoraigh í féin le díriú ar an radharc ina timpeall, le bheith i láthair san áit ar theagmhaigh a dhá cos le dromchla an oileáin. Bhog sí chun siúil.

Shiúil sí thar thithe móra agus thar thithe beaga, thar pháirceanna loma, thar bha, asail agus capaillíní a rinne neamhaird di, iad ag siúl thart go mall le greim a bhaint as tom féir anseo nó ansiúd. Shiúil sí in aghaidh aird agus anuas le fána, beacha ag dordán sa fhraoch, éin cheoil ag amhrán sna toim, éin chladaigh ag feadaíl ó imeall na farraige aníos. Chuala sí dordán os a cionn: eitleán beag bán ag déanamh ar aerstráice an oileáin.

Tar éis leathuaire, chonaic sí ar dheis uaithi an trá, an gaineamh geal ag síneadh amach ón talamh. Tháinig boladh na feamainne chuici agus fuaim shéimh na dtonnta. D'éirigh scata éan go tobann, iad ag glaoch ar a chéile go práinneach sular imigh siad amach i dtreo an tsáile de sciuird. Soir uaithi ar an taobh thall den chuan bhí cósta na mórthíre le feiceáil go soiléir.

Ba léir anois di a dheacra agus a bheadh sé aistear iomraimh a dhéanamh anonn ann. Shuigh sí síos ar an ngaineamh mín agus bhain di a bróga. Ghlan scamall chun siúil os a cionn agus threisigh solas na gréine ina timpeall.

Níor theastaigh uaithi níos mó a bheith sáite sa scéal seo ar fad. Níor theastaigh uaithi níos mó a bheith ag cuimhneamh ar an mbeirt ag cur chun farraige ón trá seo. Níor theastaigh uaithi níos mó a bheith ag iarraidh eachtra na hoíche a oibriú amach ina céimeanna cruinne; conas a d'éirigh leo an corp a thabhairt anuas ón teach, conas a d'éirigh leo a mbealach

a dhéanamh go Londain, cén ceangal go díreach a bhí ag
Muraed leis an Eastónach óg mná ar ghlac sí seilbh ar a
hainm agus ar a scéal.

Conas seo, conas siúd. Bhí a dícheall déanta aici féin
agus ag Gearailt an insint mhearbhlach a tháinig ó Mémé i
mblianta deireanacha a saoil a scrúdú go mion agus leagan
leanúnach soiléir a dhéanamh den mhéid a tharla. Faoin tráth
seo, thuig Levana go raibh snátha áirithe den scéal nach raibh
ann le sníomh. Ach bhí a dóthain ar eolas aici. Inniu, bhí sí
ag iarraidh díriú ar an duine a bhí ann sular tharla an eachtra
a chuir Muraed Ní Dhioráin ar strae; ar strae i bhfad óna
muintir agus i bhfad uaithi féin.

D'éirigh Levana ina seasamh agus chas timpeall le
haghaidh a thabhairt ar an teach.

*****

Ba gheall le híomhá as irisleabhar taistil é; an dath úr buí ar an
tuí, an dath lonrach bán ar na ballaí, an dath caolchúiseach
gormghlas ar an doras tosaigh. Agus í ag siúl i dtreo an tí,
tháinig Armand amach an doras, é ag siúl droim ar ais, cábla
leictreach á leagan aige. Nuair a ghlaoigh sí a ainm, chas sé
timpeall agus chroith a lámh uirthi. Isteach an doras arís leis.
Faoin am a raibh sí ina seasamh ar an tsráid, bhí sé tagtha
amach arís, callaire fuaime á iompar aige.

Agus iad ag caint ar an tsiúlóid a bhí déanta aici, tháinig
Gearailt amach an doras. Lean fear agus bean é, iad beirt
sna seascaidí luatha, cuma ghriandaite, fholláin, aclaí orthu.
D'aithin Levana an bhean, Anja, ó na comhráite Skype a bhí

déanta acu le bliain anuas, í ag caint léi ón teach seo ar an oileán, nó óna baile in Frankfurt. Tháinig sí i leith agus phóg Levana ar an dá leiceann, í ag cur fáilte roimpi sa Fhraincis shárliofa a bhí aici. Dhruid Uwe, a fear, i leith Levana le lámh a chroitheadh léi. Duine ciúin, a cheap sí ar an gcéad amharc, canúint láidir ar a chuid cainte. Ghabh Levana buíochas leo beirt faoi bheith sásta tabhairt faoin ócáid a bhí beartaithe don tráthnóna. Onóir mhór a bhí ann, a deir Anja. Bhí an pobal ar fad ag caint air. Bheadh slua mór i láthair.

Rug sí greim uillinne ar Levana agus thug cuireadh isteach di le turas an tí a thabhairt.

Taobh istigh den doras íseal, bhí bord leagtha amach ar leataobh. D'fhill Uwe ar an obair a bhí ar bun aige sular tháinig Levana, é ag gearradh na mbuilíní aráin a bhí bácáilte an mhaidin sin aige, greim bradán deataithe á leagan go cúramach ar gach slis aige. Bhí scór gloine ar a laghad réitithe le taobh na bplátaí aráin agus tuilleadh i mboscaí faoin mbord, iad réidh le líonadh nuair a thiocfadh an slua.

Bhí an seanteach athchóirithe ag an mbeirt, céim ar chéim dhílis, ó cheannaigh siad cúig bliana roimhe é. Ba léir do Levana an paisean a bhí ag Anja don tionscadal, obair a chuaigh sa treis le dhá bhliain anuas ó d'éirigh siad beirt as a gcuid oibre in Frankfurt. Rinne Anja tráchtaireacht leanúnach ar feadh an ama ar na ceardaithe éagsúla a d'aimsigh sí leis an athchóiriú a chur i gcrích, an obair bunaithe ar thaighde díograiseach: an tuíodóir, bean ón Ísiltír, a tháinig amach ó Chontae an Chláir le ceann nua a chur ar an teach den chéad uair le leathchéad bliain; an siúinéir a d'oibrigh i dtionscal na teilifíse thart ar Chonamara a d'aimsigh siad le bord déil a dhéanamh, grianghraif ó chartlann bhéaloidis i mBaile Átha Cliath mar thagairt acu leis an stíl chruinn a aimsiú; an dearthóir troscán i gCill Chainnigh a rinne na cathaoireacha súgáin, iad mar a chéile leis an gcineál a bhíodh ag muintir an tí, dar leis na seandaoine.

Stiúir sí Levana isteach trí dhoras íseal eile, chuig an seomra bídeach a gcodlaíodh páistí an tí ann. Seomra na gcuairteoirí a bhí anois ann, leaba dhúbailte adhmaid a tógadh go speisialta don spás cóirithe ina lár. Bhreathnaigh Levana thart, í ag iarraidh Mémé a shamhlú sa seomra agus í ina cailín óg, í leath ag éisteacht le cur síos Anja ar na dúshláin a bhain le córas teasa a leagan faoi bhun leaca an urláir.

Nuair a d'fhill siad ar an gcistin, bhí Gearailt ag crochadh grianghraif ar an mballa ar aghaidh an phríomhdhorais amach, Uwe ina sheasamh lena thaobh, á threorú. Íomhá atmaisféarach a bhí inti, í feicthe den chéad uair ag Levana i gcartlann Chnuasach Bhéaloideas Éireann i mBaile Átha Cliath agus í ar cuairt ann, in éineacht le Gearailt, an geimhreadh roimhe. Bhí cóip den ghrianghraf sin ar bhalla an árasáin sa Bhruiséil anois aici, pictiúr a thóg bailitheoir béaloidis sa chistin chéanna seo i bhfómhar na bliana 1939. Teaghlach a bhí le feiceáil ann: Muraed, dreach sollúnta uirthi, a héadan óg ábhar cosúil le pictiúir a bhí feicthe ag Levana dá máthair féin agus ise óg. Le taobh Mhuraed, sheas a hathair, Tadhg, a éadan síonchaite, péire súl aige a raibh meascán den fhoighne agus den fhulaingt le feiceáil iontu. Ar an taobh eile dá n-athair a sheas deirfiúr Mhuraed, Bid. Cuma cineál cúthail uirthi, le hais mar a bhí ar a deirfiúr.

Ní raibh aon dé ar Pháraic.

Bhí Anja ag trasnú na cistine, á ndíriú i dtreo an tseomra a gcodlaíodh fear an tí ann fadó, nuair a ligeadh béic.

"Levana!"

Rith cailín beag isteach an doras tosaigh, a dhá lámh sínte amach le barróg a bhreith.

"Scáthach! *Ça va, chérie?*"

D'ardaigh sí an cailín beag ina baclainn agus ghlac leis an mbarróg. Bhí giodam ar Scáthach agus í ag cur síos ar an turas amach ar an mbád. Agus í ag caint, tháinig Sharon tríd an doras isteach agus rug siad triúr barróg chroíúil ar a chéile, Scáthach ag fáisceadh na mban chuici féin, ag gáire go sásta. Anuas léi de léim agus anonn chuig Armand, a bhí cromtha os cionn deasc fuaime sa chúinne. Bhí barróg eile aici dó siúd sular dhreap sí in airde ar a ghlúin. Thosaigh sé ag míniú oibriú na gcnaipí di, ag ligean di eochair ar mhéarchlár an ríomhaire a bhrú le traic ceoil a chur ar siúl. Rug an bheirt lámh ar a chéile agus amach ar an tsráid leo chun an ceol a chloisteáil ag teacht trí na callairí a bhí feistithe taobh amuigh.

*****

Uair an chloig ina dhiaidh sin, bhí an chistin lán go béal agus slua fós ag bailiú ar an tsráid taobh amuigh. Tríocha duine a ligeadh isteach sa teach féin, ina measc seanbhean ar léir an-chion a bheith aici ar Ghearailt, í ag gáire leis go hanamúil. D'aithin Levana í ó ghrianghraif a bhí feicthe roimhe aici ar scáileán fóin Ghearailt. Fonnadóir mór an oileáin a bhí inti, lena linn. Thug Gearailt i leith í agus chuir Annie Eoin

Éamoinn i láthair, é ag rá rud éigin leis an tseanbhean nár thuig Levana. Rug Annie ar dhá lámh Levana, í ag scrúdú a héadain, a súile ag gluaiseacht anonn is anall le gach mionsonra a mheas.

"Well, well," a dúirt sí, í ag fáisceadh dhá lámh Levana. "Well, well."

Nuair a chonaic Levana loinnir deoire i súile na seanmhná, shín sí isteach le barróg a bhreith uirthi, barróg a lean níos faide ná mar a bheifí ag súil le strainséir. Scaoil an tseanbhean léi agus bhreathnaigh siad arís i súile a chéile, gan focal sa bhreis a chur lena gcumarsáid, sular stiúir Gearailt an tseanbhean i dtreo cathaoireach a bhí coinnithe aige di.

Faoin am a raibh an slua tagtha agus faoi réir, d'airigh Levana go raibh formhór de mhuintir an oileáin curtha in aithne di. Thug Gearailt an scoláire áitiúil ina leith a bhí chun cathaoirleacht a dhéanamh ar an ócáid, bean sna daichidí a chroith lámh go croíúil léi. Chuir Levana miongháire ar a béal ach bhí sí chomh neirbhíseach sin faoin tráth seo gurbh fhada léi go mbeadh an rud ar fad thart.

Nuair a ghlaoigh an cathaoirleach ar chiúnas, d'airigh sí a croí féin ag déanamh sodair. D'éist sí leis an bhfáilte ón mbean i nGaeilge agus i bhFraincis, í ag déanamh cur in aithne ar Levana, Armand, Gearailt, Sharon agus Scáthach, agus ag cur fáilte ar leith roimh Annie Eoin Éamoinn.

Thóg Levana an micreafón le labhairt i dtosach, creathán ina glór agus í ag insint a scéil ina píosaí gearra, ag stopadh le deis a thabhairt do Ghearailt a bheith ag aistriú, í ag breathnú chun cinn ar a cuid nótaí sula raibh sé in am aici píosa eile a rá.

Rinne sí cur síos ar an mbean ar thug sí féin riamh Mémé uirthi, an tseanmháthair Ghiúdach a thug aire di ó bhí sí féin ina cailín óg. An bhean Eastónach a thug le fios riamh gurbh í an t-aon duine dá muintir a tháinig slán ón *Shoah,* an bhean nach raibh ag iarraidh cur síos a dhéanamh riamh ar a hóige. Labhair sí ar an tógáil a fuair sí féin sa chreideamh Giúdach agus ar an áit a bhí ag an gcreideamh sin ina saol. Rinne sí cur síos ar an gcaidreamh casta a bhí aici lena seanmháthair, agus ar an tuiscint a bhí aici féin, faoin am a raibh sí ina déagóir, gurbh fhearr gan bheith ag ceistiú Mémé faoina hóige.

Labhair sí ar an gcaoi ar tháinig an fhírinne chun solais, sa chúpla bliain sular cailleadh a seanmháthair agus an chaoi ar nochtadh, beagán ar bheagán, leagan iomlán difriúil de scéal Madame Lazare. Ar an gcaoi ar thosaigh corrfhocal agus corrfhrása ag teacht uaithi, i dteanga nár chuala Levana riamh roimhe. Ar an gcaoi, in imeacht bliana, gur chas an focal fánach agus an abairt gan choinne ina rabharta teanga. Ar an gcaoi ar chaill Madame Lazare a cumas comhrá a choinneáil i bhFraincis ar deireadh. Ar an gcaoi ar scaoil sí leis na cuimhní a bhí coinnithe faoi chois aici le breis agus seachtó bliain. Ar an tsíocháin a tháinig uirthi dá bharr.

An leagan nua seo de Mémé, ba dheacair do Levana glacadh leis, a dúirt sí. An bhean a dúirt riamh nár chuimhin léi faic, bhí cumas eisceachtúil cuimhne inti. Istigh i gcúl a cinn, bhí dúchas a muintire stóráilte aici, stráicí fada filíochta, amhráin agus seanchas de gach cineál. É ar fad de ghlanmheabhair aici, fiú agus a hintinn chomhfhiosach ag titim as a chéile, gan de chumas níos mó inti maireachtáil san aimsir láithreach.

Stop Levana ar feadh meandair, í ag meabhrú ar an méid

a bhí sí ar tí a rá agus ar an méid nach raibh.

"Cé go raibh trácht ag mo sheanmháthair i ndeireadh a saoil ar an iliomad scéalta agus eile a bhí fanta ina cuimhne," a deir sí, "an scéal nár tháinig riamh go soiléir uaithi ná an chúis ar fhág sí an áit seo. Creidim féin, ó leideanna áirithe a thug sí, gur tragóid de chineál éigin ba chúis lena himeacht. Ach bhí sí scaipthe ina hintinn agus í ag tabhairt na leideanna sin agus, dá bharr sin, ní féidir a bheith go hiomlán cinnte faoina raibh á rá aici. Creideadh anseo ar an oileán gur chuir Muraed agus a deartháir Páraic chun farraige i mbád a n-athar oíche amháin go luath i samhradh na bliana 1944. Ní féidir a bheith go hiomlán cinnte ar chuir, nó má chuir, cén fáth a ndéanfaidís a leithéid. Ach tá a fhios againn gur scuabadh an bád sin suas ar thrá ar an taobh thall den chuan, gan éinne inti. Agus ní raibh aon radharc, in Árainn ná ar mhórthír na hÉireann, ar Mhuraed ná ar a deartháir. Glacadh leis ag an am gur bádh an bheirt acu.

"Níl a fhios agamsa go cinnte ach oiread conas a tháinig mo sheanmháthair slán, conas a rinne sí a bealach go Londain nó cad a bhí ar siúl aici ann sular bhuail sí le mo sheanathair. Níor labhair sí riamh ar an tréimhse sin dá saol. Is ó mo sheanathair a chuala mé gur casadh ar a chéile iad i stáisiún traenach faoi thalamh, oíche a raibh ruathar aeir ann agus iad ar a bhfoscadh ó roicéid na Naitsíoch.

"Nílim go hiomlán cinnte ach oiread cén fáth ar choinnigh mo sheanmháthair saol a hóige ina rún uaim. Ach tá fíoráthas orm nár éirigh go hiomlán léi. Tá fíoráthas orm gur éirigh liom mo bhealach a dhéanamh ar ais chuig an áit inar rugadh agus inar tógadh í. Pé tubaiste a thug uirthi teitheadh ón áit

seo, ba mhaith liom é a sin a chur ar leataobh ar feadh tamaill tráthnóna agus díriú ar an duine a bhfuil cuimhne ag cuid agaibhse fós uirthi – Muraed Ní Dhioráin, an deirfiúr chineálta, an scéalaí tréitheach."

Bhreathnaigh sí thart, a fhad is a bhí an slua ag éisteacht le haistriúchán Ghearailt. Chonaic sí Sharon ag breathnú anall uirthi, í ag seoladh miongháire beag cumhach ina treo. Nuair a bhí deireadh tagtha le haistriúchán Ghearailt agus bualadh bos déanta, thóg an cathaoirleach an micreafón arís, ghabh buíochas le Levana agus bhreathnaigh i dtreo Ghearailt, lena chur i láthair don slua. Bhain seisean amach glac bileog as a phóca agus dhírigh ar a phíosa cainte féin a thabhairt.

Bhí an méid a bheadh le rá aige pléite agus seanphléite ag Levana leis le cúpla mí anuas. Bhí sé chun tosú le cur síos ar a raibh déanta sna cartlanna béaloidis i mBaile Átha Cliath le bliain anuas aige. É ag glaoch ar Levana go rialta ó Bhaile Átha Cliath le cur síos a dhéanamh ar ábhar nua a bhí cíortha aige. Chuireadh sé grianghraif chuici de leathanaigh as cóipleabhair a bhreac Muraed agus í ina dalta bunscoile agus, níos deireanaí an oíche sin, aistriúchán ar an ábhar chomh maith le nótaí a mhínigh a chomhthéacs. Chuir na leathanaigh seo iontas uirthi, an domhan scéalaíochta ar thug Mémé a cúl leis ar feadh a saoil.

Is i gcaitheamh na seachtainí taighde sin a d'fhás an cairdeas a d'airigh sí anois leis an bhfear díocasach seo. Nuair a thosaigh sé féin agus Sharon ag teacht chun dinnéir

chuig an árasán sa Bhruiséil, ba léir do Levana an spéis mhór a bhí aici siúd chomh maith i scéal agus i scéalta Mémé. Thug sí suntas do na splancacha teannais a bhíodh idir Sharon féin agus Gearailt uaireanta, ach ba léir mar sin féin go raibh ceangal eatarthu a bhí domhain go maith. "Tá an t-amhrán sin agatsa, a Sharon," a deireadh Gearailt uaireanta, agus an ceathrar acu ag éisteacht le blúire nua cainte a bhí tagtha ó Mémé. Ba léir do Levana an bród a bhíodh air nuair a chanadh Sharon an t-amhrán dóibh, ise ag míniú go raibh véarsa nó líne ag Mémé nár chuala sí féin roimhe. Shantaigh Levana na léargais éagsúla seo ón mbeirt acu, an chaoi a raibh siad in ann iad féin a phlugáil isteach san fhoinse fuinnimh seo a chuir loinnir i súile na beirte acu.

Seachas ábhar ar bith a tháinig ó bhéal Mémé, bhí dán fada stairiúil aici ar thug Gearailt suntas ar leith ó thús dó. Tráthnóna amháin, ghlaoigh sé ó Bhaile Átha Cliath uirthi agus é an-tógtha. Bhí sé tar éis teacht ar bheart litreacha sa chartlann bhéaloidis, comhfhreagras a chuaigh anonn is anall idir Muraed agus duine de bhailitheoirí na heagraíochta, i dtús na 1940idí. Bhí an dán luaite aici i gcúpla litir a sheol sí chuig an bhfear seo. Bhí cur síos déanta aici ar an meas a bhí ag a hathair air. Bhí Muraed á bhreacadh ina phíosaí, a mhínigh sí, agus rún aici é a chur ar aghaidh nuair a bheadh leagan iomlán scríofa síos aici. "Ba mhaith liom é sin a bheith déanta," a scríobh sí, "le hómós do m'athair agus don dream a chuaigh roimhe."

Chaith Gearailt an chuid eile den tseachtain sin ag iarraidh teacht ar an leagan iomlán sin, féachaint ar éirigh le Muraed an dán a scríobh agus a chur san áireamh i gcartlann bhéaloidis an náisiúin. Ach ba chosúil nár éirigh – ní raibh a leithéid de leagan ar fáil in áit ar bith i measc an ábhair a tháinig uaithi. Nuair a d'fhill sé féin ar an mBruiséil agus nuair a chuaigh sé trí na taifid fuaime a bhí déanta ag Levana agus Armand agus é imithe, bhí tuilleadh véarsaí den dán céanna ráite ag Mémé. Bhí Levana féin in ann a rithim a aithint faoin tráth seo. Uair ar bith a thugadh Mémé ceathrú de uaithi, thagadh athrú ar dhreach na seanmhná. Ar bhealach éigin, chuireadh aithris na bhfocal sin suaimhneas ar leith uirthi. Lá amháin, agus Gearailt i láthair, dúirt sí trí cinn déag de véarsaí as a chéile, iad soiléir, glan. Lá eile, thosaigh sí i lár an dáin, as a stuaim féin, agus rinne aithris air amach go dtí an deireadh.

Ba gheall le paidir aici é, a d'airigh Levana. Agus nuair a rith an smaoineamh sin léi, b'in an uair a chuimhnigh sí ar a plean.

Bhí an slua ag bualadh bos anois agus Gearailt tagtha chuig deireadh a chuid cainte. Nuair a chiúnaigh an seomra arís, bhreathnaigh Levana anonn ar Armand. Bhí cuma shollúnta ar a éadan agus é ag casadh i dtreo scáileán a ríomhaire, le cnaipe a bhrú ar an méarchlár.

Bhí na céadta blúire cainte san áireamh san MP3 a bhí ag seoladh amach anois as cuimhne leictreonach an ríomhaire, ag gluaiseacht ina shruth trí na cáblaí, ag teacht chomh fada leis na callairí agus ag casadh isteach ina lán mara de thonnta fuaime. Ar fhóin phóca a taifeadadh na giotaí éagsúla thar thréimhse leathbhliana, ach bhí siad sníofa le chéile chomh snasta, grámhar sin ag Armand agus Gearailt gur gheall le cur i láthair beo amháin a raibh le cloisteáil. Véarsa ar véarsa, bhí glór Mémé ag aithris an dáin sin ar scéal a muintire é, cur

síos rithimiúil ar na céadta bliain d'eachtraí drámatúla, cuid
acu a raibh bunús stairiúil leo, cuid mhaith eile nach raibh.

Thart ar an gcistin phlódaithe, ar éigean a bhí daoine ag
tarraingt anála, iad buille ar bhuille le cuisle na véarsaíochta
a bhí ag teacht chucu ó na callairí. Taobh léi féin, thug Levana
faoi deara go raibh beola Ghearaílt ag bogadh, é ag aithris na
véarsaí os íseal, i gcuideachta an ghlóir. Trasna an tseomra, bhí
Armand ina shuí ag an deasc fuaime, a shúile dúnta, miongháire
ar a bhéal. É i spás dorcha, gan ina thimpeall ach fuaim.

Scáthach féin, bhí sí ina tost, a cloigeann leagtha ar
ghualainn a máthar aici, Sharon á luascadh go séimh le rithim
an dáin. Bhreathnaigh Levana timpeall ar an slua daoine a bhí
tugtha le chéile ag an gceathrar acu; ag Mémé, ag Gearailt, ag
Armand agus aici féin.

Ón bhfráma bán ar an mballa, stán an cailín oileánda
amach, í caomhnaithe i soicind fánach ama a reoigh ceamara
béaloideasaí, ochtó bliain roimhe. Dreach dáiríre a bhí uirthi,
í beag beann ar an slua a bhí bailithe isteach ina teach anois.
Iad ar fad ag éisteacht lena glór; an cailín a thug léi an dán
fada óna hathair. An dán nach raibh ag duine ar bith eile san
oileán.

Nóta an údair:

Cé gur saothar ficsin é seo, tá gnéithe áirithe den scéal bunaithe ar imeachtaí a tharla go fírinneach. Sa bhliain 1937, tionscnaíodh Bailiúchán na Scol, plean a chuir páistí bunscoile na tíre ag feidhmiú mar bhailitheoirí béaloidis, ar fud na hÉireann. Níl an t-ábhar a bhailíonn Muraed Ní Dhioráin bunaithe ar ábhar a chnuasaigh páistí scoile in Árainn, áfach, ná níl an réimse béaloidis atá ag a hathair bunaithe ar ábhar ó Bhailiúchán na Scol ná ar obair na mbailitheoirí gairmiúla a thug cuairt ar an oileán sna blianta roimh an Dara Cogadh Domhanda.

Is é Raiftearaí a chum an dán fada atá lárnach sa scéal: 'Seanchas na Sceiche' an teideal a thugtar go hiondúil air. Na scéalta traidisiúnta a bhaineann le hÍosa Críost, tháinig mé orthu sa leabhar iontach a scríobh an béaloideasaí aitheanta Pádraig Ó Héalaí, *An Slánaitheoir ag Siúl ar an Talamh*, agus rinne mé mo chuid féin díobh. Tá trácht chomh maith thall agus abhus ar amhráin éagsúla eile a bhfuil fáil go coitianta orthu i dtraidisiún béil na gConnachtach.

Déantar tagairt sa scéal do shuíomh idirlín a ríomhann scéal Ghiúdaigh na hEastóine agus ar tharla dóibh le linn réimeas na Naitsíoch ina dtír sna 1940idí agus ina dhiaidh. Cé go bhfuil suíomh den chineál sin ann, agus go bhfuil an chuid den scéal a bhaineann le taighde Levana ar óige a seanmháthar bunaithe go scaoilte ar an suíomh idirlín sin, is ó mo shamhlaíocht féin a tháinig na hainmneacha atá luaite.

Focal Buíochais:

Is iomaí duine agus dream a thacaigh le scríobh agus le foilsiú an leabhair seo. Ba mhaith liom buíochas a ghabháil leis an gComhairle Ealaíon, a bhronn sparánacht orm in 2016 le tabhairt faoin tionscadal, agus le Clár na Leabhar, Foras na Gaeilge, faoin maoiniú a fuair mé ó Scéim na gCoimisiún leis an jab a chríochnú. Tá mé buíoch chomh maith d'Ealaín na Gaeltachta a thacaigh le tréimhse chónaithe a chaith mé in Ionad Tyrone Guthrie, Eanach Mhic Dheirg, Contae Mhuineacháin, agus mé i mbun pinn.

Maidir le cúrsaí taighde, tá me go mór faoi chomaoin an Rabbi Saoirse Cecelia Beyer, Gael dílis, a chaith na huaireanta fada an chloig liom ar líne Zoom ó New Jersey le comhairle a chur orm maidir leis na codanna den scéal a bhaineann le cleachtais spioradálta an chreidimh Ghiúdaigh. Mo bhuíochas chomh maith le Shanna Ní Rabhartaigh, aistritheoir le Coimisiún na hEorpa, a chuir fáilte romham agus mé ar chuairt taighde chun na Bruiséile in 2019, a roinn a cuid ama liom go fial agus mé ann, a chuir treoir orm maidir le cleachtais oibre an charachtair Gearailt agus a chuidigh liom le heolas a bhain le cathair na Bruiséile.

Mo bhuíochas ó chroí leis an meitheal ban a chuidigh liom an scéal a thabhairt go ceann scríbe: an t-eagarthóir liteartha, Máire Zepf, a chuir comhairle stuama orm agus a thug treoir thuisceanach dom ar feadh an aistir. Mo bhuíochas chomh maith leis an eagarthóir liteartha faoi oiliúint, Róise Nic Dhonnagáin, a léigh trí dhréacht éagsúla den scríbhinn (gaisce ann féin!) agus a chuidigh liom roinnt cruacheisteanna plota agus pointí carachtair a réiteach. Buíochas ar leith leis an eagarthóir teanga, Róisín Adams, a rinne profáil an-chríochnúil ar an téacs agus a chuir comhairle an-fhóinteach chomh maith orm maidir le cúrsaí stíle agus pointí éagsúla de mhionsonraí an scéil. Agus tá mé buíoch chomh maith de mo bheirt mhac, ar chúiseanna éagsúla: Marcus, a rinne profáil ar na frásaí Fraincise sa téacs agus Tadhg Óg, faoi na glórtha moltacha a tháinig uaidh agus é ag léamh ceann de dhréachtaí deireanacha an scéil.

Buíochas arís eile le mo chomhghleacaithe Tigh Futa Fata, Breda Ní Chonghaile agus Gemma Breathnach, faoin díograis, an tsamhlaíocht agus an dea-ghiúmar a bhaineann leo agus iad i mbun oibre.

Ar deireadh, focal speisialta buíochais le mo bhean, Cristín, a chuir comhairle orm maidir le gnéithe den scéal agus a thug misneach dom nuair a theastaigh sé. Is mór agam a tacaíocht ghrámhar riamh anall.